KB047501

한국 도시 60년의 이야기 2

손정목 지음

한국 도시
60년의 이야기
2

손정목 지음

국립중앙도서관 출판시도서목록(CIP)

한국 도시 60년의 이야기 2 / 손정목 지음. -- 파주 : 한울,
2005
   p. ;   cm

ISBN   89-460-3411-4 04910
ISBN   89-460-3409-2(세트)

911-KDC4
951.9-DDC21   CIP2005001446

머리말

　　1945년 8월 15일, 광복이 된 그날 필자는 한 시골 구제중학의 졸업반 학생이었다. 그로부터 정확히 60년의 세월이 흘렀다. 지난 60년간 실로 대단한 시대를 체험했음을 실감한다. 좌우익 대립, 정부 수립, 6·25 전쟁, 3·15 부정선거, 4·19, 5·16, 제1공화국, 제2공화국, 제3공화국 ……. 그중에서도 서울을 비롯한 도시지역이 겪었던 변화는 훨씬 더 컸고 엄청난 것이었다. 광복 당시 채 100만이 안 되었던 서울의 인구는 일찌감치 1,000만 명을 넘었다. 그곳에서 전개된 것은 바로 흥미진진한 드라마의 연속이었다.

　　필자는 그 숱한 드라마의 와중에서 한쪽의 당사자로 있었거나 가장 근거리에서의 관찰자일 수 있었다. 여기, 나의 체험한 바를 엮어 이야기책으로 발간한다. 이야기책이기 때문에 간혹은 중복되기도 하고 옆길로 빠져 배회하기도 했다. 그러나 여기서 이야기된 내용에는 단 한 점의 거짓도, 꾸밈도, 과장도 없음을 확인한다. 그러므로 이 책은 비록 이야기책이기는 하나 한국 도시의 발자취에 관해서는 거의 유일한, 그리고 가장 착실한 실록(實錄)임을 자처한다.

이제 80을 바라보는 나이에 또 하나의 일을 이룩했다는 감회에 젖고 있다. 그동안 이 책의 내용이 연재된 잡지 ≪서울≫ 및 ≪도시문제≫ 편집진들에게 깊이 감사하고 있다. 나에게 남겨진 세월을 결코 헛되지 않게, 알차게 지낼 것을 다짐하면서 머리말을 갈음한다.

광복 60년이 되는 해의 여름에
손정목

한국도시 60년의 이야기 2 | 차례

1 권   차 례

지하철을 건설하면 나라가 망합니다
지하철 1호선 건설 과정

싹이 터서 익을 때까지

6·25 전쟁 이전의 한국 사회는 폐쇄적인 측면을 적잖게 지니고 있었다. 그러므로 인구의 지역간 이동도 크지 않았고 따라서 서울의 인구수도 100~150만이 고작이었다. 그런데 한국전쟁 3년간에 피난처와 전쟁터를 오가면서, 또 미군을 위시한 세계 각국의 군인과 문화를 받아들이면서 그때까지 존재했던 폐쇄적 요인들은 급격히 사라졌고 빠른 속도로 개방화 시대를 맞이하게 된다.

휴전협정 후 2년이 지난 1955년 10월 1일에 실시된 센서스 결과 서울의 인구수는 157만이었다. 한국의 개방사회는 서울 인구 157만에서부터 시작되었다. 1394년에 조선왕조의 수도가 되고 나서 561년 동안 157만을 축적한 서울 인구는, 그 후 10년 만에 가볍게 두 배 이상 인구가 늘어났다. 1966년 센서스 당시의 서울 인구는 380만 명을 넘었고 1970년 센서스에서는 552만 5,000명으로 집계되었다. 157

만으로 시작한 개방사회의 서울은 그 후 15년 동안 3.5배의 인구 증가를 경험한다. 인구가 3.5배로 늘어나면서 교통 인구도 격증하였다. 인구수가 많아지면 업무량·교제량도 많아져 교통 인구가 증가하는 것은 당연한 일이었다.

1962년에 시작한 경제개발계획은 1966년에 제1차 5개년계획이 마무리되면서 한국 경제를 고도성장의 궤도에 올려놓았으며, 1967년부터는 제2차 5개년계획이 시작되었다. 폐쇄사회에서 개방사회로, 급격한 인구 증가와 경제의 고도성장, 1955년 당시에는 그 누구도 상상하지 못했던 현상이 불과 10여 년 사이에 일어나고 있었다. 이른바 한강의 기적이라는 것이었다.

영국 런던에 지하철이 처음 등장한 때는 1863년 1월 10일이었으며, 1910년에는 보스턴·파리·베를린·뉴욕·필라델피아 등의 대도시에도 지하철이 생겼다. 도쿄에 지하철이 등장한 때는 1927년 12월 30일이었고, 이어 1933년에는 오사카에도 건설되었다. 지형·지세나 인구밀도 등에 따라서 반드시 동일하지는 않겠지만 위의 대도시들에 지하철이 등장한 때가 대개 인구 200~300만 명 규모일 때였으므로, 1940년대 이후에 발간된 도시계획 교과서에서는 예외 없이 인구 100만이 넘으면 지하철이 필요해진다고 기술되어 있었다.

서울의 교통문제 해결을 위해 지하철을 건설해야 한다는 주장은 아마도 1960년대 초부터 있어 온 것으로 추측되고 있다. 자료가 확실하지는 않으나 철도청에서는 1962년에 있은 제1차 경제개발계획 보완 작업 때 "수송의 보다 효율적인 방안과 이용객에 대한 편의 제공을 위해 현 서울역과 청량리역 서편의 하화장(下貨場)까지 지하철로 연결하는 계획안을 작성하고 차관 사업으로 추진할 것을 구상한 바 있었다"는 것이다.

지하철 건설에 관한 서울시 측의 최초의 의견은 1964년 4월 14일자 국회 교통·체신분과위원회 질의에 대한 답변의 형식으로 표면화되었다. 이날로 국회 교통·체신분과위원회가 "서울시 인구 증가에 따른 교통난 완화책을 구체적으로 수립하여 서면으로 제출할 것"을 요구한 데 대해, 서울시는 교통난 완화 장기 대책으로 "인구 330만, 면적 529km², 반경 17.5km이므로 지금까지의 평면적 공로(公路) 행정으로서는 도시 교통문제를 근본적으로 해결할 수 없는 상태에 도달하였으며, 지하철도 및 고가철도(monorail) 같은 입체적 교통 대책을 수립할 단계에 와 있다. 건설비 부담을 무릅쓰고라도 지하철도 건설만이 유일한 방안이며 내자 29억 7,000만 원, 외자 1,312만 달러, 합계 49억 4,000만 원으로 서울역~청량리 간 9km, 건설기간 3년"의 개략적인 계획을 수립·보고하고 있다.

질의응답의 형식을 빌리지 않고 서울시가 독자적으로 적극적인 자세에서 지하철 건설계획을 발표한 것은 시정 10개년계획안이었다(1965.2.3. 성안·발표). 이 계획안에서 서울시는 앞으로 10년 내에 연 51.5km에 걸쳐 지하철 건설에 관한 제반 조사를 실시하고 그중 제1차로 14.88km를 건설하겠다는 내용을 발표하고 있다. 여기서 우선 건설하겠다는 노선은 서울역~청량리 간과 서소문~성동역 간이며 1km당 공사비 소요액은 10억 원 정도로 계획하고 있다.

1965년의 서울시 10개년계획안은 한국의 지방행정청이 수립·발표한 장기계획 제1호였다. 즉, 시정 10개년계획안 이전에는 그 어떤 지방청에서도 5개년계획이니 10개년계획이니 하는 것을 성안·발표한 사례가 없었던 것이다. 그러나 당시의 서울시장 윤치영은 시 행정에는 별로 관심이 없었고 오히려 미 8군 고급 장교들과의 사교 파티 등에 더 열을 올리고 있었다고 한다. 그런 시장 밑에서 부시장

이하 실무자들의 발의에 의해 이런 계획안이 수립된 것은 그때까지의 행정 자세로서는 더 감내해 나갈 수 없는 절박한 현실에 직면했음을 실무진이 깊이 인식했기 때문이다. 우선 1956~1965년의 10년 간에 인구 규모가 배 이상이 되었고, 그 당연한 결과로 주택문제·교통문제가 심각한 사회문제가 되고 있었다. 신문 사회면이 서울의 주택·교통문제를 다루지 않는 경우가 거의 없을 정도가 되어 있었던 것이다.

참고로 1965년에는 서울의 교통 대책에 있어서도 여러 가지 새로운 시도가 이루어졌다. 서울시 경찰국에 교통과가 생긴 때가 1965년 4월 9일이었고 서울시가 처음으로 유료주차장 설치를 결정한 때가 6월 1일이었으며, 교통난 해결책이라는 것을 처음으로 발표한 때는 8월 24일이었고 좌석제 급행버스라는 것이 처음 등장한 때는 그해 가을이었다. 점차 자동차 교통의 한계가 드러나고 있음을 알 수가 있다.

서울시가 지하철 건설 기본계획 수립을 대한·국전·미림등 세 개의 기술용역회사에 공동 발주한 때가 1964년이었고 상·하 두 권으로 된 최종 보고서가 제출된 때가 1965년 10월이었다. 이때 그들이 제시한 노선은 네 개였고, "지하철 건설이 지연되면 될수록 건설비 격증이라는 난관이 중첩되고 과대도시적 병폐만이 하루가 다르게 증가할 것이니 하루 속히 착공함이 기대되고 있다"라는 건의까지 곁들이고 있다.

김현옥이 서울시장으로 부임해 온 때는 1966년 4월 4일이었다. 그는 부임 후 4일이 지난 4월 8일에 대(對)시민 공약사항 제1호로 서울특별시 교통난 완화책이라는 것을 발표한다. 교통문제 해결을 시정 수행의 첫 번째 과제로 하겠다는 의지의 표명이었다. 그가 제시한 단기 대책은 보도육교·지하도·고가도로·간선도로 등 이른바 교통도로의 건설이었고, 중기 대책은 시내 전차 철거, 장기 대책은 지하철 건설이었다. 거듭 말하지만 김현옥은 일에 미친 시장이었다. 그는 재임 4년간 수없이 많은 교통도로를 조성했고 한국전력으로부터 전차운영권을 인수하여 2년간 운영한 후 과감하게 철거해 버렸다. 즉, 그가 공약한 교통난 완화책 중에서 단기 및 중기 대책을 모두 실천에 옮긴 것이다. 그러나 그는 마지막으로 남은 대책인 지하철 건설에는 쉽게 착수하지 못했다. 그가 서울시장이었던 만 4년간 남긴 숱한 수필·연설·어록들 가운데 어디에서도 "머지않아 지하철을 건설하겠다"는 말은 발견되지 않는다.

그렇게도 넘치는 의욕과 정력을 지닌 김 시장이 지하철 구상만은 쉽게 실천하지 못한 것은 두 가지의 두려움 때문이었다. 과연 한국의 기술수준으로 지하철을 놓을 수 있을 것인가 하는 점과 막대한 건설자금을 어떻게 마련할 것인가이다. 그러나 1960년대를 넘기면서 자동차 교통에만 의존해 온 서울의 시내 교통이 한계점에 도달하고 있음을 인식한 시민들이 적잖게 있었고, 누구보다도 김 시장 본인이 뼈저리게 느끼고 있었다. 1969년을 보내면서 그는 마침내 새해(1970년)에 이룩할 숙원사업 제1호로 지하철 건설을 제시하고 있다.

결국 김 시장은 서울지하철 건설에 단 한 가지 발자취만을 남기고 있다. 즉, 그가 시장직을 물러나기 정확히 한 달 전인 1970년 3월 16일자 서울시 조례 제609호로 '서울특별시 지하철 건설본부 설치조례'를 제정·공포한 일이었다.

지하철을 건설하면 나라가 망합니다

윤태일·윤치영·김현옥·양택식·구자춘·정상천. 이는 박 대통령이 통치한 18년간 서울특별시장을 역임한 사람들의 이름이다. 여기서 실로 희한한 사실을 발견할 수 있다. 첫째, 군 출신·민간인 출신이 번갈아 가면서 서울시장을 맡았다는 사실이고, 둘째, 윤태일·윤치영은 각각 2년 반씩, 김현옥·양택식·구자춘은 각각 4년씩, 그 재임기간도 비슷하게 되풀이되고 있다는 점이다. 과연 박 대통령이 의도적으로 한 인사였는지 아닌지 알 수 없으나, 만약에 의도된 인사였다면 군 출신은 과격하고 민간 출신은 온건하다는 것을 박 대통령 스스로가 충분히 인식하고 있었던 것으로 추측된다.

김현옥이 와우아파트 사건 때문에 시장직에서 물러나고 그 후임으로 경상북도 지사로 있던 양택식이 임명되었다. 1970년 4월 16일이었다.

1924년에 출생한 양택식은 서울대학교 화학공학과를 나온 기술자 출신이었다. 비누공업 같은 사업을 하다가 5·16 쿠데타 후에 공무원이 되어 경상남도 초대 부지사, 내무부 기획관리실장, 철도청장, 경상북도 지사 등을 역임한다. 경북 지사 시절에 훗날 새마을운동으로 발전하는 농촌 근대화계획을 정력적으로 추진하여 전국 지방행정 실적 심사에서 1868~1969년 2년 연속 최우수도 표창을 받기도 했다. 김현옥이 질풍노도와 같은 행정가였던 데 비해 그는 두더지 같은 저력의 행정가였다.

그는 서울특별시장에 임명되면서 자기 손으로 반드시 지하철을 건설하겠다는 결심을 굳혔다고 한다. 그가 그렇게 결심한 데는 1966~1967년에 역임한 철도청장 경력이 크게 작용하고 있다. 그가 철도청장으로 재직할 때 마침 제2차 경제개발계획의 일환으로 험준한 태백산맥·소백산맥의 산령을 깎거나 터널을 뚫어 철도를 달리게 하는 난공사들이 시도되었다. 연탄·시멘트의 수송을 원활하게 하기 위해서였다. 그는 이러한 난공사를 지휘·감독하면서 거의 절정에 달한 한국 철도의 기술수준을 직접 체험할 수 있었다. 그와 같은 체험이 지하철 굴착 운영에 대한 자신감으로 결실을 맺은 것이다.

양택식 시장이 교통난·주택난·상수도 급수난 등 서울시정의 당면 과제에 관한 해결책을 대통령에게 보고한 것은 부임 후 한 달이 지난 1970년 5월 하순이었다. 양 시장은 이 보고에서 "서울의 교통난을 항구적으로 해결하는 길은 조속한 시일 내에 지하철을 건설하는 것밖에 다른 방법이 없음"을 강조하고, 그 방안으로 우선 도시계획국 산하에 지하철 건설본부를 설치하여 지하철 건설에 관련한 제반 준비를 추진할 것을 보고한다. 양 시장의 첫 번째 시정 보고에는 관례에 따라 청와대 수석비서관들이 전원 참석했다. 양 시장의 지하철 조기 건설 방침은 경제 수석비서관을 통해 김학렬(金鶴烈) 경제기획원 장관 겸 부총리에게도 전달되었다. 지하철 건설에는 많은 액수의 외국 차관이 필요했고, 따라서 당연히 경제기획원 장관의 승인이 필요한 일이었다.

양 시장의 지하철 건설 구상을 전해 들은 김 부총리의 첫마디는 "촌놈이 알지도 못하고 건방지게"라는 것이었다. 그것은 김학렬의 상투문자였다. 부총리 입장에서는 서울시장이라고 해봐야 일개 지방 관청의 장에 불과하고 서열상으로는 자기의 까마득한 부하에 불과하였다. 특히 다액의 외국 차관을 수반하는 사업은 대통령에게 보고하기 전에 자기에게 먼저 보고되어야 하고, 자신이 주관하고 지시하는 경제 장·차관 회의에 상정되어 심의·의결되어야 하는 사

항이었다. 중앙 부처의 장이면 당연히 알고 있어야 할 절차상·처신
상의 기본을 지방 도지사 출신인 신임 시장이 알지도 못하면서 건
방진 처신을 했다는 것이었다.

전임자인 장기영 부총리(1964.5.~1967.10.) 때도 그랬지만 김 부
총리 입장에서도 서울시장이라는 존재는 항상 건방지고 못마땅한
자리였다. 김현옥 시장도 대통령의 신임을 등에 업고 경제질서를 무
시한 독주 때문에 언제나 골치 아픈 존재였는데 김 시장이 물러나니
그 후임으로 또 무식한 촌놈이 부임해 왔다는 생각을 했고, 대통령
께 말씀 드려서 지하철 건설이 한국 경제의 현실에서는 아직 시기상
조임을 강조할 생각을 하고 있었다. 김 부총리는 한국 경제의 운용
에 관하여 남다른 자부심을 가지고 있었고 그만한 실적도 올리고 있
었으며, 따라서 박 대통령의 강한 신임을 받고 있었다. 경제 운용에
관한 한 김 부총리의 건의가 박 대통령에 의해 채택되지 않고 묵살
되거나 반려되는 사례는 단 한 건도 없었다고 해도 지나친 말이 아
닐 정도였다.

당시는 경제기획원 장관만이 부총리였다. 그리고 부총리는 당
면한 경제 운용의 필요 때문에 대통령과 독대하는 경우가 적잖게
있었다. 양 시장의 시정 보고가 있은 후 며칠 안 가서 청와대에 올
라간 부총리는 여러 가지 현안 문제의 보고 끝에, "각하, 서울에 지
하철을 건설하면 나라가 망합니다"라고 했다. 실로 기가 막히는 발언
이었다. 멍하게 쳐다보는 대통령께 부총리는 "한국 경제의 현 단계
는 아직도 긴축경제를 해야 한다는 점, 그렇지 않아도 인구 증가가
격심한 서울에 지하철 건설과 같은 대규모 사회간접자본 투자를 하
게 되면 인구의 격증 현상이 가중될 뿐 아니라 주택난·교통난도 훨
씬 더 심각해진다는 점, 한국의 경제 규모는 일인당 GNP가 200달러

정도밖에 안 되는 허약한 상태에 있으므로 투자의 우선순위상 지하철 건설은 아직도 천부당만부당한 일이며, 투자 우선순위를 그르쳐 나라가 망한 사례는 얼마든지 있다는 점" 등을 빠른 말투로 늘어놓았다. 마치 기관총을 쏘는 것과 같은 말투였다고 한다. 박 대통령이 명석하기는 했어도 경제의 전문가는 아니었기 때문에, 대통령 귓전에 강하게 남은 것은 "지하철을 건설하면 나라가 망한다"는 것뿐이었다.

김학렬은 1923년 경남 고성에서 출생하여 일본 중앙대학을 나와 대한민국 정부 수립 후 제1회로 실시된 고등고시 행정 3부(외교)를 수석으로 합격했다. 잠시 고시위원회 고시과장을 지내다가 도미 유학하여 미주리대학·오하이오대학에서 경제학을 전공하고 돌아와 청와대 경제 제1수석비서관, 재무부 장관, 경제기획원 장관 겸 부총리를 지냈다. 대한민국 정부가 1962년에 경제개발 5개년계획을 시작했을 때부터 계획 작성의 중심에 있었으며, 1972년 1월에 부총리직을 사임할 때까지 항상 한국 경제 운용의 견인차 역할을 담당하였다. 아마 그는 한국 경제의 오늘을 있게 한 최대 공로자 가운데 하나일 것이다(필자가 1951년에 제2회 고등고시 행정과에 합격할 때 고시과장이 바로 그였는데, 그는 필자를 항상 친근하게 대해 주었고 기회 있을 때마다 좋게 이야기해 준 인물이었다).

그러나 두뇌 명석하고 판단력 빠른 그에게도 두 가지 흠이 있었다. 첫째는 출신 학교가 어디인가, 고시를 합격했는가 아닌가에 의해 사람을 차별하는 점이다. 그에 의하면 기술자는 무조건 돌대가리였고 지방행정 출신자는 촌놈이었다. 둘째는 직선적인 험구였다. 독설이라는 표현이 오히려 부족할 정도로 직선적이어서 엄청나게 많은 어록을 남기고 있다. 그 숱한 어록 중에서 필자는 두 가지가

가장 걸작이라고 생각한다. "지하철을 건설하면 나라가 망합니다"와
"국민이 까불면 도로아미타불이 된다"는 말이다.

1971년 9월 17일에 대구에서는 전국 시장·군수 비교 행정회의
라는 것이 개최되었다. 박 대통령이 주재한 새마을 촉진대회였다. 전
국의 도지사·시장·군수는 물론이고 국무위원 전원과 다수의 국회의
원도 참석한 자리였다. 이 자리에서 김 부총리는 그동안에 성취한
경제개발계획의 실적을 설명하고 이제 큰 걱정을 안 해도 될 정도가
되었다고 설명한 데 이어 "그러나 국민이 까불면 도로아미타불이 된
다"고 한 것이다. 그가 표현하고자 한 내용은 "국민이 자제하지 않고
경망하게 소비를 한다든가 하면 경제개발의 성과가 허물어질 수 있
으니 조심해 달라"는 것이었다. 그것을 대통령과 국무총리가 배석한
자리에서 "국민이 까불면 ……"이라고 표현해 버린 것이었다. 이 발
언이 ≪동아일보≫ 등 언론에 크게 보도되었지만 대통령의 총애가
워낙 컸으므로 더 이상 문제되지 않고 넘어갈 수 있었다.

여하튼 부총리 입장에서는 자기에게 한마디 상의도 없이 청와
대로 직행하여 지하철을 놓겠다고 한 양 시장이 몹시 괘씸한 존재가
되었다. 따끔한 일침을 놓아야 했다. 당시 상사들이 자주 썼던 방법
이 출근시간 또는 집합 예정시간보다 훨씬 빨리 가서 미리 기다리는
수법이었다. 부총리도 이 수법을 택했다. 어느 날 아침 8시 20분쯤
서울시장실을 급습했다. 9시 출근시간보다 30분도 더 빨리 갔으니
시장보다 훨씬 빨리 출근한 셈이었다. 자기보다 늦게 출근해서 당황
해 하는 면전에서 건방지게 굴지 말라고 꾸중할 생각이었다. 그런데
시장비서실에 도착해 보니 분위기가 이상했다. 비서진이 전원 출근
해 있는 것이었다. "시장 출근했어?"라는 부총리의 물음에 비서 하나
가 실로 기가 막힌 대답을 했다. "서울시는 출근 시간이 중앙 부처보

다 한 시간 빠릅니다. 시장님은 여덟 시부터 국장회의를 주재하고 계십니다. 급하신 용무이시면 잠시 나오시라 기별하겠습니다"라는 것이었다. "국장이 몇 명이나 되는가"라는 질문에는 "두 분 부시장 외에 국장이 15명입니다"라고 했다. 당시 경제기획원의 국장은 네 명뿐이었는데 서울시의 국장이 15명이라는 것도 질려버릴 일이었다. 그날 부총리는 시장실을 방문한 이유도 밝히지 않은 채 총총걸음으로 돌아가야 했다.

그러나 "지하철을 놓으면 나라가 망한다"는 부총리의 말은 박 대통령이 결심하는 데에 큰 장애가 될 수밖에 없었다. 대통령도 버스 위주의 시내교통이 한계점에 도달하여 무엇인가 획기적인 조치가 필요하게 되었다는 것을 인식하고 있었다. 그렇지만 양 시장과 김 부총리의 상반된 의견 중 어느 쪽 손을 들어주어야 할 것인가를 두고 몹시 고민하고 있을 때 마침 주일대사로 가 있던 이후락(李厚洛)이 일시 귀국하여 청와대를 찾았다.

이후락은 1924년 경남 울산에서 출생했다. 그는 1961년에 육군 소장으로 예편한 후 최고회의 공보실장을 거쳐 1963년에서 1969년까지 대통령 비서실장을 지낸다. 박 대통령의 두터운 신임을 받았으며 3, 4공화국 시대에 김종필·박종규와 더불어 3인의 실력자 가운데 하나였다. 주일대사를 지낸 후 1970년 12월부터는 중앙정보부장을 지내기도 한다.

이후락을 맞은 박 대통령은 서울 지하철 건설을 둘러싼 김 부총리와 양 시장 간의 전혀 상반된 의견을 소개하고 이후락의 의견을 물었다. 잠깐 생각을 정리한 이후락은 "지하철 건설은 세계 대도시의 공통된 추세로 알고 있습니다. 구미 각국의 대도시 치고 지하철이 없는 도시는 없다고 알고 있습니다. 만약 일본의 도쿄·오사카에서 지하철이 멈춰서게 되면 정치·경제·사회·문화 전반의 기능이 정지될 것이고 수천만 시민의 생활에 일대 혼란이 일어날 것입니다. 서울에도 지하철 건설이 시급하다고 저는 생각합니다"라고 또렷이 대답한다. 박 대통령의 결심이 서게 되었다. 그때부터 대통령이 한 일은 오히려 부총리를 설득하는 작업이었다.

양 시장이 대통령의 결심이 섰다는 것을 확인한 것은 그날 저녁에 이후락 대사의 전화를 받고 나서였다. 이후락과 양택식은 같은 1924년생 동갑이었고, 양 시장의 부인 이정화 여사는 이후락과 같은 울산 출신이었다. 아마 이후락과 이정화는 가까운 천척이 될 것이다.

서울대학교 공대 토목과 재학 중에 기술고시에 합격하여 철도청 기술진의 중핵 자리에 있던 김명년(金命年)을 스카우트하여 서울시 지하철 건설본부를 발족시킨 때는 1970년 6월 9일이었다. 말이 건설본부였지 당초의 구성원은 겨우 16명밖에 안 되는 조촐한 출발이었다.

일본과의 차관교섭 성공

1960년대 말까지 서울 지하철 건설을 주저하게 한 가장 큰 요인은 무엇보다도 막대한 재원 조달 문제였다. 설령 토목기술은 우리 손으로 가능하다 할지라도 차량·신호·통신 등의 기자재는 대부분을 외국에서 들여와야 했고, 그에 따른 외자 조달이 큰 난관이 될 수밖에 없었다. 마침 제4차 한일 정기 각료회의가 서울에서 개최되었다. 1970년 7월 21일부터 23일까지였다. 한국 측에서 김학렬 부총리 외 7명, 일본 측에서 아이치(愛知) 외무대신 외 8명의 장관이 참석하여

지하철 건설을 발표하는 3부 장관. 중앙이 김학렬 경제기획원 장관, 왼쪽이 백선엽 교통부 장관, 오른쪽이 양택식 서울특별시장(1970.10.23.)

두 나라의 관심사인 외교·경제·무역문제 등이 깊이 있게 논의되었다. 그 회의에서 다루어진 중요 항목 중 마지막인 여섯 번째가 교통문제였다. 서울의 지하철 건설에 일본 측이 경제적·기술적으로 협력해 달라는 것이었고 일본 측에서도 대체적인 찬동을 표시하였다. 서울 지하철 건설에서 최대의 난관이었던 외자 조달 문제가 이때의 한일 각료회의를 고비로 해결될 전망이 보인 것이다.

교통부 장관 백선엽(白善燁), 서울특별시장 양택식이 일본 정부의 초청으로 도일한 때는 그해 8월 25일이었으며, 교통부 종합수송계획관 서인수, 서울시 기획관리관 손정목, 지하철 건설본부장 김명년 등이 수행하였다. 이들 수행원들은 일본정부가 미리 대기시켜 두었던 일본철도기술협의회(Japanese Association Railway Technics Surveys: JARTS) 기술진들과 서울 지하철 건설의 필요성·타당성에 대해 협의하였다. 서울시장 일행이 도쿄·오사카의 지하철과 당시 일본의 자랑이었던 신칸센 철도 등을 시찰하고 돌아온 때는 9월 1일이었으며, 일본 정부가 파견한 교통조사단 일행 10명이 서울에 도착한 때는 9월 17일이었다.

일본 정부가 교통조사단 일행을 파견한 것은 일본의 해외개발협력기금에서 차관을 제공하는 데 관한 경제적 타당성, 일본 기술진이 협력할 범위, 공사 지도의 범위 등을 조사하기 위한 것이었다. 그들이 내한할 당시에는 한국의 토목기술 수준이 아직도 미흡한 상태에 있으면 일본 기술진의 대거 참여도 고려하겠다는 것이었지만, 결국 토목·건축기술에 관해서는 일본 기술진이 개입할 여지가 없음을 인정하지 않을 수 없었다고 한다.

백선엽 교통부 장관과 양택식 서울특별시장을 배석시킨 가운데 김학렬 부총리의 기자회견이 있은 때가 1970년 10월 22일이었다. 이 자리에서 "외자 5,000만 달러, 내자 230억 원을 투입하여 ① 서울역~종로~청량리역을 연결하는 9.8km 구간에 지하철을 건설하고, ② 서울역~인천, 서울역~수원, 용산역~성북 간은 기존 철도를 전철화하여 외곽 전철과 도심 지하철이 직결될 수 있도록 하겠으며, ③ 1970년 10월부터 측량 및 설계를 시작하고 1971년에 공사에 착수하여 1973년까지 건설을 완료하고 1974년부터 운영할 계획이며, 도심 지하철 구간은 서울시가 담당하고 외곽 전철화사업은 교통부가 담당한다"고 밝혔다. 한국 근대화 100년의 역사에서 또 하나의 획이 되는 대역사(大役事)가 시작된 것이다.

지하철 1호선 착공(1971.4.12.)

착공에서 완공까지

서울 지하철 1호선 건설의 기공식은 1971년 4월 12일 서울시청 앞 광장에서 박정희 대통령 내외 임석하에 성대히 거행되었다. 경인·경수간 전철 기공식은 이보다 닷새 전인 4월 7일에 역시 박 대통령 임석하에 인천 공설운동장에서 화려하게 거행되었다.

그런데 철도청의 전철화 공사와 서울 지하철 1호선 공사 간에 매우 어려운 문제가 일어난다. 철도청이 시공하는 철도 전철화는 2만 5,000볼트 교류인 데 비해 시내 지하철 구간은 1,500볼트 직류였으니 직류와 교류의 택일 문제가 발생한 것이다. 철도를 지하철에

지하철을 건설하면 나라가 망합니다 **25**

맞춰 1,500볼트 직류로 할 경우는 유지비가 너무 많이 든다는 문제가 있었으며, 반대로 시내 지하철 구간을 철도와 같이 2만 5,000볼트 교류로 한다면 전화선에까지 전류가 흘러들어 이른바 통화 장애가 일어난다는 문제가 생긴 것이다.

서로 '직류로 하라 교류로 하라'는 끈질긴 주장이 되풀이되다가 마침내 지하철은 직류로, 철도는 교류로 하기로 하고 전동차는 직·교류 양용을 채택하였다. 이렇게 설명하면 간단한 것 같으나 그것은 결코 쉬운 일이 아니었다. 우선 직·교류 양용 전동차가 단용 전동차에 비해 훨씬 값이 비싼 것은 당연한 일이었다. 또 일반 승객은 알지 못하지만 교류로 온 것을 직류로 바꾸기 위해, 반대로 직류로 간 것을 교류로 바꾸기 위해 서울역 구내와 청량리역 구내의 지하철-국철 연결구간에서는 각각 잠깐 동안 전기가 흐르지 않는 이른바 전기 사구간(dead section)이 있을 뿐 아니라, 서울역·종로 3가역·제기역에는 직·교류 변전소를 추가로 건설해야만 했다.

종로선은 문자 그대로 지하철 1호선이었기 때문에 그렇게 깊이 굴착할 필요가 없어 이른바 개착식(open cut) 공법을 채택하였다. 지하에서 터널식으로 굴착해 가지 않고 지상에서 바로 파고 들어가는 방식이었다. 공사비가 적게 들고 공사 기간도 단축된다는 이점이 있었지만 시민에게 엄청난 인내와 희생을 강요하는 일이었다. 당연히 노면의 교통 혼잡이 초래되었다. 시민의 입장에서는 정말 짜증스러운 일이었지만 전체 시민이 그것을 슬기롭게 참아주었다. 조국이 근대화되고 시민 생활이 풍요해지기 위한 길목에서 그 정도의 고통은 당연히 치러야 한다는 시민의식의 공감이 있었기 때문이었다.

또한 여러 곳에 난공사 구간이 있었다. 남대문과 동대문 옆은 진동으로 인한 문화재 훼손을 방지하기 위해 코르크를 수입해 와서

박정희 대통령 지하철 공사장 시찰(1971.7.14.)

방진벽을 만들었고, 지하도 밑을 횡단할 때와 대학천·정릉천 등 하천 밑을 횡단할 때에는 각각 특수공법이 강구되었다. 광화문 동아일보사 옆은 거의 직각으로 회전되기 때문에 역시 특수공법이 사용되었다. 서울 지하철 공사는 한국의 토목 시공기술을 크게 향상시킨 획기적인 전기가 된 것이었다.

서울 지하철은 일본의 도쿄·오사카에 이어 아시아에서는 세 번째의 시도였다. 지하철 공사가 한창 진행되고 있던 1972년 당시 한국인 일인당 GNP는 겨우 300달러에 불과하였다. 300달러 소득 국가에서 지하철을 건설한다는 것은 실로 놀라운 일이었다. 우선 재외 공관장들이 1973년 1월 28일과 2월 13일, 두 차례에 나누어 공사장을 시찰한다(당시 북한에도 지하철이 있었으나 그것은 불과 몇 킬로미터밖에 안 되는 전시용 시설이었다고 한다). 시민들의 입장에서도 최초의 지하철 건설은 신기한 것이어서 지하 공사 과정을 보고 싶어하는 사람들이 적잖았다. 건설본부는 건설 현황판을 만들어 전시하는 한편 지하 구간 공사 현장을 시민에게 공개한다. 1972년 4월 13일에서 25일까지 13일간 실시된 이 공개 현장에는 다수의 남녀노소가 몰려들었다. 서울의 지하철은 아시아·태평양 지역에서 하나의 놀라움이었다. 자유중국(대만)에서는 일부러 교통부 장관이 와서 시찰하였다(1973.7.13). 시운전을 시작하자 하와이 호놀룰루 시장이 와서 시승을 했고(1974. 5.2), 인도의 외무부 장관도 와서 시승을 했다(1974.8.12).

진두지휘니 불철주야니 하는 것은 바로 지하철 1호선 건설 당시 양택식 시장이 보여준 자세를 가리키는 낱말이었다. 각 공사장 구석 구석마다 그의 발길이 미치지 않는 곳이 없었다. 확인하고 점검하고 격려하고 위로하고, 당시 시청 간부들이 모이면 "시장이 지하철에 미쳤다"는 것이 화제가 되었고, 마침내 '두더지 시장'이라는 별명이 붙었다. 그의 정성과 노력, 그리고 특유의 투지와 집념이 공사 현장 곳곳에 투영되었다. 이 공사에 박 대통령이 쏟은 정성 또한 마찬가지였다. 틈만 나면 공사장을 시찰하였고, 연말이면 공사장에서 수고하는 직원들에게 꼬박꼬박 위로금을 하사하였다.

비운의 개통식과 슬픈 전통

1974년 8월 15일은 29회째 맞이하는 광복절인 동시에 서울 지하철 9.5km가 개통되는 날이었다. 총공사비 330억 원, 수도권 전철 98.6km 공사비 289억 5,000만 원이 소요되고, 250만 명의 노동력이 동원되어 불철주야 3년 4개월간 진행한 공사가 완료된 것이다. 이날 아침에 배달된 신문들은 일제히 지하철 개통을 축하하는 사설과 기

지하철 1호선 개통식 후의 시승(1974.8.15.)

사를 실어 역사적인 행사를 찬양하였다.

　　그런데 이날 11시를 기하여 박 대통령 임석하에 화려하게 개최
될 예정이었던 개통식에 박 대통령이 임석하지 않은 채 정일권 국무
총리와 민복기 대법원장이 그 자리를 메웠으며, 축제 분위기였어야
할 장내는 비길 바 없이 침통한 터전이 되었다. 이 행사 바로 전에
장충동 국립극장에서 개최된 광복절 행사에서 대통령 영부인 육영수
여사가 문세광(文世光)이라는 재일교포 청년에 의해 저격되어 생사의
기로에 있었기 때문이었다. 그리하여 이날 각 신문 1면 머리기사를
장식할 예정이었던 개통식 기사는 7면(사회면) 구석으로 밀려났고, 미
리 예정되었던 지하철 개통 축하행사는 모두 취소되고 말았다.

　　육 여사는 그날 저녁에 서거하였고, 양택식 시장은 광복절 행사
의 주관자였기 때문에 육 여사 서거의 책임을 지고 9월 2일에 시장

지하철을 건설하면 나라가 망합니다　29

직을 사퇴하였다. 역사에 남을 대역사인 지하철 1호선 건설을 주도했던 양 시장은 바로 이 사업의 개통식날 일어난 사건 때문에 시장직에서 물러나는 비운을 겪은 것이다.

그 후 서울에는 2호선에서 8호선까지 건설되어 현재의 지하철 (수도권 전철 포함) 길이는 340km를 넘어 도쿄·뉴욕·런던에 이어 세계 제4위를 자랑하고 있다. 부산·대구·인천·광주에도 지하철이 달리고 있고 대전에서도 건설 중에 있다.

서울 지하철 1호선 건설비 총액은 내·외자 합계 330억 1,100만 원이었다. 그런데 그중 국고보조액은 전체의 1퍼센트도 안 되는 3억 원에 불과하였다. 물론 나라마다 사정이 다르기는 하나 외국의 경우 대체로 건설비 총액의 30퍼센트 이상, 나라에 따라서는 50퍼센트 이상까지 국고에서 보조하는 경우도 있는데, 지하철 1호선 국고보조 3억 원은 너무나 인색한 것이었다. 원래 지하철 건설을 원초적으로 반대했던 김학렬 부총리 입장에서는 "그렇게 하고 싶으면 너희들 힘만으로 건설해 보라"는 것이었는데, 박 대통령이 국고보조가 전혀 없을 수는 없다고 해서 겨우 3억 원을 보조한 것이었다.

김학렬 부총리는 1호선 착공 후 1년도 채 안 되는 1972년 1월에 췌장암에 걸려, 애석하게도 부총리직에서 물러난 지 불과 3개월 후에 작고한다. 그런데 김학렬 다음으로 부총리가 된 태완선(太完善)도 전임자와 마찬가지로 서울로의 과다한 인구 집중은 지나친 투자 때문이라는 소신을 가지고 있었고 따라서 이유 여하를 막론하고 서울시에 대한 국고보조는 절대 불가라는 입장이어서 지하철 1호선 건설비에 더 이상의 보조를 하지 않았다. 서울 지하철 건설에 대한 중앙정부의 이렇게 인색한 태도는 2호선과 3·4호선 건설에도 그대로 답습되었다. 즉, 서울의 제1기 지하철 네 개 노선 건설의 총 투자비는

2조 3,926억 원이었는데, 이에 대한 국고보조액은 649억 원(2.7퍼센트)에 불과하였다. 말하자면 서울시는 지하철을 건설할 때마다 막대한 액수의 부채를 져야 했고 지하철 노선이 늘어날 때마다 부채의 총액도 늘어가기만 했다. 결국 1~4호선 건설이 끝난 후 서울시는 당분간 새 지하철 건설을 유보하는 태도를 취한다. 부채가 어느 정도 해결되고 난 뒤에 다시 건설한다는 것이었다.

중앙정부의 냉담한 태도가 바뀐 것은 '86 아시안게임', '88 하계 올림픽'이라는 양대 행사를 치르면서였다. 인구가 늘고 승용차가 급증하자 주택문제와 더불어 교통문제도 심각성을 더하고 있었다. 서울시내 노면 교통의 정체 현상이 시민 생활의 불편은 물론이고 막대한 경제적 손실도 초래한다는 것을 경제계·정치계도 알게 되었으며, 중앙정부도 뒤늦게 깨닫고 있었다. 1987년 12월에 치러진 대통령 선거에 입후보한 여야 대표들은 주택문제와 더불어 교통문제 해결책인 지하철망 확충을 강한 어조로 공약한다. 국무총리실·경제기획원·교통부·서울시가 합의한 지하철 건설 시 국고지원 원칙이 확정된 때는 1990년 12월 5일이었고, 이때부터 서울 지하철 건설에는 건설비 총액의 30퍼센트 이상, 부산·대구·인천 등 지방 대도시의 경우는 60퍼센트 정도까지 국고에서 지원하게 된 것이다.

그런데 서울지하철 1~4호선 건설 당시에 보인 중앙정부(경제부처)의 인색한 태도는 우리나라의 지하철 건설에 '무조건 싼값으로'라는 관행을 낳게 된다. 한 가지 예를 들면, 지하철 2호선 건설 당시 총 투자비는 9,440억 원으로 계상되었다. 한국과학기술원(KAIST)의 용역 결과가 그렇게 나왔고 중앙정부에서도 그렇게 승인을 했다. 그런데 6년 2개월에 걸친 대공사가 끝나고 1984년 5월 22일에 개통이 된 후에 정산을 해 보니 8,780억 원으로 집계되었다. 결국 절약하고 또 절약해서 660억 원이 절감된 것이다(『2호선 건설지』, 1236쪽 이하).

참고로 지금 각 지방도시, 부산·대구·인천 등지의 『지하철 건설지』를 펴보면 거의 예외 없이 기본 목표의 첫 번째가 경제성이고 두 번째가 안전성임을 알 수가 있다. 경제성이란 말이 대단히 좋게 들리기는 하지만 바로 "값싼 공법을 채택하고 모든 재료는 싼값으로 구입하며, 공기를 단축하고 해서 되도록 더 싼값으로 건설한다"는 것이다.

그러나 곰곰이 생각해 보면 지하철과 같이 깜깜한 지하에 건설되는 것이면서 대량의 인명과 관계되는 시설은 안전성이 최우선이어야 하고, 그것을 위한 투자는 결코 싼값으로 처리되어서는 안 되는 것이다. 그러므로 '무조건 싼값으로'라는 관행은 정말로 좋지 못한, 슬픈 전통이었다. 필자는 서울 지하철 1호선 건설 당시 서울시 기획관리관으로서 재정운용의 책임을 지고 있었다. 당시의 서울시 재정은 엄청나게 어려운 처지에 있었으며 그런 처지에서 지하철이 건설되었다. 그러므로 필자 스스로가 되도록 '싼값으로 건설한다'는 생각을 했던 최초의 인물들 중 한 사람이었던 것이다.

대구 지하철 참사가 일어난 때는 2003년 2월 18일 아침이었다. 시간이 지나면서 사망자·부상자의 수는 점점 늘어났고 결국 사망자 130여 명, 부상자 140여 명으로 집계되었다. 대구지하철 참사의 실상이 거듭 되풀이 보도되는 TV 화면을 보면서 만약에 "무조건 싼값으로"가 아니었다면 결코 저렇게 엄청난 피해는 일어나지 않았을 것이라는 회한 때문에 잠 못 이루는 밤을 여러 날 보내야 했다.

대구 지하철 참사는 안전이 무엇보다도 중요하다는 것을 깨닫게 한 수업료 치고는 너무나도 비싼 수업료였다는 것을 절감하면서, 무참히도 죽어 간 희생자들의 명복을 빌고 또 빌고 있다.

■■■ 참고문헌

대구광역시 지하철 건설본부. 2000.『대구지하철 1호선 건설지(상·하)』.
손정목. 1999.『두더지시장 양택식』.
손정목(책임편집·감수). 1989.『서울지하철 1호선 건설지』. 서울지하철공사.1989.
_____ .『서울지하철 2호선 건설지』. 서울지하철공사.
서울특별시. 2003.『서울지하철 건설 삼십년사』.
서울특별시 지하철 건설본부. 1998.『서울지하철 5호선 건설지(상·하)』.
당시의 신문들

1970년대 행정수도론의 전말

서울의 인구 격증과 인구 집중 방지책 전개

1955년에 157만이었던 서울의 인구수는 1963년에 300만을 넘었다. 7년 동안에 두 배가 된 것이다. 1962년부터 시작된 경제개발 5개년계획으로 국내의 경제활동이 활발해짐에 따라 서울시내의 교통인구도 크게 늘어나, 버스 정류장마다 몰려든 인파로 장사진을 이루었다. 교통난만이 아니었다. 주택난·상수도 급수난·쓰레기 처리·각종 범죄 등 여러 가지 문제가 쌓여가고 있었다.

1963년에서 1966년 초까지 서울시장을 지낸 윤치영은 원래가 정치인으로서, 서울시장 재임 중 적잖은 정치적 발언으로 많은 화제를 남겼다. 그런데 그의 공식 발언 중에서 가장 유명한 것은 1964년 2월 6일에 열린 국회 내무위원회에서의 답변이었다. 장황한 내용이지만 요점만 간추리면 다음과 같다.

서울시의 현재 인구는 약 350만 정도입니다. 해마다 30만 명의 인구가 증가합니다. 광주시(光州市) 인구수와 맞먹는 인구가 매년 늘어가고 있습니다. 이 인구 증가를 막아야 합니다. …… 그런 법률이라도 만들지 않으면 누가 서울시장을 해도 사태는 마찬가지입니다.

'지방민의 서울 이주를 허가제로 하는 입법'을 요청한 이 발언 내용은 바로 라디오를 통해 전국에 방송되었고, 당일 석간신문, 이튿날 조간신문에 대대적으로 보도되었다.

서울시민만이 아니라 전 국민을 놀라게 한 발언이었지만 가장 놀란 사람은 박정희 대통령이었다. 경제개발, 국민의 경제생활 향상에만 온 관심을 집중해 온 박 대통령이 윤 시장의 이 발언을 계기로 사태의 중대함을 인식하게 된다. 고급 장교 신분으로 한국전쟁을 치른 박 대통령의 인식에는 '350만 서울 인구를 데리고 전쟁을 치를 수 있을 것인가'가 문제였다. 6·25 당시 서울시민은 170만 정도였다. 170만 인구를 가지고도 한강을 건너는 데 그 법석을 떨고 그 고생을 했는데, 350만 또는 그 이상의 상태로 만약 이북 정권이 또 남침해 온다면 어떻게 될 것인지를 생각해 보면 실로 아찔한 일이었다. 그와 같은 대통령의 인식은 6·25를 체험한 고급 군인·고위층 인사들에게 공통된 것이었다. 서울의 인구 증가를 억제하는 정책을 연구하기 시작했다. 각 부처와 각계각층에서 엄청난 대책과 의견들이 쏟아져 나왔다.

박정희 정권은 엄청난 독재 권력이었다. 1961년 5월부터 1979년 10월까지 18년 5개월 동안 박정희라는 인물은 마음만 먹으면 못하는 일이 없는 절대 권력자였지만, 그에게도 못한 일 두 가지가 있었다. 첫째가 물가(인플레)를 잡는 일이었고, 둘째가 서울로의 인구 집중을 방지하는 일이었다. 그가 아무리 무소불위(無所不爲)의 독재자였을지라도 국민 모두가 가진 거주 이전의 자유, 직업 선택의 자유까지 박탈할 수는 없었던 것이다.

박 대통령은 1960년대 후반기부터 강한 의지로 서울 인구 집중 방지책을 추진했다. 그러나 1970년대 전반기, 즉 1975년 초까지는 강북 인구 억제책이었다. "한강 이북에 많은 인구가 모여 살게 되면 그 인구를 데리고 전쟁을 수행할 수가 없다. 그러므로 강북에 거주하는 인구 중 상당수가 강남으로 이주하기를 바란다"라는 것이었다. 그런데 박 대통령의 그와 같은 의지는 1975년 4월경부터 "비단 강북만이 아니라 서울 및 수도권 인구 전체가 억제되어야 한다"라는 것으로 바뀌게 된다.

그의 생각이 바뀐 데는 두 가지 이유가 있었다. 첫째가 공산화의 도미노 현상이었고 둘째가 이북이 보유하게 된 장거리포(미사일)의 사정거리였다.

속칭 인도차이나 반도를 형성하는 캄보디아·베트남·라오스 등 3개 국가가 1975년 4월에서 5월에 걸친 한 달도 안 되는 기간에 연거푸 공산화된 사실은 온 세계, 특히 자유세계 국민을 크게 놀라게 했다. "한 나라가 공산화되면 이웃 나라들이 연달아 공산화된다"라는 이른바 도미노 이론이 실제로 일어난 것이었다. 이 도미노 현상으로 가장 충격을 받은 사람이 박정희 자신이었다.

이와 같은 걱정에 한 가지가 추가되었다. 북쪽이 개발해서 보유하고 있다는 장거리포였다. 사정거리가 200km를 넘는다고 했으므로, 휴전선에서 그것을 쏘면 수도권 전역은 물론 대전지역까지도 잿더미가 될 우려가 있었다. 만약 중앙정부 기능이 집중되어 있는 세종로 중앙정부 청사를 조준하여 쏜다면 정부 기능이 즉시 마비 상태에 빠져 버릴 우려가 있었다. 서울시내를 무차별 공격 목표로 삼는다면 700만 인구가 희생될 수도 있었다. 다행이었던 것은 여러 가지 정보를 종합해서 볼 때 이북이 당장에 남침해 올 태세에 있지 않다는 점이었다. 당장에는 북한에 그런 능력이 없음을 명백하게 알 수 있었다.

고민을 거듭한 끝에 어렴풋이 두 가지 정도의 대응책이 마련되었다. 1975년 하반기에서 1976년 초에 걸쳐서였다. 첫째, 서울시 남쪽에 북이 보유한 장거리포 안전지대를 찾아 빠른 시일 내에 제2 정부 청사를 지어 기획·경제부처를 옮기도록 한다. 둘째, 서울에서 한 시간 또는 한 시간 30분 정도 소요되는 지점에 제2의 수도를 건설하여 중앙정부 기능을 완전히 옮기도록 한다.

서울시 관악구 사당동에서 남태령을 넘으면 경기도 시흥군 과천면이었다. 서북쪽 일대에 관악산을 등지고, 동쪽에 청계산, 남으로 인덕원 고개에 쌓인 아늑한 분지를 이루고 있다. 포물선을 그리며 날아오는 적의 장거리포는 관악산에 걸려 종합 청사에는 피해를 입힐 수 없다는 계산이었다. 과천면 문원리에 정부 제2청사를 짓고 그 일대에 신도시를 건설한다는 결심은 1977년 중에 세워졌으며, 정부 청사를 관리하는 총무처 장관과 신도시 건설 업무를 관장하는 건설부 장관에게 지시되었다. 과천 땅에 정부 제2청사가 건설되어 집무가 시작된 것은 1982년 6월부터의 일이었다. 정부 제2청사 건설과 아울러 그 주변 일대를 개발하여 신도시를 조성하는 사업도 동시에 진행되었다. 경기도 시흥군 과천면이 과천시가 된 때는 1986년 1월 1일이었다.

행정수도: 1977년 말까지

발표 그리고 초기의 작업 과정

박 대통령이 제2수도를 건설하여 행정 기능을 옮기겠다는 구상은 이미 인도차이나 반도 도미노 현상이 일어난 직후부터였던 것 같다. 1975년 8월 2일 낮, 진해의 하계 휴양지에서 청와대 출입기자들과 점심을 함께 하던 대통령이 절대로 발설하지 말 것을 다짐하면서 이렇게 말했다고 한다.

> 수도권 인구 분산정책의 획기적인 방안은 수도를 옮기는 것밖에 없다. …… 서울을 옮긴다면 인구 100만 명 규모의 새 행정도시를 건설하는 것이 좋겠다. 그렇게 되면 100만 명 내지 50만 명의 서울 인구를 데려갈 수 있을 것이다. 서울은 곧 700만 명이 넘을 것이다. 새 수도를 기존 도시로 하느냐 하는 데는 문제가 있다. 새로 건설해야 한다. 서울서 자동차로 두 시간 정도 걸리는 곳이 좋겠다(≪중앙일보≫, 1977년 2월 11일자 양태조 기자 서명기사, ≪한국일보≫ 동일자 기사).

박 대통령이 임시 행정수도를 만들겠다고 밝힌 때는 1977년 2월 10일 오전에 있었던 서울특별시 연두순시 석상에서였다. 당시 필자는 서울시 간부(공무원교육원장)로서 그 자리에 배석하고 있었다. 구자춘 시장과 하점생 교육감의 시정방향 보고에 이어 박 대통령의 지시사항 전달이 있었다. 대통령 지시사항은 ① 서울시 인구 억제, ② 도로의 획기적 확충, ③ 도시 새마을운동의 심화로 이어지고 있었다. 이렇게 계속하다가 대통령의 발언이 잠시 멈추었다. 모두가 긴장을 했다. 다음 발언이 무엇인지 궁금해 하는 분위기였다. 이어지는 박 대통령의 말은 어디까지나 조용한 어조로, "다음은 임시 행정수도에 관해서요"라는 것이었다. 당시의 속기록 중 일부를 옮기면 다음과 같다.

　이런 것을 지금 단계에서 발표하면 공연히 쓸데없는 잡음이 일어날까 봐 이야기를 안 하고 있었는데, 이삼 년 전부터 내가 구상하고 있는 것은 수도의 인구는 여러 가지 정책을 수립해서 강력히 밀어야 되겠지만, 결국은 우리가 통일이 될 때까지 임시 행정수도를 어디 다른 곳으로 옮겨야 되겠다 하는 것이다.
　물론 그것이 지금 구체화된 것이 아니고 위치가 결정된 것도 아니며 몇 군데 염두에 두고 여러 가지 기초조사를 해 보고 있는 데, ……
　서울에서 한 시간 또는 길어도 한 시간 반 정도면 오고 가고 할 수 있는 그러한 범위 내에서 인구 몇 십 만 정도 되는 새로운 수도를 만들자는 생각이다. 서울에서 새 수도로 옮기는 인구는 그렇게 많지 않을지 모르지만 새로 행정수도가 앉음으로써 서울에 전입하는 인구를 한쪽에서 잡아당기고 억제하는 데에는 상당히 큰 역할을 하게 될 것이고 또 많은 인구를 그쪽으로 유도할 수도 있게 될 것이다. …… 서울은 서울대로 그대로 두되 중요한 행정기관과 기타 거기에 꼭 따라가야 될 기관을 이전하자는 것이다.
　중요한 문제는 인구 소산이고 또 휴전선에서 너무 접근되어 있으므로 이에 대비해서 통일이 될 때까지는 임시로 옮기자는 것이다.

대통령의 발표 후 대전·청주·공주 등지의 땅값은 순식간에 수배 또는 수십 배씩 치솟았다고 한다(≪조선일보≫, 1977.12.18. "77. 기자의 1년, 행정수도 쇼크 후보지 찾아라" 및 《동아일보》, 1983.3. 8. "기자의 눈").

대통령의 발표가 있은 후, 모든 매스컴에서 "행정수도의 담당부처가 어디냐, 후보지가 어디냐"를 쫓고 있었지만 아무것도 정해지지 않았고 아무도 담당하는 자가 없었던 것이다. 행정수도 업무의 담당자가 결정된 때는 공식 발표가 있은 지 2개월이 지난 1977년 3월 7일이었다.

그날 박 대통령은 제1무임소 장관실이 성안한 수도권 인구재배치 10개년계획의 보고를 받았다. 당시 수도권 인구문제는 제1무임소 장관실 소관이었고 '수도권인구정책조정실'이라는 기구가 설치되어 있었다. 당시의 제1무임소 장관은 장경순(張坰淳)이었고 보고자는 박봉환 실장이었다. 보고를 받은 후 대통령이 재가를 했다. 그 자리에서 행정수도 건설에 관한 구체적 방안이 지시되었다.

- 새 수도의 건설은 아무리 빨라도 앞으로 10년 혹은 그 이상이 걸릴 것이며 이를 조금도 무리하게 하거나 조급히 서두를 생각은 없다.
- 행정수도 건설의 방법은 먼저 백지계획부터 수립한다. 백지계획의 작성 기간은 2년 정도로 하되 청와대에서 직접 담당한다.
- 수도 이전은 예산이 허용하는 범위 내에서 하나씩 하나씩 수행한다.
- 백지계획 수립 업무는 중화학공업기획단장 책임하에 추진토록 하라. 오늘 수도권 인구계획을 보고한 박 실장이 기획단으로 옮겨 오 수석을 보좌하도록 하라.

임시 행정수도 백지계획의 담당자가 결정되었다. 중화학공업기획단(이하 기획단) 단장 오원철(吳源哲)이었다. 그는 1928년에 황해도 풍천에서 태어나 1951년 9월에 서울대학교 공대 화학공업과를 졸업하였다. 대학 재학 중에 공군 기술장교가 되었고 1961년에 소장으로 제대했다. 1961년에 상공부 화학과장으로 특채되었다.

오원철은 상공부 화학과장을 시작으로 공업 1국장·기획관리실장·차관보를 차례로 거쳐 1971년 11월에 대통령 경제 제2수석비서관이 될 때까지 문자 그대로 승승장구했다. 제2·3차 경제개발 5개년계획이 추진되었던 1960년대 하반기에서 1970년대 전반기에 걸쳐 그는 이 나라 제조업 분야의 스타, 별 중의 별이었다. 해박한 지식에 달변 그리고 온몸에 넘치는 자신감과 강한 추진력을 지니고 있었다. 당시의 경제 제2수석비서관의 담당 업무는 중화학공업, 공업단지 조성, 군수 무기 도입과 신무기 생산이었다. 그의 주도 아래 반월·여천·창원 등의 대규모 공업단지가 조성되었다. 그는 박 대통령의 두터운 신임을 입었다. 1974년 2월에는 대통령 직속으로 중화학공업기획단이 설치되었고 경제 제2수석 오원철이 겸무하였다. 적어도 상공업 및 신무기 생산 측면에 국한하면 그는 박 대통령 다음의 제 2인자였고, 그의 앞을 가로막는 자는 아무도 없었다.

제1무임소 장관실 수도권 인구정책 조정실장이었던 박봉환이 중화학공업 추진위원회 기획단 부단장에 임명되어 오원철을 돕게 되었다. 무임소 장관실에서 그를 도왔던 서울시 김병린 과장, 잠시 청와대에 파견되어 있었던 건설부 유원규 과장도 기획단으로 파견되었다.

오원철이 제조업 분야와 공업단지 조성의 베테랑이었기는 하나 신도시 건설에 대해서는 아는 바가 없었다. 우선 한국을 대표하는 계획가를 규합하여 그 의견을 종합하자는 데 합의한다. 각계각층의 대표자가 망라되기는 했으나 주축을 이룬 것은 토목·건축·도시계획

기술자들이었다. 임시행정수도 건설 백지계획이라는 역사적 대업을 위해 규합된 인물들은 다음과 같다.

> 건축 분야 : 엄덕문(건축가), 김수근(건축가), 윤장섭(서울대학교 교수), 안영배(경희대학교 교수), 김정철(건축가), 윤승중(건축가).
>
> 토목 분야 : 최영박(고려대학교 교수), 박중현(서울대학교 교수), 선우중호(서울대학교 교수).
>
> 도시계획 분야 : 박병주·김형만·곽영훈(이상 홍익대학교 교수), 주종원(서울대학교 교수), 강병기(한양대학교 교수).
>
> 조경 분야 : 장문기(조경계획가), 유병림(서울대학교 환경대학원 교수), 임승빈(서울대학교 농대 교수).
>
> 교통 분야 : 임강원(서울대학교 환경대학원 교수).
>
> 도시지리 분야 : 이기석(서울대학교 사범대학 교수).
>
> 경제·사회 분야 : 백영훈(국회의원), 박승(중앙대학교 교수), 권태준·최상철·김안제(이상 서울대학교 환경대학원 교수), 황명찬(건국대학교 교수), 황인정(한국개발연구원 책임연구원).
>
> 미술 분야 : 김영중(조각가).

이들을 일일이 소개하지는 않겠지만 모두 해당 분야를 대표하는 당대 최고의 인물들이었다.

처음 작업을 했던 장소는 기획단이 있던 중앙청 세종로 청사 5층, 516호실이었고, 몇 달이 지나 도면·모형 등으로 규모가 늘어나자 501호실을 터서 사용하였다. 중앙청 세종로 청사는 각층의 1호가 장관실로서 매우 넓은데, 행정수도 작업은 501호실을 더 확장하여 넓게 사용하였다.

작업은 회의의 연속이었다. 주제별 분과 회의도 있었지만 전체

회의에서의 토의가 원칙이었다. 즉, 각 위원이 전공별로 연구 과제를 정해서 연구 결과를 발표하고 다른 위원이 의견을 개진하여 결론으로 몰고 가는 형식이었다. 매번 회의 참석수당이 지급되기는 했으나 별로 많은 액수는 아니었다고 한다. 행정수도 백지계획 수립에 헌신적으로 참여하는 데 대한 보상은 각 위원들에게 연구 용역 업무를 분담케 하여 그 연구비를 지급하는 것이었다. 각자가 주로 연구한 내용별로 한 개 내지 세 개 정도의 용역 보고서가 비밀문서 형식으로 약 30여 권 남겨져 있다.

「특별조치법」 제정과 후보지 위치 선정

「임시행정수도 건설을 위한 특별조치법」이 제정 공포된 것은 법률 제3007호에서였다(1977.7.23.). 여기서 임시행정수도라고 하여 임시라는 것을 명시한 이유는 어디까지나 국토가 통일될 때까지의 잠정 시설이며 통일된 뒤에는 서울로 돌아간다는 것을 강조한 것이었다. 이 법률이 의도한 것은 예정지역이 지정되면서 당연히 일어날 수 있는 땅값 앙등, 부동산 투기를 미연에 방지하고 각종 계획을 조정함으로써 원활한 건설을 추진한다는 것이었다. 지역의 지정, 기준지가(基準地價) 고시, 각종 행위의 규제, 토지수용 절차 등 여덟 개의 조문으로 규정되어 있다.

기획단에 대한 대통령 지시는 "백지계획을 수립하라"는 것이었다. 그러나 한국과 같은 좁은 국토 내에서 그것도 대통령으로부터 "서울에서 한 시간 30분 내지 두 시간, 경부선 철도에서 30분 이내, 휴전선에서 평양까지의 거리와 맞먹는 거리" 등의 여건이 주어진 상태하에서의 백지계획이라는 것은 처음부터 별로 의미가 없는 것이었다. 그와 같은 의문은 첫 번째 회의에서부터 제기되었다고 한다. 새로 건설될 행정수도 후보지는 "어떤 기준을 갖추어야 하느냐. 그런 기준을 갖춘 곳이 어디냐"라는 논의는 연구의 초기부터 제기되고 있었다. 가장 중요한 기준은 "어떤 범위 안에 들어가야 하느냐"라는 것이었다. 이를 범역(範域)이라고 했다. 다섯 개의 기준이 세워졌다.

첫째, 적의 공격을 감내할 수 있는 방위적 측면이었다. 휴전선에서 70km 이상, 해안선에서 40km 이상 떨어진 지역이라는 기준이 세워진다.

둘째, 서울에서의 거리였다. 서울에서 너무 가까우면 서울의 세력권 내에 흡수되어 버린다. 그렇다고 너무 멀 수도 없다. 지도를 펴놓고 검토해 보았다. 충북 옥천과 충남의 논산이 남쪽 한계였다. 옥천을 지나면 경상북도에 접근해 버리고 논산을 지나면 전라북도와 접근해 버린다. 경상도에도 전라도에도 접근되어서는 안 되는 일이었다. "서울에서 70km 이상 140km 이내의 지역"이라는 기준이 세워졌다.

되도록 "국토의 중심에 가깝게 위치해야 한다"는 기준도 세워졌다. 국토 면적의 중심은 동경 127도 46분 55초, 북위 36도 20분 42초로 알려져 있다. 충북 옥천군 청산면 지전리가 그곳이다. 인구의 중심은 인구 이동에 따라 항상 옮겨 가고 있지만 1975년 당시에는 면적 중심에서 그렇게 멀지 않은 충북 옥천군 군북면 내정리로 알려져 있었다. 산업 분포의 중심도 충북 청원군 내로 계산되어 있었다. 결국 "면적·인구·산업 등 세 가지 중심으로부터 반경 80km를 넘지 않는 지역"이라는 기준도 세워졌다. 더 첨가하여 지역의 중심성이나 개발 잠재력 등의 기준도 고려되었다고 하나, 결국은 충청 남·북도 내에서 수도가 될 만한 적지를 골라내는 작업이었다. 수도가되기 위해서는 어느 정도의 평지가 확보되어야 한다. 너무 표고(標

高)가 높아서도 안 되고 가파른 경사도를 지녀서도 안 된다. 취수·배수에도 편리해야 한다. 산을 등지고 앞에 강이 흐르는 배산임수(背山臨水) 지역이면 더욱 좋다. 그런 정도의 작업은 등고선이 든 지도를 펴놓고서도 할 수 있는 일이었다. 우선 다음과 같은 10개 지역이 선정되었다.

천원(天原)지구: 충남 천원군 목천면·성남면 등 일대.
진천(鎭川)지구: 충북 진천군 덕산면, 음성군 대소면 등 일대.
중원(中原)지구: 충북 중원군 신니면·주덕면, 음성군 소이면·원남면 등 일대.
공주(公州)지구: 충남 공주군 장기면·신풍면·계룡면, 연기군 남면 등 일대.
대평(大平)지구: 충남 공주군 장기면·반포면, 연기군 금남면·동면·남면 등 일대.
부강(芙江)지구: 충북 청원군 부용면·현도면, 충남 연기군 금남면, 대덕군 신탄진읍, 회덕면 등 일대.
보은(報恩)지구: 충북 보은군 보은읍·삼승면·내북면·수한면 등 일대.
논산(論山)지구: 충남 논산군 성동면·노성면·연산면, 부여군·공주군 일부.
옥천(沃川)지구: 충북 옥천군 윤원면·군서면·옥천읍 등 일대.
금산(錦山)지구: 충남 금산군 금산읍·금성면·진산면 등 일대.

여러 가지 기준이 세워졌다. 브라질리아·캔버라·이슬라마바드 등이 건설되었을 때 고려되었던 기준들이 참고되었다. 풍수지리설에서 요구하는 배산임수니 좌청룡·우백호니 하는 개념도 고려되었다. 우선 1차 평가기준 기본항목 아홉 개와 세부항목 30개가 설정되었다. 아홉 개의 기본항목은 ① 위치의 적정성, ② 개발가능성, ③ 지세,

④ 교통조건 등이었다. 아홉 개의 기준은 다시 30개의 세부항목으로 구분되었다. 각 항목별로 평가순위 ABCD가 매겨졌다.

10개 후보지 위치도

충청북도

충청남도

중원지구

충주시

진천지구

조치원읍

천원지구

소음권
(80 데시벨)

청주시

공주지구

대평지구

부강지구

보은지구

대전시

논산지구

옥천지구

금산지구

N
S

박봉환이 기획단 실무진 유권규 등을 데리고 위 10개 지구를 답사한 때는 이미 1977년 5월에 들어서였다. 위치선정위원회 구성원들도 같이 다니게 되었다. 다닐 때마다 후보지가 압축되어 간 것은 당연한 일이었다. 박병주·주종원·최상철·강병기 등이 위치선정위원회 구성원들이었다. 교통 분야에서 임강원, 수자원 분야에서 박중현, 조경 분야에서 장문기가, 그리고 국방부 시설국장 출신의 이종렬이 합류하였다. 유원규의 안내로 그들 일행이 10개의 후보지를 답사한 것은 7월 초순의 일이었다. 정확한 일자는 알 수 없으나 결코 하루·이틀 동안의 행차가 아니었으며 사오일에 걸친 면밀한 검토작업이었다. ABCD를 매기기 전에 충분한 의견 교환, 사전 협의가 있었다. 순위는 각자 따로따로 매겼으며 그 결과를 취합하여 결론을 내렸다. 원래가 말이 많고 논쟁을 즐기는 사람들이었다. 항목으로 표시되지 않은 내용도 논의되었다고 한다. 당연히 배산임수가 화제의 중심이 되었고 대통령이 좋아한다는 호반(湖畔)의 도시도 화제가 되었다. 충신·열사가 탄생한 지역은 플러스 요인이었다. 동학운동이나 6·25 때의 격전지로 많은 전사자를 낸 지역은 마이너스 요인이었다. 이동하는 차 안, 여장을 푼 숙소는 매우 소란스러웠을 것이다.

3개 지구에서 1개 지구로

행정수도 계획은 모두가 비밀작업이었고 어느 한 가지도 외부에 누설되어서는 안 되는 극비사항이었지만 그중에서도 가장 비밀리에 진행된 것이 지구 선정작업이었다. 후보지를 하나씩 둘씩 압축하여 제거해 가는 작업이었다. 마지막으로 3개 지구가 남게 되었다. 천원·장기·논산이었다.

천원(天原)지구

충남 천원군 목천면이 그 중심이었다. 서울에서의 직선거리가 94km, 천안과 조치원 사이에 위치하고 행정구역상 충남 천원군과 연기군, 충북 청원군에 걸쳐 있었다. 북으로 차령산맥이 흘러 비교적 높은 준봉들이 솟아 있고, 남으로는 운주산(459m), 망경산(380m), 동림산(457m)으로 둘러싸인 분지를 형성하고 있다. 하천은 병천(並川)이 북에서 남동쪽으로 중심부를 가로질러 흐르고 있으나 임수로 보기에는 빈약한 것이 흠이었다.

장기(長岐)지구

당초의 후보지 10개 지구 중에는 대평지구, 공주지구가 있었다. 지구 선정위원들이 검토한 결과 공주지구와 대평지구의 중간 위치, 즉 공주지구와 대평지구의 절반씩을 포함한 중간 지구가 매우 좋은 조건을 갖추고 있음을 알게 되었다. 중심이 공주군 장기면(長岐面)이었기 때문에 장기지구라는 이름을 붙였다. 조치원과 공주 사이, 서울에서의 직선거리가 120km인 이 지구는 행정구역상 충남 연기군과 공주군의 일부로서, 북단에는 북동쪽에서 흘러 내려온 차령산맥의 지맥이 국사봉(214m)과 천태산(392m)을 형성하고, 남으로는 금강이 500m의 강 너비를 유지하면서 장군봉(354m)을 돌아 흐르고 있고 멀리는 계룡산(828m)이 솟아 있으며, 동쪽 끝에는 미호천, 서쪽 끝은 정안천이 남류하여 금강에 합류하고 있다. 이 지구의 지형은 대부분이 표고 100m 이하의 구릉지로 25퍼센트 이하의 경사도를 지녀 도시개발에 용이하며, 행정수도가 입지하게 되면 대전·청주와 삼각형을 이루게 되고 공주·조치원·유성·부여·청양 등지가 위성도시로 개발되게 된다.

논산(論山)지구

　　제1차 후보지로 선정된 논산지구는 논산군 노성(魯城)면 일대였다. 그런데 실제로 답사를 해 보니 거기서부터 동쪽으로 약 5km 정도 이동한 지역이 배산 및 경관적 측면에서 양호한 조건을 구비하고 있을 뿐 아니라 면적 기준도 충족하고 있음을 알게 되어 지구를 조정하였다. 그렇게 조정된 논산지구는 서울에서의 직선거리가 145km이고 행정구역상 충남 논산군·공주군·부여군 일부에 걸쳤으며 동북부에 계룡산(828m)이 자리하여 대전과 경계를 이루었고 서남방에는 노성산(348m)이 자리하였다. 하천은 석성천·노성천이 북에서 남으로 흘러 논산천과 합류하고 있으나 임수라고 하기에는 빈약한 것이 흠이었다. 바로 이웃에 호남선 철도 및 호남고속도로가 지나고 있으나 영남권과의 연결은 다소 불편한 지역이다.

　　그러나 오원철 수석의 결정은 그전부터 내려져 있었다. 장기지구였다. 왜 오 수석은 처음부터 장기지구를 선호했을까? 박 대통령이 행정수도 문제로 오 수석과 대화를 나눌 때 개진한 신수도의 이상론이 있었다고 한다. "배산임수하고 서울의 남산처럼 앞을 가리는 산도 있으면 좋겠고, 호수를 끼고 있으면 더 좋겠고, 아늑하게 엄폐되었을 뿐 아니라 개방도 되었고 전라도·경상도의 어디에도 치우치지 않고, ……." 박 대통령의 그와 같은 설명은 결코 한두 번이 아니었다. 그것이 되풀이되면서 오원철에게도 하나의 도시상이 형성되었다. 논산지구보다 장기지구가 그와 같은 도시상에 더 합치되었다. 논산지구에는 또 다른 흠이 있었다. 광활성이었다. 다른 말로 하면 엄폐도(掩蔽度)가 낮다는 것이었다. 결국 장기지구로 내정되었다. 그 후의 모든 그림은 장기지구라고 하는 실제의 지도 위에 그려지게 된다.

도시 설계작업

대상지역이 결정되었으니 그때부터는 백지계획이 아니었다. 그 후에도 거의 모든 유인물에 백지계획이라는 제목을 붙였으나 실제로는 도시 설계작업이었다.

신수도가 될 토지의 가용면적(可用面積)을 재었더니 6,400ha(약 1,920만 평)를 얻을 수 있었다. 여의도의 20배가 약간 넘는 넓이였다. 어떤 모습의 도시를 조성하는가? 아마도 좌우 대칭은 인류가 최초로 생각해 낸 형태인 동시에 궁극의 형태일 것이다. 장군봉과 국사봉이 마주보는 동서로 긴 분지에 짧은 남북의 축, 동서로 긴 축을 직교시켰다. 지구 중심에서 남북간·동서간으로 직교하는 축을 중심축으로 했다. 그것은 당나라 장안을 거쳐 베이징으로 이어지는 도시 형태 그대로였고 유럽의 도시들, 베르사유 궁전과 파리, 워싱턴 D.C., 브라질리아 등이 모두 좌우 대칭이었다. "중앙청과 시청을 남북으로 입지케 하고 시청의 연장 위에 기념관지구를 놓고, 동과 서에 입법부·사법부를 마주보게 하고 남북·동서가 교차하는 중앙 위치에 민족의 광장을 설치하여 상징물을 놓는다. 동서 축의 남측 일대를 행정지구로 하여 행정 각 부를 배치하고 그 대칭으로 북측 일대는 업무지구로 하여 각종 관리중추 기능을 집중시키기로 한다." 이상이 신수도 중심지구계획의 전부였다. 행정지구가 동서로 마주 보는 중앙 축에 역사의 광장, 업무지구가 마주보는 축 위에 번영의 광장, 동서의 축이 교차하는 위치에 민족의 광장, 그 동쪽에 위치한 사법부 앞에 정의의 광장, 대칭되는 서편의 입법부 앞에 자유의 광장을 설치한다. 그리고 각 광장에는 겨레의 이모저모를 상징하는 조형물을 배치하고 바닥에는 모자이크를 깐다. ……

대통령 관저는 민족의 광장에서 북쪽으로 바로 보이는 언덕, 국사봉(國師峰)기슭에 입지케 하였다. 천만다행이었던 것은 대통령 관저를 끼고 그 동쪽에 인공호수를 조성할 수 있게 된 일이었다.

중심지구가 이루어지고 이어서 행정·업무지구가 설계되었으니 그 뒤의 작업은 일사천리였다. 이미 4월부터 6월까지 3개월에 걸친 백지계획의 축적이 있었다. 고밀도·중밀도·저밀도로 이어지는 주거 및 생활환경계획, 교통계획, 유통시설·공급처리계획·방호 및 방재시설계획이 차례로 실제의 지도 위에 정착될 수 있었다.

그런데 그 설계 내용이 확정된 것은 아니었다. 여러 가지 안이 의견인 채로 제시되었다. 그렇게 일치하지 않은 상태로 조감도를 만들어 조감도 1, 2, 3이라는 이름을 붙여 전시하였다. "조감도만 가지고는 불충분하다. 기왕이면 모형도 만들기로 하자"는 안이 제기되었다. 중심부의 구역별로 모형을 발주하였다. 현대·대림·동아·삼부·대우·동산·삼환 등 국내 굴지의 건설업자들이 구역별 모형작업에 참여했다. 업자들의 입장에서는 대가가 주어지지 않는 무상의 작업이었지만 훗날 실제로 행정수도가 건설되게 되면 그 구역의 건설 공사를 발주 받게 된다는 기대감에 부푼 작업이었다. 제작된 모형들이 501호실에 전시되었지만 공개되지는 않았다. 각 부 장관들 중에서도 극히 제한된 인원만 출입할 수 있었다고 한다. 그러나 여하튼 그 모형들만 보고 있어도 행정수도가 완성된 것 같은 착각을 일으킬 정도의 장관이었다는 것이다.

1977년 10월의 국제세미나

9월 말이 되면서 계획안의 내용이 거의 정리되었다. 기본 구조는 물론이고 재원 조달 방안, 통치 기능이 빠져나간 후 서울의 문제, 토지제도 등 실로 광범위한 내용이 포함되었다. 이제 여러 연구자들로 나누어서 하는 작업은 끝을 보아야 할 시점에 온 것임을 느끼게 되었다. 그 방대한 자료들을 다시 정리하는 작업을 서울대학교 주종원 교수에게 맡겼다. 주 교수가 가장 치밀한 성품을 지녔기 때문에 통괄 정리하는 작업을 맡긴 것이다. 주 교수는 공과대학 내 자기의 연구실에서 몰두하다시피 하여 작업을 했다. 『행정수도 건설을 위한 도시기본구조계획(모형 I)』이라는 책자가 그 결과물이었다.

주종원의 작업이 진행되는 과정에 국제 세미나를 계획하였다. 그동안의 성과를 내외의 학자들에게 설명하고 의견을 듣기 위한 시도였다. 한국과학기술연구소(KIST)가 맡아서 개최토록 했다. 주제 발표자·토론 참가자 등은 기획단이 지정하였다. 세미나는 1977년 10월 19일에서 22일까지 4일간 열렸고 장소는 KIST 내 국제회의장이었다. 세미나의 역사상 전무후무한 실로 희한한 모임이었다. 즉, 실질 주최자인 청와대 기획단 관계자와 주제 발표자(12명), 토론 참가자(국외 초청자 아홉 명, 국내 초청자 열네 명) 외에는 모든 외부 인물의 방청이 금지되었다. 당연히 매스컴에도 보도되지 않았다. 매스컴 관계자로서 방청한 사람은 *the Stars and Stripes*의 미국인 기자 하나뿐이었다고 한다. 주제 발표자·토론 참가자 명단은 다음 쪽에 제시된 바와 같다.

우선 열두 명 주제 발표자들의 면면을 보기로 한다. 우선 캔버라 건설담당국장이나 나이지리아 신수도계획 참여자를 데려와서 그들의 경험담을 듣고, 이곳 신수도의 위치, 중심지구계획을 비롯한 도시공간구조계획, 주택 및 생활환경계획의 내용을 설명한다는 의도였다. 국내 토론자 여섯 명 전원이 계획 수립에 참가한 연구자들이었다.

주제 발표자(12명)

발표자(국적)	주요 경력	발표 주제
Jim Conner(호주)	시드니대학 도시계획과 교수 캔버라(신수도) 건설담당국장	외국의 신수도 건설 사례
R. Meier(미국)	캘리포니아대학 환경계획과 교수	신수도 건설의 사회·기술적 고찰
G. Dugger(미국)	로스앤젤레스대학 도시계획과 교수 나고야 UNDP 기술훈련소 소장	신수도 건설이 사회·경제에 미치는 영향
W. Luttrell(영국)	영국 도시성 경제계획관 나이지리아 신수도계획에 참여	신수도 건설의 경제적 문제
박영환(재미 한국인)	노팅엄 설계 공사	신수도의 토지이용계획 방향
신구철(재독 한국인)	슈투트가르트대학 연구교수	신수도 건설에 있어서 과학기술의 역할
김형만(金炯萬)	홍익대 도시계획과 교수	동서양 수도의 특성비교
최상철(崔相哲)	서울대 환경대학원 교수	행정수도 건설에 대한 사회 경제적 고찰
곽영훈(郭英薰)	홍익대 도시계획과 교수	2000년대 한국 행정수도의 도시 형성에 대한 고찰
주종원(朱鍾元)	서울대 공대 건축공학과 교수	신수도의 도시공간구조
김수근(金壽根)	건축가, 국민대 조경학부 부장	도시구조에 대한 설계 방법
윤장섭(尹張燮)	서울대 공대 건축공학과 교수	주택과 생활환경계획 구상

국외 초청 토론 참가자(9명)

O. Negler(미국)	하비슨 도시개발공사 부사장
우규승(미국)	재미 건축가
박기서(미국)	빅터그루엔 설계공사 부사장
김종성(미국)	일리노이 공과대학 교수
황용주(미국)	세계은행 근무
정찬형(미국)	브리치포트대학 교수
김창호(미국)	일리노이대학 교수
강석원(프랑스)	개인 설계사무소 소장
김성국(미국)	개인 설계사무소 소장

토론 참가자(국내 14명)

이한빈	아주공대 학장	노융희	서울대 환경대학원 원장
김만제	한국개발원(KDI) 원장	백영훈	국회의원
노정현	연세대 행정대학원 교수	최영박	고려대 이공대학 교수
김안제	서울대 환경대학원 교수	윤정섭	서울대 공대 교수
박승	중앙대 정경대학 교수	임희섭	고려대 문리대 교수
최창규	서울대 사회대학 교수	김재익	경제기획원 경제기획국장
김의원	건설부 도시국장	김형기	과학기술처 기술진흥국장

외국에서 초청해 온 토론 참가자들의 얼굴에도 일리가 있지만 기왕이면 일본인 등 아시아 지역 인물도 끼었으면 하는 아쉬움이 있다. 국내 토론 참가자 14명 중 이한빈·노융희·노정현·김만제 등은 권위가 인정된 쟁쟁한 관변학자들, 백영훈·최영박·김안제·박승은 계획에 참여한 교수들이었고, 김재익·김의원·김형기는 관계 부처를 대표하는 고위 공무원들이었다. 그들 35명만이 모여 앉아 자그마한 목소리로 비밀스런 이야기를 주고받던 4일간을 생각해 본다.

KIST에서의 작업

KIST 부설 지역개발연구소

중화학기획단에서의 작업은 10월의 국제회의로 사실상 끝이 나 있었다. 더 이상 진행할 여지가 없어졌다고 할 수도 있고 한계에 부딪쳤다고 표현할 수도 있다. 물론 결론이 도출되지 못한 부분이 적잖게 있었다. 예컨대 중심부 광장·가로의 너비 같은 것이 대표적인 것이었다. 결론이 나지 않은 데는 두 가지 이유가 있었다. 각 부분의 연구자가 복수였다는 점, 그리고 그들 모두가 스스로는 최고의 권위자들이었기 때문에 한 가지의 결론을 낼 수 없게 된 것이다.

그러나 국부적으로 여러 군데가 결론 미도출 상태에 있었기는 하나 그것이 큰 흠이 된 것은 아니었다. 그러한 불일치는 실제 도시 건설 현장에서 결론이 내려질 수도 있고, 또 중요한 일이면 박 대통령 스스로가 결론을 내려주면 되는 일이었다. 여하튼 기획단이 주관하는 작업은 종결되어야 했다. 『행정수도 건설을 위한 백지계획안』이라는 도집을 만들고 면전 보고용 시나리오도 작성하였다. 대통령께 보고한 때는 12월 6일(화요일) 오후였다.

오 수석의 열성 어린 보고를 묵묵히 듣고 있던 대통령이 몇 마디 질문을 했다. 그리고는 "수고 많이 했어. 앞으로 연구를 더 계속하여 더욱 충실한 내용이 되도록 하라"고 지시한다. 그 길로 집무실로 돌아간 박 대통령은 오 수석 혼자만을 은밀히 불러 금일봉을 하사하였다. "수고 많이 했다"는 칭찬도 받고 격려금까지 받기는 했으나 오 수석을 비롯한 기획단 직원들의 분위기는 착 가라앉았다. "앞으로 연구를 더 계속하여 더욱 충실한 내용이 되도록 하라"는 대통령 지시를 어떻게 받아들일 것인가, "무엇을 어떻게 연구해서 어떻게 발전시킬 것인가"에 관한 자신이 서지 않았던 것이다. 황용주가 접근한 것이 바로 그 무렵이었다.

1977년 11월 19일부터 4일간 계속된 국제 세미나에 초청된 인사는 35명이었고 그중 외국 거주 한국인 학자는 열 명이었다. 모두가 바쁜 일을 가진 사람들이었기 때문에 세미나가 끝나자마자 되돌아갔다. 그런데 그중 한 사람 황용주(黃鏞周)만은 돌아가지 않았다. 그는 세계은행이 있는 워싱턴 D.C.를 떠나올 때 이미 영구 귀국을 결심하고 가족을 데리고 온 것이었다.

황용주는 1931년 11월에 충남 보령에서 태어났다. 1956년에 한 양대학교 토목과를 졸업하고 바로 내무부 토목국 도시계획과에 들 어간다. 다음 해(1957년)에 미국으로 건너가 인디애나 주립 퍼듀대학 대학원에 1년간 유학한다. 1962년에 건설부 도시계획과 도시계획계 장이 되었다.

그의 진면목이 나타난 것은 건설부 주택, 도시 및 지역계획 연 구실, 속칭 HURPI(Housing and Urban Planning Institute)를 관리하면서부 터였다. 미국 아시아재단의 재정 원조로 HURPI라는 기구가 건설부 직속기관으로 설치된 때는 1963년이었다. 하버드에서 건축·도시계 획을 공부한 네글러라는 미국인이 지도관으로 파견되었다. 연구원의 인건비·재료비 등은 아시아재단에서 전액 지원되었지만 행정적인 일은 건설부 장관이 관장하였다. 네글러의 파트너가 되어 HURPI의 관리를 맡을 인물이 물색되었다. 당시의 건설부에서는 황용주가 적 임이었다. 그는 도시계획과 도시계획계장으로 있으면서 HURPI 관리 관을 겸무한다.

황용주는 HURPI 관리자로서의 공로도 높이 인정되어 1966년 말에 지역계획 담당관(4급)으로 승진되나 반년 남짓 근무한 후 미국 유학의 길에 올랐으며, 1967년 9월부터 1971년 12월까지 UC 버클리 에서 석사·박사 과정을 마쳤다. 그는 박사 학위를 받은 후에도 귀국 하지 않고 워싱턴 D.C.에 본부가 있는 세계은행에서 지역경제 담당 관으로 있었다. 1977년 11월에 개최된 행정수도 백지계획 세미나에 토론자로 초청되었을 때 그는 영구 귀국할 결심을 했고 한국과학기 술연구소 연구원으로 취직한다. 그가 귀국할 때 재직 중이던 세계은 행과 교섭하여 한국에서의 대량 화물 수송 합리화 방안이라는 연구 과제 한 개를 얻어 온 것이 KIST에 자리를 얻게 된 계기였다고 한다.

그는 KIST에 몸을 담자마자 바로 오원철에게 접근한다. "그동안 기획단이 연구한 행정수도 백지계획은 허점투성이이며 그 수법도 대단히 낡은 것이다. 지금 미국의 MIT나 하버드에는 한국 출신의 신진 학도들 다수가 도시계획·건축으로 석사·박사 과정을 마쳤거나 마쳐가고 있다. 그들은 당연히 최신의 지식과 계획수법을 취득하였다. 자신이 속한 과학기술연구소에 행정수도의 일을 맡겨주면 구미 각국에서 공부를 마쳤거나 마쳐가고 있는 젊은이들을 모두 규합하여 계획을 완성할 것이며, 그 결과는 세계 어디에 내놓아도 손색이 없을 것이다. 나의 경력에 대해서는 지난날 HURPI에서의 실적을 조사하면 알게 될 것이다." 황용주의 그와 같은 제의는 실로 시의 적절한 것이었다.

KIST는 한국의 내실 있는 경제발전을 위해 과학기술 수준의 발달, 과학기술과 산업경제의 제휴가 절실하다는 박 대통령의 발상으로 미국 정부의 지원을 얻어 1966년에 설립된 과학기술 용역기관이며, 국내 최고의 두뇌와 최신 설비로 국내외에서 권위를 인정받고 있었다. 황용주가 행정수도 계획의 용역계약을 체결하게 되자 부랴부랴 지역개발 연구센터라는 부서를 마련하여 그를 책임자로 임명한다. 1977년 말에서 1978년 초에 걸쳐서였다.

권원용(權源庸)이 유펜(University of Pennsylvania)에서 도시계획 박사학위를 취득하여 귀국한 것은 1977년 말이었다. 권원용이 황용주 팀에 참가한 제1호였다. 이어서 North-Western 대학에서 교통공학으로 학위를 받은 이인원(李仁遠)이 합류한다. 그러나 행정수도 계획이 추진되기 위해서는 훨씬 더 많은 인원의 참여가 필요했다. 황용주는 MIT에서 박사논문을 쓰고 있던 강홍빈에게 뻔질나게 전화 통화를 한다. "빨리 마치고 돌아오라. 쓸 만한 친구들을 되도록 많이 데리

KIST 지역개발연구소 근무자 명단(시간제 근무자 제외)

성명	생년	출신 학부	석사 과정	박사 과정	전공	현직
강홍빈 (康泓彬)	45	공대 건축과(67)	행정대학원· 하버드대학	MIT	도시설계	서울시 행정부시장 (서울시립대 교수)
권원용 (權源庸)	45	공대 건축과(68)	행정대학원· U. Penn	U. Penn	도시계획	서울시정개발연구 원장(시립대 교수)
이인원 (李仁遠)	45	인하대 토목	행정대학원	North Western	교통공학	홍대 도시계획과 교수
황기원 (黃琪源)	48	공대 건축과(70)	환경대학원· 하버드대학	하버드	도시설계 ·조경	서울대 환경대학원 교수
임창복 (任昌福)	46	공대 건축과(70)	카나다 토론토 대학	서울대	도시설계	성균관대학 교수
안건혁 (安建爀)	48	공대 건축과(71)	하버드대학	경원대	도시계획	서울대 공대 교수
염형민 (廉亨民)	48	한양대 건축	와세다대학		도시계획	국토연구원 연구 위원
이필수 (李弼洙)	49	홍익대 도시계획			조경	개인회사
양윤재 (梁鈗在)	49	공대 건축과(74)	환경대학원 하버드 설계 대학원		도시설계 ·조경	서울대 환경 대학원 교수
정양희 (鄭陽喜)	50	홍익대 도시계획	환경대학원	홍익대	도시계획	개인회사
김진애 (金鎭愛)	53	공대 건축과(75)	서울대 공대	MIT	도시설계	개인회사
박병호 (朴秉皓)	54	한양대 건축	한양대	U. Penn	도시계획	충북대 교수
신혜경 (申憓璟)	55	공대 건축과(77)	서울대 공대		건축	재 미국
안정애 (安貞愛)		서울대 농대	환경대학원		조경	개인회사
유찬 (俞燦)	38	연세대 정치외교	UC 버클리		상수도 공학	교통사고로 사망
안상수 (安尙秀)	52	홍익대 미대 시각디자인	홍익대	한양대 (이학박사)	시각 디자인	홍익대 교수

(1999년 말 현재)

1970년대 행정수도론의 전말 59

고 오라"는 내용이었다. 강홍빈은 1978년 5월 말에 귀국했다. 그의
귀국에 맞추어 여러 젊은이들이 함께 귀국한다. 미국에서의 귀국자
들만이 아니었다. 국내에서 공부한 친구들도 모였다. 여러 가지 인맥
이 작용하였다. 가장 큰 것이 서울대학교 공대 건축과의 인맥이었다.
강홍빈(67학번)·권원용(68)·황기원(70)·임창복(70)·안건혁(71)·양윤재
(74)·김진애(75)·신혜경(77) 등의 이름이 이어지고 있다. 다음이 서울
대학교 환경대학원 인맥이었다. 강홍빈·권원용·이인원·황기원·정양
희·양윤재·안정애 등의 이름이 이어진다. 강위훈·염형민·박병호로
이어지는 한양대학교 인맥, 이필수·정양희 등의 홍익대학교 인맥도
빠뜨릴 수가 없다. 당시 이 작업에 참가했던 젊은이들의 진용이 어
떤 것이었는지를 보여주기 위해 그로부터 20여 년이 지나간 뒤인 20
세기 말에 그들이 과연 어떤 자리에 있는지를 표로 만들어보았다(59
쪽). 생각해 보면 그들은 실로 엄청난 집단이었다.

황용주는 성취욕이 강한 사람이었기 때문에 게으름을 용납하지
않았다. 강홍빈은 타고난 체질이 일을 좋아하는 사람이었다. 스스로
가 깊은 사색에 빠졌고 직접 도면을 그렸다.

작업의 내용

1978~1979년에 KIST 지역개발연구소는 엄청나게 많은 일을 한
다. 행정수도 건설의 타당성이니 소요비용 산정이니 하는 비물리적
측면의 연구도 두드러진다. 그러나 KIST 지역개발연구소가 담당한
행정수도계획의 정수는 뭐니 뭐니 해도 공간계획에 있었다. 강홍빈·
황기원 등이 미국에서 익혀 온 지식과 가지고 온 자료들이 총동원
되었다. 워싱턴·캔버라·브라질리아 등에서 시도된 공간계획의 이상

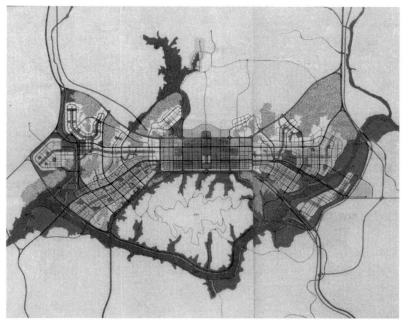

행정수도 종합계획도

이 십분 활용되었다. 십자로 교차하는 중심 축은 500m 너비로 통일되었다. 도로·광장·호수·기념탑 등이 이른바 변화성 대칭으로 배치되었다. 주축(主軸)은 길이 2km, 너비 500m의 남북 방향이었다. 북측 끝에 중앙청 청사가 자리하고 역사의 광장·민족의 광장·번영의 광장으로 이어지게 되었다. 부축(副軸)은 민족의 광장에서 직교하는 동서의 축이며 동쪽 끝에 사법부, 서쪽 끝에 입법부가 배치되었고 정의의 광장·민족의 광장·자유의 광장이 이어지고 있다.

모든 것이 갖추어진 미국 사회에서 갓 돌아온 젊은이들이었다. 그들에게는 아무런 제약조건도 없었다. 권력도 경제력도 무한정으로 제공될 수 있다는 전제 아래에서의 도시설계였다. 그들이 한 작업의 결과를 보면서 실현되지 않았더라도 이런 계획을 할 수 있었던 시간

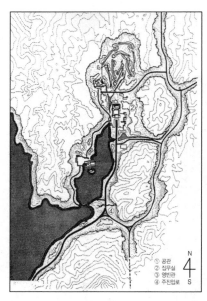

대통령궁 계획도

들은 몹시 행복했을 것이라는 생각을 했다.

중심지구계획·교통계획·공원녹지계획으로 이어지는 공간계획의 말미에 특수지구계획이라는 부분이 있었다. 대통령궁이었다. 주산이 되는 장군봉(將軍峰) 기슭에 위치하여 공관·집무실·영빈관으로 이루어져 있다. 매우 흥미로운 것은 인공호수 계획이었다. 대통령이 좋아한다는 호반(湖畔)의 대통령궁이 이렇게 계획된 것이었다.

종말과 유산

행정수도의 종말

황용주·강홍빈 팀에 의해 작성된 「행정수도 건설을 위한 종합보고서」가 박 대통령께 제출되고 그 요약분이 보고된 때는 1979년 5월 14일이었다. 총면적 8,600ha, 2000년에 인구 100만을 수용하게 될 행정수도 건설에 소요되는 기간은 1982년에서 1996년까지의 15년간이며, 투자비용은 1978년 불변가격으로 5조 5,421억 원, 그 25퍼센트에 해당하는 1조 4,046억 원이 1982~1986년의 5년간에 투자되도록 계획되어 있었다(『행정수도건설을 위한 백지계획 1980』, 제2부, 83쪽).

1978년 11월 14일에 국회를 통과한 1979년도 정부 예산안 총액이 4조 5,338억 원이었다. 1982~1986년의 5년간에 행정수도 건설에 투자해야 한다는 액수는 연간 정부예산 총액의 31퍼센트였다. 그것이 박정희 전성시대였다면, 그리고 석유파동이 일어나지 않았고 중동에 진출한 건설업체들이 여전히 호경기를 누리고 있던 시대였다면, "좋아! 한번 해 보자"라는 결단이 내려졌을지도 모르는 일이었다. 그러나 「백지계획 종합보고서」가 제출된 1979년 5월 14일은 그런 결단이 내려질 수 있는 상황이 아니었다. 제2차 석유파동으로 온 세계의 경제가 꽁꽁 얼어붙어 있었다. 한국 정부는 그로부터 약 한 달전인 4월 17일에 경제안정화 종합대책이라는 것을 발표하고 있었다. "불요불급한 정부 공사의 집행을 보류 또는 연기하겠다"라는 내용이었다. 국민경제 전체의 내핍 생활을 강조하고 있었다. 행정수도 건설은 바로 불요불급한 사업의 대표적인 예였다.

분명히 1979년은 행정수도 건설을 추진할 만한 상황이 아니었다. 독립된 행정수도를 건설할 수 없다면 차선의 방법은 무엇인가? 고민을 거듭한 끝에 박 대통령이 착상한 또 하나의 방안이 있었다. 이미 대도시로 성장한 대전에 순수 중앙행정 기능만 옮기는 방안이었다. 다행이 당시의 대전에는 그동안 군부대가 점용해 온 탓에 전혀 개발되지 않은 채 방치되어 온 공지가 있었다. 870만m²(약 263만 평)에 달하는 방대한 공지였다. 훗날 둔산지구라고 불리게 되는 이 지역의 일부에 중앙정부 기능이 들어갈 계획을 세워보라는 박 대통령의 지시가 떨어졌다. 정확히 그 일자를 알 수가 없으나 아마 YH 사건이 일어났던 1979년 여름철이었을 것이다. 당시 KIST의 강홍빈 팀에서 도시계획 부서를 담당했던 염형민이 「둔산지구 중앙정부 입지계획안」을 그려 올렸던 것을 분명히 기억하고 있다(1999년 12월 염형민의 증언). 이렇게 둔산지구 내에 중앙정부 입지계획안을 그려보기는 했으나 그 시점에서는 아직 행정수도 건설을 포기한 것이 아니었다.

가을바람이 불면서 부마항쟁이 일어나고 그것이 채 끝나기도 전인 10월 26일에 박정희 대통령 시해 사건이 일어났으며, 전국에 비상계엄령이 선포되었다. 최규하 국무총리가 대통령 권한을 대행하기 시작한다. 행정수도 업무를 주관해 온 오원철이 권력형 부정축재의 죄목으로 계엄사령부에 체포·구금된 때는 광주 민주화운동 하루 전인 1980년 5월 17일이었다. 그날 박정희 정권 3대 실력자였던 김종필·이후락·박종규를 비롯하여 모두 열 명이 구속되었다. 오원철이 21억 7,894만 원을 국가에 헌납키로 하고 풀려난 것은 연행되어 간 지 46일이 지난 7월 2일이었다(1980년 7월 2일자 석간, 7월 3일자 조간신문).

박 대통령이 시해된 1979년 10월 26일 밤에 임시 행정수도 구상이 종말을 고했고, 오원철이 구속될 때 그 숨통이 끊어졌다고 보아야 한다. 물론 적잖은 우여곡절이 있었으나 KIST에 모였던 젊은 계획가들도 하나씩 둘씩 그 일터를 옮겨 마침내는 흔적마저 남아 있지 않게 된다.

희한한 유산들

제5공화국(전두환 정권)은 임시행정수도 구상을 계승하지 않았다. 제5공화국 경제가 당면했던 최대의 현안은 물가였다. 그래서 예산도 동결할 만큼 긴축정책을 썼다. 그런데 그러한 5공정책 총본산인 청와대 비서관들 중에서 유독 김재익 경제수석만은 행정수도 건설에 깊은 관심을 가졌고, 박 정권 당시의 기획단 관계자들을 불러 헬기를 타고 행정수도 후보지로 꼽혔던 중부지역을 여러 차례 둘러 보았다는 것이다(1991년 11월 1일자 《중앙일보》 기획연재물 "청와대비 서실" 제49회 참조).

그는 1983년 10월 9일 미얀마 아웅산 묘소 폭발 사건의 17명 사 망자 중 한 명으로, 45세의 젊은 나이로 유명을 달리했다. 그런데 아 래에서 설명하는 행정수도 구상이 낳은 네 개의 유산에는 모두 김재 익 경제수석이 관련되어 있다. 즉, 전두환(全斗煥) 대통령의 결심을 유 도한 장본인이었던 것이다.

유산 1: 독립기념관 부지

당시 일본에서 검정을 통과한 『고등학교 역사교과서』 내용에 한국 침략 행위와 식민 통치를 합리화한 기술, 또는 한일관계사를 왜곡한 기술 등이 적잖게 포함되어 있음이 전해져 국내의 반일감정 을 고조시킨 것은 1982년 7월 하순의 일이었다. 이 사건이 독립기념 관 건립 구체화를 부채질하였다. 정부의 종용도 있고 해서 독립기념 관 건립 발기대회가 개최된 때가 그해(1982년) 8월 28이었고 이후 건 립 계획은 일사천리로 추진되었다. 건립부지 약 100만 평은 중앙정 부가 구입해서 제공하며, 건립기금 약 500억 원은 국민의 성금으로 충당한다는 원칙도 세워졌다. 신문·TV 등 전 언론기관이 전폭적으 로 지원한 가운데 건립추진위원회가 세워졌고 범국민적 모금운동이 전개되었다.

건립부지는 1982년 연말까지 선정하기로 결정되었다. 개발될 대로 개발된 서울과 경기도 내에서는 100만 평이 넘는 광활하고 경 관도 좋은 부지를 물색한다는 것이 사실상 어려운 일이었다. 부득불 서울에서 비교적 근거리에 위치한 충청남북도에서 물색되어야 했다. 교통이 편리하고 조망이 좋을 뿐만 아니라 산세(山勢)도 수려한 데다가 보상비 또한 과다해서는 안 되는 등 여러 가지 조건이 갖추어져야 했다. 그런데 충남북에서 추천된 여러 후보지 중에서 처음부터 가장 조건이 좋다고 꼽히는 곳이 있었다. 충남 천원군 목천면 신계리 흑성산 일대였다. 교통이 편리할 뿐 아니라 경관이 수려하고 보상비는 약 30억 원 정도였고, 특히 3·1 운동 때 이름을 떨친 아우내 장터에서 가까울 뿐 아니라 유관순 열사가 태어난 곳이며 상해 임시정부 초대 주석을 지낸 이동녕 장군의 생가가 있는 등 독립운동과도 밀접한 관계가 있다는 것이었다.

전두환 대통령이 헬기를 타고 이곳을 찾아간 때는 11월 20일이었고 11월 26일에 이곳이 독립기념관 부지로 정식 결정되었다. 왜 이곳 흑성산 허리가 처음부터 제1후보지로 추천되었고 결국은 이곳으로 낙점되었을까? 그 이유는 지극히 간단하다. 1977년 여름, 당시 청와대 중화학기획단장 오원철과 행정수도 위치선정위원회가 천원지구·장기지구·논산지구 등 3개 지구를 유력한 후보지로 선정하였고 그 장단점이 비교되어 결국 장기지구로 결정되었다는 것을 기억하는 독자가 적잖을 것으로 생각한다. 위 3개 후보지 중에서 좌청룡·우백호 등 다른 조건은 모두 갖추었는데 다만 임수(臨水)라는 조건을 갖추지 못했다는 이유로 제외되었던 천원지구가 바로 천원군 목천면 신계리, 흑성산 허리 바로 그곳이었다. 독립기념관 건립 문제가 일어나자 청와대 김재익 경제수석에 의하여 일찌감치 낙점된 곳이었다.

유산 2: 계룡대

6·20 계획이라는 것이 있었다. 1983년 6월 20일에 대통령 재가가 있었다 하여 그렇게 명명되었다고 한다. 계룡산 서남부에 대대적인 공사가 전개되었고 일반인의 접근은 일체 금지되었다. 6·20 계획이 계룡대(鷄龍臺)라는 이름으로 일반 국민에게 그 얼굴을 나타낸 때는 1989년 7월이었다. 서울의 용산에 있던 육군 본부와 동작구 대방동에 있던 공군 본부가 충남 논산군 계룡산 밑에 새로 건립한 건물로 옮겨 현판식을 가진 것이다. 경남 진해에 있던 해군 본부가 계룡대로 옮겨 현판식을 가진 때는 1993년 6월 17일이었다(『국군 50년사 화보집』, 223쪽).

앞에서 언급한 행정수도 건설 후보지 세 곳 중에 논산지구가 있었다는 것을 기억하고 있을 것이다. 계룡대는 행정수도 후보지로 검토된 논산지구 중 일부에 위치한 것이다. 행정수도 건설 후보지였던 곳에 육·해·공군의 총 지휘부가 집결하게 된 것이다.

유산 3: 정부 대전 청사

경제적 이유 등으로 행정수도 건설이 어렵게 되는 경우 그 대안으로 행정부 기능만 대전으로 이전해 가며 위치는 둔산지구로 한다는 것은 박 대통령 서거 전인 1979년에 이미 구상되어 있었다는 것을 앞에서 약간 언급한 바 있다.

행정부 기능 중 청(廳) 단위 중앙행정기관의 대전 이전계획이 확정된 때는 1990년 9월이었고, 1991년 6월에 정부 대전 청사 기본설계가 현상공모되었다. 52만 6,025m²(약 16만 평) 대지 위에 총 1,125억 원의 예산(1991년 가격)이 투입되는 대전 청사 기공식이 거행된 때는 1993년 9월이었고, 1997년 12월에 준공되어 현재 관세청·산림청·조달청·특허청 등 모두 11개 기관이 입주해 있고 공무원 4,100여 명이 근무하고 있다.

유산 4: 청주 국제공항

청주 국제공항 건설은 1979년에 내정되어 있었고 그것은 행정수도 건설 구상의 일환이었다. 충남 공주군 장기면을 중심으로 행정수도를 건설하게 되면 그 인근에 국제공항이 필요하게 되는 것은 당연한 일이었고 그 대상지가 청주였던 것이다(『행정수도건설을 위한 백지계획 1979』, 112쪽).

■ ■ ■ 참고문헌

국방부. 1998.『국군50년사 화보집』.
기획단. 1978.「行政首都建設을 위한 白紙計劃 - 都市基本構造計劃(모형 1)」.
_____. 1979.「行政首都建設을 위한 白紙計劃 - 財源調達計劃」.
_____. 1979.「行政首都建設을 위한 白紙計劃 - 住宅團地計劃」.
_____. 1980.「行政首都建設을 위한 白紙計劃(제1부)」.
_____. 1980.「行政首都建設을 위한 白紙計劃(제2부)」.
김의원. 1996.『實錄 建設部』. 景仁文化社.
「大統領閣下指示事項, 1975年度巡視」. 大統領秘書室.
「大統領閣下指示事項, 1976年度巡視」. 大統領秘書室.
「大統領閣下指示事項, 1977年度巡視」. 大統領秘書室.
대한주택공사. 1989.『果川新都市開發史』.
독립기념관, 1988.『獨立記念館建立史』.

서울의 3대 화재와 소방체제 정비

대연각 호텔 화재

중구 충무로 1가 25-5번지 360평 넓이의 땅에, 총 17억 7,900만 원(내자 12억 4,000만 원, 외자 5억 3,900만 원)을 들인 대연각 호텔이 들어선 것은 1967년에서 1969년에 걸쳐서였다. 지하 2층 지상 21층 연건평 1만 207평에 달하는, 당시로 봐서는 국내 굴지의 대형 건물이었다.

이 자리는 자유당 시절 유명했던 댄스홀인 고미파(高美波) 카바레가 있다가 1959년 1월 17일 밤에 화재로 전소되고 다시 장안의 명물이었던 무학성 카바레가 들어섰던 곳이다. 대연각 호텔이 된 뒤에는 최고의 시설과 호화로운 나이트클럽으로 장안에 그 이름을 날렸으나, 1970년 10월 22일에는 16층 5호실에 투숙했던 미국인 노파가 신병을 비관하여 투신자살했고, 1971년 6월 30일에는 덕성여대 메이퀸 유 모 양이 17층 13호실에서 겁탈하려는 오빠 친구에게 반항하다

대연각 호텔 화재(1971.12.25.)

창 밖으로 내던져져 죽은 사건이 일어나기도 했다.

호텔 건물에 화재가 난 것은 1971년 12월 25일 성탄절 아침인 9시 50분경이었다. 호텔 2층 커피숍에서 프로판 가스 취급 부주의로 가스통이 폭발하면서 일어난 불은 덕트와 엘리베이터 통로를 따라 순식간에 21층까지 번져, 높이 80여 미터의 건물은 화염을 내뿜으며 깊숙이 타 들어가고 있었다. 불이 나자 투숙객과 종업원들은 창문을 깨고 뛰어내려 일부는 중상을 입고 일부는 추락해서 목숨을 잃는 대참사를 빚었다. 이날 불이 났을 때 호텔 안에는 외국인을 포함하여 투숙객 187명과 종업원 130여 명이 있었으며 호남정유·호남전기·선경합섬 등 30여 개의 회사도 들어 있었는데, 몇 개 회사에서는 연말 사무 처리를 위해 간부직원 몇몇이 출근했던 것으로 알려지고 있다. 불이 나자 서울시 경찰국 관내의 전 소방력은 물론 미 8군의 소방력까지 총동원되어 진화에 참여했으며, 육군항공대 소속의 헬기 여덟 대, 공군 소속의 헬기 다섯 대, 미 8군 헬기 여덟 대, 경찰 헬기 두 대도 동원되어 인명 구호에 전력을 경주하였다. 화재 현장에는 박 대통령을 비롯하여 전·현직 국무총리인 백두진·김종필, 전 신민당 당수 김홍일 등이 나와 불길을 지켜보았고, 김현옥 내무부 장관, 양택식 서울시장은 종일 꼼짝도 않고 진화작업을 지휘하였다. 불구경을 하려는 수천·수만의 시민이 모여들어 대혼잡을 이루었으며, 이들의 접근을 막기 위해 수도경비사령부 헌병들과 기동경찰이 동원되어 경비를 맡았다.

이 화재의 특징은 공휴일 대낮에 일어났다는 점과 완전 진화될 때까지 여덟 시간이나 걸렸다는 점이었다. 당시는 마침내 시내 각 가정에서도 거의 TV를 갖추고 있었던 시점이었다. KBS·TBC·MBC 등 3개 방송사는 낮 11시경부터는 다른 모든 프로를 취소하고 이 화재 상황만 집중 방영했다. 국내 방송사만이 아니었다. 일본·미국·유럽 등 전 세계의 방송사가 온통 이 사건만을 되풀이하여 보도했다. 실로 관광호텔 역사상 최대의 화재사건이었고, 일본의 전 매스컴이 취재기자를 파견했으며, 도쿄·오사카·홍콩 등지에 와 있던 구미 각국의 보도진이 서울에 모여들었다.

화재 현장은 문자 그대로 아비규환이었다. 불길을 이기지 못해 고층에서 뛰어내리는 사태가 속출했다. 그러나 살기 위해 뛰어내린 사람들의 거의 대부분은 생명을 잃었다. 로프 하나로 헬리콥터에 매달려가던 사람들 중에서도 공중에서 손을 놓아 떨어져 죽는 사태가 속출하였다. 겨우 불길이 잡힌 것은 발화한 지 여덟 시간이 지난 오후 5시 30분경이었고, 구호진이 호텔 안으로 들어간 때는 그로부터 약간의 시간이 지나고 난 뒤였다. 각 층마다 차마 볼 수 없는 참상이었다. 한 가족 일곱 명이 몰살한 경우도 있었고 크리스마스 파티로 한방에 투숙한 남녀 대학생 다수가 질식사한 경우도 있었으며, 연말 사무 처리를 위해 일부러 출근한 호남정유 이사 및 직원 네 명도 질식사 상태로 발견되었다. 밑으로 내려오다가 중간에 멈춰 선 엘리베이터 안에는 수십 명의 남녀가 부둥켜안은 채 숨져 있었다.

경찰은 사망자 166명, 부상자 68명이라고 발표한다. 사망자를 나라별로 보면 한국인 122명, 재일교포 5명, 일본인 8명, 중국인 3명, 미국인·인도인·터키인 각 1명씩, 그리고 불명자가 25명이었다. 불명자 25명은 국적은 물론이고 성별도 분간할 수 없을 만큼 숯 덩어리가 되어 있었던 것이다.

대연각 호텔 화재사건의 본질은, 첫째, 고층건물을 지으면서 고층건물 화재대책을 전혀 세우지 않았다는 점이었다. 당시 국내에는 고가 사다리차 한 대가 없었고 헬리콥터가 인명구조를 해 본 경험도 없었다. 만약에 고가 사다리차 등 고층건물 방화기재가 구비되어 있었고 헬리콥터로 인명구조를 해 본 경험이 있었다면 사상자 수는 훨씬 감소될 수 있었을 것이다.

둘째, 1960년대에서 1970년대에 걸쳐 가정이나 호텔 등의 연료가 신탄(薪炭)과 연탄에서 석유·가스·전기로 바뀌어가고 있었는데, 그에 대한 대비가 극히 소홀했다는 점이었다. 대연각 호텔 화재사건의 원인이 가스통 폭발이었기 때문에 순식간에 온 건물 안을 화마가 뒤덮어 버린 것이었다. 결국 근본적인 화재대책을 세우지 않은 채 고층건물을 세운 점에 대연각 화재사건의 본질이 있었고 그것이 공교롭게도 국제 관광호텔이었으므로 국제적인 망신을 당했던 것이다. 사망 166명, 부상 68명의 기록은 세계적인 관광호텔 화재사건 가운데 인명피해 규모에서 아직도 1, 2위를 다투고 있다.

시민회관 화재

서울시가 이승만 대통령 80회 탄신을 기념하는 한편 그의 찬란

한 업적을 길이 빛내고자 80여 명에 달하는 각계 인사의 찬동을 얻어 우남회관 창립총회를 시청 내 대회의실에서 개최한 때는 1955년 6월 23일이었고, 세종로 1가 81번지의 땅에 우남회관 정지공사 기공식을 거행한 때는 그해 11월 21일, 바로 한양 천도 제562주년 기념일이었다.

건축가 이천승(李天承)에 의한 기본설계가 끝나고 건물기공식이 거행된 때는 1956년 6월 20일이었다. 대지 규모 3,932평에 건평 1,142평(연건평 2,900평), 3,007명을 수용할 수 있는 대강당과 350명을 수용할 수 있는 소강당, 기념성을 강조하기 위해 세종로에 면하는 동남쪽 모서리에 10층짜리 탑옥이 설계된 이 건물은, 대규모에다가 난방장치·엘리베이터 같은 근대식 시설을 갖춘, 당시로 보아서는 서울을 대표하는 최신식 건물이었다.

그러나 공사가 지지부진하여 거의 진척이 없을 정도로 진도가 느려 서울시 간부들을 위시한 관계자들을 애달게 한다. 당시 서울시 내에 규모가 큰 시공관 하나 정도는 절실하게 필요하다는 의견에 반대할 시민은 하나도 없었다. 그런데 문제는 새로 건립될 건물의 명칭을 이승만 대통령의 아호인 우남(雩南)을 따서 우남회관이라고 한 데 있었다. 그 명칭이 마음에 들지 않아 당시 서울시의회에서 다수를 점하고 있던 민주당(야당) 의원들이 공사비 예산안 통과를 반대하여 장장 여러 해를 끌었고, 마침내 4·19뿐만 아니라 5·16 군사 쿠데타도 넘겨버린다. 우남회관이라는 명칭을 시민회관으로 바꾼 새 건물이 준공되어 개관식이 거행된 때는 5·16 군사 쿠데타가 일어나 이미 제3공화국이 된 지 반년이 더 지난 1961년 11월 7일이었다. 건물기공식을 올린 지 5년 반 가까운 세월이 흘렀던 것이다. 회관이 기공된 후 개관되기까지 투입된 비용은 국고보조 3억 4,103만 환, 시비

불타고 있는 서울시민회관(1972.12.2.)

16억 환 등 모두 20억 9,500여 만 환이었다.

당시 동양 굴지의 규모와 시설을 자랑한다고 했던 이 건물에 화재가 난 때는 1972년 12월 2일, MBC TV 10대가수 청백전이 화려하게 전개되고 있던 오후 8시 27분이었다. 당시는 MBC(문화방송)와 TBC(동양방송)라는 두 개 민간방송이 있어 치열한 경쟁 관계를 형성하고 있었다. 문화방송은 재단법인 5·16장학회가 경영하고 있었고, 동양방송은 이병철의 삼성이 운영하는 방송시설이었다. 두 회사의 경쟁 관계는 보도면·연예면에 걸쳤으나 당시 대중적으로 큰 인기가 있던 가요에 있어서도, MBC는 남진을 앞세웠고 TBC는 나훈아를 앞세워 치열하게 대립하고 있었다. 그러므로 연말에 두 회사가 벌이는 10대가수쇼는 회사끼리의 체면을 건, 결코 뒤질 수 없는 행사였다. 시민회관 대강당 무대는 MBC 기술자들에 의해 휘황찬란하게 꾸며져 있었다.

쇼가 시작된 지 한 시간여가 지나 대강당 전체가 흥분의 도가니 속에 있을 때였다. 갑자기 펑하는 소리와 함께 무대 위에 가설된 조명장치가 터지면서 불이 붙었다. 주최 측이 급하게 막을 내렸더니 그 막에 불이 옮겨 붙으면서 순식간에 온 강당 안이 불길에 휩싸이게 되었다. 관람석을 가득 메웠던 3,000여 관객 대부분은 불을 피해 밖으로 나올 수 있었으나 주로 2층에서 1층으로 내려오는 계단에서 다른 관객에게 밟혀 부상을 입었고, 무대 뒤 또는 옥탑 건물에서 근무 중이던 사람들 가운데 적잖은 수가 질식 후 불에 타 죽거나 중상을 입었다. 사망 51명, 부상 76명을 기록한 이 화재는 대연각 호텔 화재 사건, 대왕코너 화재 사건과 더불어 1970년대 전반기 서울시내 3대 화재 사건의 하나로 기록되고 있다.

화재가 진화된 때는 다음날 새벽 네 시경이었다. 화재가 났을 당시 10층 탑옥 중 7층에서 서울시 예산과 직원들이 신년도 예산 편성 작업을 하고 있었다. 야간작업을 하고 있던 그들 중 몇 사람이 피해를 입었는지 궁금하여 기획관리관 손정목과 예산과장 노건일이 맨 먼저 옥탑 위로 올라가 보았다. 새벽 4시 30분경이었다. 5층에 있던 관장실을 들여다보았더니 이남용 관장이 의자에 뻣뻣하게 앉아 그대로 죽어 있었다. 아마 화재가 났다는 소리에 기절하여 주저앉았다가 그대로 질식사했을 것이다. 7층 사무실 앞에서는 예산과 직원 네 명의 시체를 발견할 수 있었다. 놀라웠던 것은 이 건물이 외부의 화려함에 비하여 내부시설이 너무나 부실하였고 소방시설 같은 것은 전혀 갖추고 있지 않았다는 사실이었다. 결국 적은 예산으로 공사를 마무리해야 한다는 절박성 때문에 내부시설을 갖추는 일 등은 거의 등한시되었음을 알 수 있었다.

이 자리에 새 시민회관 건립 기공식이 거행된 것은 화재 발생 다음 해인 1973년 10월 11일이었고, 건물이 완성되어 세종문화회관 이라는 새 이름으로 개관된 것은 1978년 4월 14일 오전이었다.

대왕코너 화재

　김현옥 시장은 임기 4년 동안 항상 일에 미쳐 있었지만 해마다 그를 미치게 한 일의 대상이 달랐다. 부임 2년째인 1967년에 미쳤던 대상은 세운상가·낙원상가 건립 등 이른바 민자 유치사업이었다는 점은 이미 다른 곳에서 설명한 바 있다. 청량리역전 대왕코너 건물 또한 1967년부터 전개된 민자 유치사업 가운데 하나였다.

　6·25 전쟁 중 전선이 지금의 휴전선을 따라 거의 고정되었던 1952년경부터 중·동부 전선에의 왕래는 청량리역전에서 이루어졌다. 즉, 동두천·철원·화천·양구·인제·속초·고성 등지를 왕래하는 대다수의 병력을 청량리역 광장에서 수송하였다. 그러므로 중동부 일선 지역을 왕래하는 병사나 군수 관련 상인들은 청량리역전에서 하룻 밤을 지내는 경우가 대단히 많아졌다. 그리하여 청량리역전 광장의 동편과 서편, 특히 서편 일대에는 수없이 많은 무허가 건물이 들어섰고, 그 무허가 건물마다 창녀들이 들끓고 있었다. 1950년대에서 1960년대의 전반기에 걸쳐 청량리역전은 종삼에 다음가는 서울시내 최대 사창가의 하나였다. 대왕코너 건립은 바로 청량리역전 서편 일대의 무허가 사창 건물들을 정리하는, 말하자면 부도심 재개발사업이라는 것이었다.

　대왕코너의 정확한 주소는 동대문구 전농동 620의 69번지이다. 이 일대에 토지를 가졌던 김호진(金好振)이란 자가 1967년 7·8월경에 서울시로부터 민간자본 유치 재개발사업 승인을 받고 그해 10월 14일에 5층 건물 건축 허가를 받아 동년 11월 30일에 착공하여 우선 1968년 7월 23일에 5층까지의 준공검사를 받았다고 한다. 그 후 2층을 더 올려 1969년 3월 24일에 지하 1층 지상 7층의 설계 변경 허가원을 서울시에 제출했으며, 당일로 설계 변경 허가가 나자 겨우 3일이 지난 1969년 3월 27일에 건물 전체의 준공검사를 받았다(≪조선일보≫, 1972. 8.9.; ≪경향신문≫, 1974.11.4.).

위에서 일부러 고딕체로 표기한 이유는 건축 허가·설계 변경·준공검사의 과정이 뭔가 석연치 않다고 생각했기 때문이다. 아마 이 건물이 김현옥 시장의 중점사업 가운데 하나였으므로 시공업자와 구청 관계자, 시 본청 관계자들 간에 눈에 보이지 않는 무엇인가가 있었던 것으로 추측된다. 그렇지 않고서야 어떻게 설계변경원이 제출되자마자 허가가 되고 설계 변경 허가 후 겨우 삼사 일 만에 준공검사가 날 수 있었겠는가. 상식적으로 판단이 되지 않는 일들이 전개되고 있었음을 알 수 있다.

훗날 화재사고가 난 다음에 밝혀진 바이지만, 이 건물의 특징은 엄청난 다용도 잡거 빌딩이었다는 점이다. 첫 번째 화재가 난 다음에 그 용도에 약간의 변화가 있었기는 하나 여하튼 두 번째 화재 당시 이 건물의 지하 1층은 슈퍼마켓과 식당가로 식품가게 등 60개 점포, 지상 1·2층은 백화점으로 각각 140개에 달하는 점포식 잡화·양품가게가 있었고 1층 동편에는 조흥은행 청량리 지점이 있었다. 3층은 예식장·다방·경마장이 들어서 있었다. 그리고 2·3층에 걸쳐서 극장이 있었고 극장의 천장은 4·5층에 달하고 있었다. 4층에는 관리사무실·볼링장 및 타자학원, 5층은 아파트(23개 가구분)와 입시학원, 6층은 고고클럽과 호텔(객실 57개)·당구장 등이 있었고 7층에는 카바레·학원 등이 있었고 옥상은 십팔기(十八技) 도장이었다.

연건평 1만 630평의 건물 안에 슈퍼마켓과 식당, 백화점, 은행, 세 개의 학원, 극장, 호텔, 아파트, 당구장, 볼링장, 경마장, 고고클럽, 카바레, 예식장 등의 시설이 아무런 계통도 질서도 없이 마구 혼재되어 있었으니, 실로 위험천만한 건물이었다. 흥미로운 것은 모든 시설의 경영주가 달랐기 때문에 시설의 명칭도 제각각이었다는 점이다. 예컨대 극장과 5층의 입시학원은 각각 대왕극장과 대왕학원, 3층의 예식장은 나비예식장, 6층의 고고클럽은 타임 나이트클럽, 호텔은 브라운 호텔, 7층의 영어학원은 SDA 학원이었고, 각층에 산재했던 다방은 대왕다방·학다방·대지다방·별다방 등이었다. 각 층을 두르고 있는 복도도 시설별로 각각이어서 계통이 동일하지 않았고, 한번 잘못 들어가면 미로에 갇힌 것처럼 출입구를 찾는 데 애를 먹어야 했다.

이 건물에 첫 번째 화재가 난 때는 1972년 8월 5일 오후 3시 10분경이었다. 지하 1층 동편에 위치한 분식센터 주방에서 일하던 젊은 종업원이 프로판 가스를 잘못 취급하다가 화재가 나서 모두 여섯 명이 목숨을 잃고 104명이 부상을 입었으며, 지하 1층에서 지상 3층까지가 잿더미가 되었다. 처음에는 지하층에서 사망자 두 명만을 발견하였으며, 부상자 중 적잖은 이들이 3, 5층에 위치한 학원에서 공부하던 학생들로, 불길에 쫓겨 고층에서 뛰어내리다가 부상당한 것이었다. 마침 토요일 오후라서 3만여 명의 구경꾼이 모여들어 청량리역전 일대의 교통이 마비되는 등 큰 혼잡을 빚었다. 밧줄을 타고 공중에 매달려 내려오는 (학원) 학생들의 서커스 같은 모습을 보는 것만으로 구경꾼들에게는 흥취만점이었다고 한다. 화재 발생 네 시간이 지난 오후 일곱 시경에 완전 진화가 되었는데, 건물의 열기가 식기를 기다려 여덟 시부터 현장 정리작업에 나선 소방대원들이 오후 9시 15분쯤 5층 화장실 입구에서 대왕학원 단과반 학생 A양 등 질식사한 네 구의 시체를 발견했다. 결국 여섯 명이 사망한 것이었다.

대왕코너 제2차 화재는 1차 화재가 난 지 2년 3개월이 지나서 발생했다. 1974년 11월 3일 오전 2시 40분경 6층 중앙부 비상계단으로 통하는 브라운 호텔 619호실 앞 복도에 설치된 20W짜리 조명등 전선이 합선되어 천장에서 불이나 삽시간에 6·7층 일대에 번졌다고 한다. 화재의 열기가 호텔 방으로 스며들자 일부 투숙객들이 팬티 차림으로 뛰쳐나오면서 "불이야"라고 소리쳤고, 불길이 객실 쪽으로 번지자 거의 모든 투숙객들이 복도로 뛰쳐나왔다. 2시 57분경 6층 교환 한덕순은 여러 곳에서 유리창 깨지는 소리와 아우성이 들리고 연기가 교환실로 스며들자 화재가 난 것을 직감하고 119에 신고했다.

호텔 쪽이 소란을 피우고 있었음에도 불구하고 고고클럽 쪽에서는 처음에는 별로 느낌이 없었다고 한다. 이날은 주말이라 고고클럽에는 평소의 두 배인 200여 명이나 춤을 추고 있었다. 불이 나자 호텔 측 종업원 하나가 불길이 전기를 타고 번져 나가지 않게 하기 위해 전원을 꺼버렸다고 한다. 갑자기 정전이 되자 고고클럽에서 신나게 춤을 추던 한 사나이가 "키스타임이다"라고 소리쳤고 서로 킥킥 웃으면서 여기저기서 키스하는 소리가 들렸다고 한다. 그러나 곧이어 "불이야" 하는 소리가 났고, 처음에는 장난인 줄 알았던 손님들도 스며드는 냄새와 연기로 화재가 난 것을 알게 되자 일시에 문 쪽으로 달려가 몰리면서 삽시간에 수라장이 연출되었다. 출입문은 좁은 회전식 문이어서 손님들이 양쪽에서 서로 밀어대는 바람에 제대로 나가지 못했다고 한다. 그리고 이 북새통에도 종업원들이 "술값을 내고 가라"고 소리 지르며 몸으로 입구를 막아 손님들이 이들을 밀치고 문의 유리를 손으로 깨고 바깥으로 뛰쳐나갔다는 것이다. 원래 이 나이트클럽은 정원이 200명인데 정원을 어기고 입장시켜 초저녁에는 300명도 더 넘었는가 하면, 외국 관광객에 한하여 새벽 두 시까지만 손님을 받도록 돼 있는 영업시간을 어기고 새벽 네 시까지 불법 영업을 예사로 해 온 것이 피해를 더 크게 한 요인으로 지적되었다. 업주 측은 이 같은 불법 행위를 숨기기 위해 밤 12시 이후에는 엘리베이터를 끄고 중앙계단의 5층 셔터를 내려놓아 비상시 탈출마저 어렵게 되어 있었다는 것이다.

불은 6층 브라운 호텔과 타임 나이트클럽, 7층 멕시코 카바레, SDA 영어학원 등 1,200여 평을 모두 태우고 오전 6시 20분경에 완전 진화되었다. 밝혀진 사망자는 남자 49명, 여자 39명 합계 88명이었고 부상자는 33명이었다. 사망자 중 64명은 고고클럽 안에서, 세 명은 호텔 객실에서 불에 타 죽거나 질식해서 숨졌고, 6층 화장실에서 여덟 명, 복도에서 다섯 명, 병원에서 두 명이 숨졌다. 나머지 여섯 명은 6층에서 높이 20m 되는 지상으로 뛰어내리다 추락사했다.

화마가 핥고 간 6층의 고고클럽과 호텔 객실·사무실·주방·복도 등은 흡사 연옥을 방불케 했다. 호텔의 북쪽 객실 10여 개의 용구가 반소된 것을 빼고는 침구·천장·벽면·문짝 등 탈 수 있는 각종 기물은 모두 숯덩이와 재로 변했고, 화재 발생 후 열한 시간이 지났어도 열기가 가시지 않았다. 가장 처참한 곳은 180여 평에 이르는 고고클럽이었다. 이곳에는 64구의 불에 탄 시체가 홀의 남북 양쪽에 나누어 엉겨 붙은 채 겹겹이 쌓여 있었다. 이 가운데는 서로 꼭 껴안은 채 죽은 젊은 남녀의 시체가 7~8쌍, 창가로 몰려 테이블 다리를 껴안은 채 죽은 시체가 다섯 구나 되어 사고 순간이 얼마나 긴박했던가를 말해 주었다.

대왕코너 사장·나이트클럽 사장·브라운 호텔 사장을 위시하여 건물관리부장·관리과장·변전실장 등 10여 명이 구속되거나 수배되었고, 그동안 불법 영업을 묵인해 준 동대문보건소장·청량리경찰서장 등은 직위 해제되었다.

대왕코너에 세 번째 불이 난 것은 제2차 화재로부터 채 1년도 지나지 않은 1975년 10월 12일 밤에서 13일 아침에 걸쳐서였다. 12일 밤 11시 30분쯤 일어난 불은 2·3·4층의 100여 개 점포와 다방·학원 등의 내부시설 3,400여 평을 태우고 13일 새벽 5시 10분쯤 진화되었다. 2층 양품부 천장의 누전이 원인으로 추정된 이 화재로 4층 현대미용학원에서 잠자고 있던 여자 수강생 세 명이 질식사했고, 2억 5,000만 원 정도의 재산 피해가 발생했다.

1972년 8월부터 약 3년여의 기간에 세 번의 화재가 나서 97명의 인명피해를 낸 대왕코너는 실로 대망(大亡)코너 그것이었다. 건축주는 빚더미에 몰려 파산했고 건물주도 여러 번 바뀌었다. 세 번째 화재 뒤에는 복합용도의 건물을 개수하여 호텔 단일 건물로 바꾸고 그 이름도 맘모스 호텔로 개칭했지만 부실경영에서 헤어나지 못했다.

이 건물이 롯데백화점으로 인계된 때는 1993년 가을이었다. 건물소유권을 인수한 롯데백화점 측은 지상 5층에서 7층까지 3개 층을 헐고 지하 1층 지상 4층으로 개조하여 롯데 청량리점을 만들었다. 1994년 3월 18일이 백화점 개업 첫날이었다.

소방체제 정비

1971년 말의 대연각 호텔 화재, 1972년 말의 시민회관 화재까지만 해도 관민 할 것 없이 정부도 국민도 화재와 소방에 별로 큰 관심을 두지 않았다. 1960년대까지의 화재는 1953년에 일어난 부산 국제시장 화재, 1960년에 일어난 대구 서문시장 화재와 같은 예외가 있기는 했지만 그렇게 대규모 화재가 아니었다. 1960년대까지의 건물은 거의가 목조 단층건물이었고 큰 건물이라 해 봤자 겨우 2층 아니면 3, 4층 정도였을 뿐 아니라 주된 연료도 장작과 숯이었으니, 큰 바람이 불지 않는 한 대규모 화재로 번질 리가 없었던 것이다.

그런데 1960년대 후반에서 1970년대 전반기에 걸쳐 한국의 건물양식은 목조 1, 2층 건물에서 고층의 콘크리트 건물로 규모가 달라지기 시작했고, 연료도 신탄(薪炭)에서 연탄으로, 이어 석유 및 가스와 전기로 바뀌어 간다. 그와 같은 사정을 통계연보로 찾아봤더니 서울의 경우 1966년에는 6~9층 건물이 111개, 10층 이상 건물이 18개밖에 없었는데, 1970년에는 6~9층 건물이 487개, 10층 이상 건물이 122개로 늘어나고 있다(『서울시통계연보』 1971년 판, 145~146쪽 표 참조). 일반 가정에서 LPG 가스(액화석유가스)가 보급되기 시작한 것도 1960년대 말부터였다.

여하튼 1971년 12월의 대연각 화재 사건, 1972년 12월의 시민회관 화재 사건은 실로 엄청난 충격이었다. 그런 대형 화재가 일어날 때까지 정부·민간 할 것 없이 소방에 관한 관심은 거의 없는 것이나 마찬가지여서, 소방서가 있었고 소방공무원이 있기는 했지만 정말로 별 볼 일 없는 기관이고 직종이어서 거들떠보는 사람이 없었다. 화재보험에 가입하는 경우가 전혀 없지는 않았지만 사실상 예외 중의 예외에 속하는 일이었다.

대연각 화재 사건 때는 고가 사다리차 한 대가 없었으니 실로 국제적인 망신이었고, 시민회관은 세종로 중앙부에 위치하여 중앙정부·서울시가 내외에 자랑하는 건물이었는데 그것이 하룻밤 사이에 소실되어 버렸으니 정부의 입장이 말이 아니게 되었다.

두 개의 화재 사건이 있은 후 당연히 박정희 대통령으로부터 강한 질책과 지시가 있었고 김종필 국무총리가 주재하는 긴급 국무회의도 있었다. 그동안 별 볼 일 없었던 소방 기능이 크게 부각되었다. 각 부처가 나누어 대책을 숙의했고 법률·대통령령·시 조례 등이 연거푸 제정되었다. 종전의 제도를 개정한 것이 아니라 송두리째 바꾸어 버린 것이었고 소방제도에 관한 대변혁이었다. 구체적인 내용은 내무부(현 행정자치부)와 서울시가 발간한 각각의 소방행정사에 나와 있고, 다만 중요한 몇 가지 항목만 열거하면 다음과 같다.

- 1972년 5월 31일자 서울특별시 조례 712호로 '서울특별시 소방본부설치 조례' 발표.
- 1972년 6월 1일 서울특별시 소방본부 및 부산직할시 소방본부 발족. 영등포구청장 서기석이 서울시 초대 소방본부장으로 취임.
- 1972년 7월 13일 내무부 훈령 제314호로 경찰대학에 소방학교 부설. 소방전문가 양성 개시.
- 1973년 2월 8일자 법률 제2503호 「소방법개정법률」 공포(전문 개정). 소방체계 전반, 소방검사제도·방화관리자·자위소방대·소방용품 제조업 등 규정.
- 1973년 2월 8일자 법률 제2502호 「지방소방공무원법」 공포(신규 제정).
- 1973년 2월 6일자 법률 제2482호 「화재로 인한 재해보상과 보험가입에 관한 법률」 공포(신규 제정). 4층 이상의 건물 및 극장·병원·백화점 등 특수 기능 건물에 화재보험 가입 의무화.
- 1973년 5월 15일 한국화재보험협회 설립.
- 1973년 2월 7일자 법률 제2494호 「고압가스안전관리법」 공포(신규 제정).
- 소방장비 긴급 도입. 1972~1974년에 걸쳐 일본·독일 등에서 116대의 최신 소방차 도입.
- 소방장비 보강 5개년계획(1972~1976) 수립·추진. 소방장비의 국산화 보강 계획.

그 결과 서울시의 경우 1971년 말에 91대에 불과했던 소방차가 1976년 말에는 175대로 거의 두 배로 늘어났다.

다행이 대왕코너 화재를 끝으로 1975년 이후 서울과 부산에는 대규모 화재가 일어나지 않았다. 서울특별시 소방본부가 발족될 당시 소방공무원의 최상위직은 겨우 총경 급뿐이었기 때문에 경찰관 출신으로 영등포구청장에 재직 중이던 사람을 소방본부장으로 임명했다. 소방본부장 자리에 제복을 입은 소방정감이 앉게 된 것은 1978년 7월부터의 일이다.

■■■ 참고문헌

내무부. 1978. 『한국 소방행정사』.
대한민족사관연구회. 1986. 『대한민국 40년사 (상·하)』.
서울특별시 소방방재본부. 1999. 『서울 소방행정사』.
조선일보사. 1993. 『한국현대사 119대사건』.
한국홍보연구소. 1982. 『대사건의 내막』.
당시의 신문·연표·관보 등

광주대단지 사건

서울시의 정착지 정책

    돌이켜 보면 20세기 후반기의 서울 도시계획은 '무허가 건물과의 싸움' 바로 그것이었다고 해도 크게 틀린 말이 아니다.

    서울에는 온 마을이 무허가 건물로만 이루어진 곳이 적잖게 있다. 가장 먼저 생겨난 것이 해방촌(용산 2가동)이며 이미 6·25 전쟁 전에 형성된 마을이었다. 원래는 일본군 20사단의 사격장이었는데 광복 후에 만주·일본 등지에서 모여든 피난민들이 모여들어 한 개의 마을이 형성되었고, 해방과 더불어 이룩되었다고 해서 숫제 그 이름이 해방촌이었다.

    성동구 금호동과 옥수동은 6·25 전쟁 전재민들로 이루어진 무허가 건물 마을이었다. 전쟁 전에 그 아랫마을인 신당동에 거주했던 필자가 보았던 금호·옥수동은 거의 인가가 없는 나지막한 임야의 연속이었는데, 1960년대 중반에 상경해서 보게 된 금호·옥수동 일대는 가도 가도 끝이 없는 거대한 무허가 건물 집단 마을이 되어 있었다.

해방촌이나 금호동·옥수동이 자생적인 무허가 마을이었던 데 비해 관에서 의도적으로 조성한 무허가 마을이 있었다. 이른바 정착지(定着地)라는 것이었다.

일제시대의 토막집은 서울의 변두리, 다리 밑, 하천 변, 나지막한 산허리 등에 입지했는데, 6·25 전쟁을 겪은 뒤의 무허가 건물은 시내 중심부인 종로·중구와 서대문구·동대문구 일대에도 공지만 있으면 마구 들어섰다. 남산이나 청계천 변, 시장, 전시 소개도로(도로용지), 심지어는 군용지 구석에까지도 입지해 갔으니 시가지의 모습이 말이 아니었다. 이같이 도심부, 남산 언덕이나 도로용지를 점거하고 있는 무허가 건물을, 수재나 대규모 화재가 났을 경우 철거 이재민의 수용대책으로써 교외부에 일단의 국·공유지를 확보하여 지형에 따라 매 가구당 8~12평 정도의 땅을 나누어 집단 정착시킨 방법이 정착지 정책이었다. 말하자면 '무허가 판잣집 집단의 장소적 이전 정책'이었던 것이다.

이런 정책은 고재봉(高在鳳) 시장이 재임했던 1959년 초부터 착수되었다. 당초의 계획은 일제시대 서울시 공동묘지였던 성북구 미아리 120만 평의 땅에 3년간의 연차 계획으로 34억 원의 예산을 들여 대대적인 택지 조성공사를 벌여 각종 문화시설을 갖춘 집단마을을 조성한다는 계획이었다. 이 계획은 1959년에 제1차연도분 3만평을 정지하여 2,934가구의 무허가 판잣집 주민을 이주·정착시킴으로써 끝이 났다. 당초의 120만 평 계획이 겨우 3만 평 2,934가구분으로 끝난 것은 정지공사와 이주·정착산업의 진행 중에 4·19가 났고 과도 정부·제2공화국 정부 등이 이어지면서 사실상의 행정 공백기가 계속되는 동안 그 주변 일대에 걷잡을 수 없이 많은 무허가 판잣집이 난립하여 공사를 더 이상 진척할 수 없는 상황에 도달했기 때문이었다.

미아리 정착지 사업이 남긴 교훈이 있었다. 즉, 정착지사업은 '무허가 건물 마을의 장소적 이전'이 끝이 아니라 '무허가 건물 공인 지대(公認地帶)의 조성'이라는 것이었다. "무허가 건물로만 이루어진 마을에 가서 무허가 건물을 짓는데 누가 말리느냐"라는 현상, 다시 말하면 '무허가 건물지대의 확대재생산'이었다. 그와 같은 교훈을 얻었으면 다시는 되풀이하지 않아야 하는데도 불구하고 1962년 이후 1970년에 이르기까지에 걸쳐, 성북구 정릉동, 도봉구 도봉동·창동·쌍문동, 노원구 상계동·중계동·공릉동, 강북구 번동, 구로구 구로동, 금천구 시흥동, 동작구 사당동, 관악구 봉천동·신림동, 송파구 거여동·가락동·하일동·오금동, 양천구 신정동, 강서구 염창동 등 20개 지구에 모두 4만 3,509가구분의 판잣집 정착촌을 만들어서, 그곳을 중심으로 그보다 몇 배가 넘는 무허가 건물의 난립지대를 낳게 된다.

그저 미아리, 봉천동, 신림동 하면 자그마한 한 개 마을을 연상할지 모를 일이지만, 미아동은 1동에서 9동까지, 봉천동은 봉천 본동 외에 1동에서 11동까지, 신림동도 신림 본동 외에 1동에서 13동까지가 이어져 가도 가도 끝이 없는 무허가 건물의 바다를 이루었다. 그런 동리의 인구수는 한 개의 동리 이름으로 능히 춘천이나 청주와 같은 도청 소재지 인구수와 맞먹거나 더 많다는 실로 어이없는 결과를 초래하였을 뿐 아니라, 달동네니 산동네니 하여 언제나 시 행정의 큰 짐이거나 위협적인 존재가 될 수밖에 없었던 것이다.

광주대단지 개발계획

정착지라는 것이 득보다는 오히려 해가 되는 존재임에도 불구하고 도심부 무허가 건물 정리에 가장 손쉬운 방법은 여전히 정착지이전 방식이었다. 김현옥 시장은 12만 동의 무허가 건물을 정리하면서 3분의 1은 현지 개량으로, 3분의 1은 시민아파트 건립으로, 3분의 1은 정착지를 조성하여 이전할 방침을 세운다. 그러나 1968~1970년에는 이미 서울시 행정구역 내에 대규모 정착지를 조성할 만한 국·공유지가 남아 있지 않았다. "시 구역 바깥으로 나가자, 장차 시 행정구역 내에 편입시켜 버리면 될 것이 아닌가"라는 의견이 있어 그것을 채택하였다.

서울~수원, 서울~의정부, 서울~광주(廣州) 사이의 적절한 지역을 골라 그 지역의 토지를 일괄 매입함으로써 대규모 주택단지를 조성하고, 1968년에서 1970년에 이르는 3년간에 10만 5,000가구, 50만에서 60만 명에 이르는 인구를 수용할 계획을 발표한 때는 1967년 7월 18일이었다. 김 시장이 직접 기자회견을 통해 발표한 것이다. 이 발표를 할 때까지는 아직 최종 후보지가 결정되지 않았던 것이다.

그렇다면 광주군 중부면 수진리·단대리 일대로 정해진 이유는 무엇일까? 유감스럽게도 그에 관한 기록이 전혀 남아 있지 않다. 생각할 수 있는 것은, 우선 오늘날과 같은 자문위원회 같은 것이 있지 않았다는 점이다. 1960년대 후반기의 서울시정에는 아직 자문위원회 같은 것이 없었다. 김 시장은 자문위원회니 소위 전문가 집단이니 하는 것을 생리적으로 싫어했다. 그는 속전속결형이었다. 그래서 외부 전문가 또는 기관에 용역을 줘서 적지를 선정하게 했다는 등의 흔적도 전혀 남아 있지 않다. 아마도 김 시장 측근의 소수 간부들만 이 입지 선정에 관여했을 것이다.

서울~의정부 간은 처음부터 제외되었을 것이다. 이북과 일촉 즉발의 대치 상태에 있고 언제 제2의 남침이 있을지 모른다는 당시 분위기에서, 조금이라도 휴전선에 가까워진다는 것은 절대로 용인 될 수 없는 조건이었다. 서쪽의 김포~강화 간도 비슷한 이유에서 제외되었다. 안양~수원 쪽은 이미 너무 개발되어 값싼 토지는 찾을 수 없게 되어 있었다. 동쪽(춘천 쪽)의 시 경계를 벗어나면 바로 북한 강·남한강이고 험한 임야지대였다. 경기도 당국과도 협의한 결과 광 주군 중부면 성남출장소 관내가 가장 적지로 판명되었다. 서울시의 바로 경계였으나 광주군 중부면의 입장에서는 변두리였고, 따라서 '면 행정의 출장소'라는 것이 이미 1946년부터 설치되어 있었다. 전 답은 별로 없고 대부분이 구릉지로 이루어져 땅값이 싸다는 점이 가 장 매력적인 조건이었다. 중부면 수진리·탄리·단대리·상대원리 일 대의 300만 평이 부지로 결정되었다.

광주군 중부면의 일부 300만 평이 서울시에 의한 '일단의 주택 지 경영사업' 대상지로 결정된 것은 1968년 5월 7일자 건설부 고시 제286호에서였다. 이때부터 '광주대단지(이하 대단지 또는 단지) 사업' 이라는, 정말 험난한 작업이 시작된다. 행정구역이 서울특별시내가 아닌 경기도에서 300만 평에 이르는 토지를 매입하여 모두 10만 가 구 55만 명을 수용하는 인공도시를 만든다는 계획이었다.

서울시가 맨 처음 작성한 대단지 조성계획 내용은 다음과 같았다.

① 단지 개발의 목적과 성격

가. 단지 사업은 「도시계획법」이 정하는 바에 따라 일단의 주택지

경영사업으로 실시한다.

나. 단지는 인구 20만이 넘는 대규모 주택도시로 개발한다.

다. 단지는 미개발된 지역에 설정하되 서울의 위성도시 기능을 가지도록 한다.

라. 단지는 전기·수도·도로시설 등을 설비하여 개발 촉진과 기능 수행을 도모한다.

마. 단지 내에 설비된 공공시설은 단지 바깥의 인근 주민들도 이용하게 한다.

바. 단지는 최대한의 주민 복지시설을 설치하여 수익성을 높이도록 한다.

② 단지 개발의 방침

가. 택지는 한 가구당 20~40평을 분양한다(평균 30평).

나. 분양한 택지는 정착 후 적절한 시기에 입주자에게 매도한다.

다. 주택은 입주자가 자비로 건립하되 서울시에서 건립비 일부를 보조한다.

라. 주민의 생활권 형성을 도모하여 경공업시설을 유치한다.

마. 학령아(學齡兒) 대상으로 각급 교육기관을 유치한다.

바. 주민 생활의 안정을 도모하여 문화·보건 및 시장시설을 유치한다.

사. 기타 지방 발전에 필요한 복지시설을 설치하거나 유치한다.

아. 단지조성계획을 3차년 사업으로 추진한다.

③ 토지이용계획(생략)

④ 도시시설 계획

가. 도로시설 계획: 단지 내 도로시설은 12~30m의 가로망을 설치하여 시가지 내 교통량을 처리하고 서울시와의 연결은 기존 도로를 보수 또는 확장하는 한편, 장기적으로는 서울시에서 철거된 전차를 유치하여 서울과의 교통 인구 약 5,000명(학

생 3,000, 출근자 2,000)을 수송토록 한다.

나. 공공시설 계획 : 공공시설은 주민 입주에 따라서 생활권과 근린주구(近隣住區)의 형성에 맞추어 적정하게 설치한다. 상업·공업시설은 민간자본을 유치하고 그 밖의 공적 시설은 서울시가 각 관계기관과의 협조 아래 설치한다.

⑤ 단계별 개발계획

본 단지의 개발 기간은 3개년(1968~1970)으로 한다. 1차연도는 입주의 준비단계로서 도로·하천 개수 등 기반 토목시설을 개발하고, 2·3차연도에 주민을 받아들이기로 계획하였다.

⑥ 행정상의 조치

대단지 건설에는 행정상 여러 가지 어려움이 있었다. 단지 소재지가 서울시 행정구역이 아닌 경기도 관내였기 때문에, 사업인가·토지 세목 공고·토지 가격 산정, 토지 매수 시 협의 및 계약체결, 토지 측량 작업, 임목의 벌채 및 처분, 묘지 이장, 이주정착지의 주민 관리, 구호사업, 주택 건립의 통제와 촉진, 공장·시장·병원·학교 등 각종 공공시설 유치와 그 관리 등에서 서울시와 경기도가 공동으로 처리해야 할 것도 있고, 또 어느 한쪽이 비용을 부담하고 다른 한쪽이 관리해야 하는 등 주체의 문제도 있었다. 서울시에서 이 사업을 맡은 기구는 주택관리관과 그 산하의 주택행정과였고, 현장에 광주대단지 사업소를 설치하였다. 경기도에서는 성남지구 출장소를 설치함으로써 이원화된 행정이 시작되었다(성남이란 명칭은 남한산성의 남쪽인 것에서 유래하였다. 남한산성이 축성될 때부터 이 지역이 성나미로 불려왔다고 하는 주장이 있으나 명확한 근거가 있는 것은 아니다).

개발 경위

　서울시는 1968년부터 대상지구 내의 토지 매입을 개시한다. 그러나 토지 매입은 당초에 예상한 것처럼 쉽지가 않았다. 감정원의 감정가격대로 원주민들이 팔려고 하지 않았기 때문에 필지별로 약간의 웃돈을 얹어주어야 했다. 또 다른 고민은 서울의 토지 투기꾼들의 사전 개입이었다. 서울시가 매입하려는 땅의 사실상 소유자가 원주민에서 토지 투기꾼에게 넘어가 있는 경우가 적지 않았던 것이다. 그러나 악전고투를 거듭하면서 서울시는 1971년 8월 10일 현재까지 계획 면적 350만 평 가운데 55퍼센트에 해당하는 192만 평을 매입했다.

　서울시는 1969년 3월 4일부터 단지 사업지구 내의 토지 조성 공사를 시작했으며, 제1차로 (주)초석건설을 시켜 수진리 일대 50만 평의 정지작업과 간선도로·하천 개수사업 등을 실시했다. 광주대단지 조성사업에는 초석건설(주) 외에 삼덕실업(주)과 대림산업(주)이 참여하여 1971년 8월 10일까지 모두 160만 평에 달하는 택지를 조성하고 있었다.

　대단지가 제대로 되기 위해서는 우선 택지가 조성되고 소규모나마 공업단지가 조성되어 최소한의 일터가 마련되어야 했으며, 동시에 모도시인 서울과의 교통이 한 시간 정도로 단축되는 것과 같은 조건이 갖추어져야 했다.

　1968년부터 서울시내에 외국인 관광객이 들어오고 있었다. 박대통령은 외국인 관광객을 맞이하는 준비로 우선 주요 철도역 주변을 말끔히 정리하라는 지시를 내렸다. 대통령의 그와 같은 지시에 따라 철도 연변(沿邊) 무허가 건물 철거에 쫓기고 있던 각 구청장들은

대단지 공업단지 기공식 및 상수도 통수식

대단지가 제대로 정비될 때까지 기다려주지 않았다. 대단지에 최초로 입주한 주민은 용산역 주변 철거민 3,301가구였으며, 시기는 1969년 9월 1일 이었다. 서울시는 이들에게 한 가구당 20평씩 모두 6만 6,020평을 분양했다. 1970년에 들어서는 철도 연변 철거민들뿐만 아니라 각 구청 관내의 일반 철거민들도 속속 정착하게 된다. 그런데 그들이 지은 가건물이라는 것은 겨우 시에서 지급해 준 천막 쪼가리였거나 일제시대의 토막집 같은 움막이었다.

  광주대단지 경영사업은 당시의 서울시 입장에서는 너무나 벅차고 험난한 사업이었다. 그리고 앞에서 말한 대로 토지 매입이나 토지 조성사업도 곤란한 일이었지만 그 밖에도 여러 가지 애로가 있었다.

첫째, 이주자들의 생활 터전인 서울과의 접근성이었다. 단지 사업을 처음 시작할 때 서울에서 이 지역으로의 접근은 천호동에서 단지까지 가는 너비 6~7m의 국도뿐이었다. 서울시는 우선 1억 1,500만 원을 투입하여 11.7km에 달하는 이 길을 포장함으로써 버스를 통행시켰다. 그러나 이 길을 이용하면 을지로 5가까지 최소한 1시간 30분이 소요되었을 뿐 아니라 버스 요금도 시내 요금의 두 배인 35원을 물어야 했다.

서울시는 1970년에 4억 9,000만 원의 예산으로 대단지에서 말죽거리에 이르는 너비 30m 길이 8,500m의 도로를 새로 개설한다. 당시의 명칭은 대곡로(大谷路)였으나 현재는 헌릉로(獻陵路)라고 불리는 이 길은, 광주대단지~을지로 5가의 소요 시간과 거리를 단축시키기 위해 개설된 도로였다. 1970년 10월에 잠실대교를 착공한 것도 물론 잠실지구 개발을 위해서의 일이었지만, 당면 과제는 광주대단지와의 접근을 용이하게 하기 위한 것이었다. 대단지 주민들의 고립감, 버려진 몸이라고 하는 외로움에 대한 대책이었다.

둘째, 대단지에 이주시킨 서울의 무허가 건물 철거민들이 입주권(딱지)을 매각하고 서울로 되돌아가서 새로운 무허가 건물을 짓는다는 사실이었다. 그들의 생활 근거지가 서울이어서 출퇴근도 문제였지만 더 큰 문제가 주(住)생활이었다. 그들에게는 20평의 토지가 분양되어 있기는 했어도 그 땅에 주택을 건립할 경제적 능력이 없었으니, 차라리 입주권을 매각하고 되돌아가서 우선은 기존 무허가 건물에 세들어 살다가 기회를 봐서 새 무허가 건물을 짓는 것이 훨씬 쉬운 일이었다. 그에 대한 대책으로 서울시는 대단지 내에 두 개의 소규모 공업 단지를 조성하여 약 48개의 공장 건설을 유도한다. 실제로 공업단지가 조성되었고 미미하나마 공장이 건설되었지만 그것

대단지 내 하수도 개설사업을 시찰하는 양택식 시장

으로 입주민의 취로 수요를 감당할 수는 없었다. 즉, 공장이 건설되고 취업되는 것을 기다리기 전에 서울로 되돌아가는 현상이 더 빨랐던 것이다.

셋째, 광주대단지 건설 자체가 전국 각지에서의 인구 집중을 유발했고 단지 내에 새로운 무허가 건물이 들어서게 되었다는 것이다. 바로 정착지 사업이 지닌 무허가 건물의 확대재생산이었다.

이론적으로 말하면 대단지 내에는 서울에서 이주시켜 온 철거민들만 거주하는 것이 원칙이었다. 1969년에는 철거민들만 집계되었고, 총 3,301가구 1만 4,150명이었다. 그런데 1970년부터는 사정이 달라진다. "서울 근교 광주대단지라는 곳에 가면 무허가 건물을 짓고 살 수가 있어. 딱지라는 것을 사면 땅도 20평씩 얻을 수 있어. 좀

광주대단지의 복덕방들(1970년 전반기)

불편하기는 하지만 서울에서 출퇴근이 가능해"라는 소문이 삽시간에 전국 각지에 퍼져나갔다. 철거민 이외에 철거민보다 더 많은 인구가 유입되고 있었다. 1970년 말 인구는 1만 5,030가구에 7만 2,150명이었고 1971년 8월경에는 15∼17만 명이 거주하는 것으로 추계되고 있다. 인구수만을 봐서는 이미 대도시가 형성되어 있었다.

현장에서의 당면 문제는 입주증 전매 행위였다. 수없이 많은 복덕방이 대단지 현지에 천막을 쳐놓고 입주증 매매 행위를 부추겼으며, 시내의 복덕방에서까지 입주증이 전매되었다. 입주증 값은 하루가 다르게 치솟았고 입주증만 수십 매씩 매점한 사람도 있었다. 서울시에서는 입주증 전매 행위를 억제하는 일이 시급하였다. 부동산업자가 입주증을 수십 매씩 매점하여 값을 올리고, 철거 이주민은 입주증을 팔고 서울에서 다시 무허가 건물을 짓는 것에 광분했으니 이를 강하게 억제하지 않으면 무허가 건물 철거 대책은 하나마나인 일이었던 것이다.

입주증 전매 금지조치가 내려진 것은 1970년 7월 13일자 서울시 공고 제140호에서였다. 이 공고는 「서울특별시 광주대단지 정착분양지 전매 행위 금지에 대하여 알리는 말씀」이라는, 흡사 시장의 담화문과 같은 형식이었다. 비교적 긴 문장으로 된 내용을 간추리면 다음과 같은 것이었다.

첫째, 입주자가 철거 이주한 본인이거나 (전매 행위로 인한) 제3
　　　자이거나 간에 1970년 8월 30일까지 분양계약을 체결하여
　　　야 한다.
둘째, 전매 행위로 토지취득자가 된 제3자는,
　　가. 계약을 체결할 때 시가로, 그것도 일시불로 매수해야 한다.
　　나. 8월 30일까지 매매계약에 응하지 않는 자는 무단점용자로
　　　　보고 퇴거 조치한다.
셋째, 입주할 자격을 가지면서 1970년 7월 11일까지 입주하지 않
　　　은 자는,
　　가. 1970년 7월 25일까지 본인이 이주·정착하여야 한다.
　　나. 7월 25일까지 이주 정착을 마치면 주민등록을 이전한 즉
　　　　시 토지분양계약에 응하여야 한다.
　　다. 만약 위 가·나에 따르지 않을 때는 입주 자격을 무효로
　　　　하고 분양한 토지를 제3자에게 재분양한다.

이러한 전매 행위 금지 공고의 반응은 민감하고 클 수밖에 없었다. 순식간에 분양 행위와 매매가격에 엄청난 변화가 일어났다. 수십 매나 되는 입주증을 수중에 가지고 있는 부동산 투기업자들은 자기 소유분의 입주증을 막대한 손해를 보면서도 빨리 처분하는 데 혈안

이 되었고 거래가격도 자동적으로 폭락했다. 그리고 무엇보다 토지 매수계약을 규정한 조항은 광주대단지의 온 입주민에게 충격을 주었다. 입주증만 손에 넣으면 그만인 줄 알고 고가로 입주증을 샀는데 그 토지를 다시 계약하라는 것은, 한껏 비싸게 산 땅을 그 이상의 값으로 두 번 사야 하는 일이 되었기 때문이다. 그런 일반 전입자는 말할 것도 없거니와 정착은 했다지만 생계가 막막한 철거민들에 대한 분양계약 요구 역시 충격으로 받아들여질 수밖에 없었다. 민심이 크게 술렁이고 부동산 거래 중단으로 인한 경기 침체는 광주대단지의 주민 생활에 큰 타격을 주기에 이르렀다.

입주증 전매 행위 억제 조치에 이렇게 민감한 반응을 보이자 서울시의 입장에서도 공고한 대로의 조치를 강행할 수가 없었다. 그리하여 흐지부지 시행을 보류하게 되었는데, 그 뒤 전매 행위는 다시 고개를 들었으나 매우 조심스러운 것이었다. 그러나 여하튼 1970년 말, 1971년 초의 대단지 땅값은 상식 이상의 높은 수준이 되어 있었다. 그것을 알려주는 자료로 1971년 3월 21일자 ≪한국일보≫는, "광주대단지 중심지대 종로 상가 땅값과 같아"라는 표제 아래 서울시가 3월 18~19일 양일간에 실시한 대단지 유보지(留保地) 매각 공개입찰에서 평당 최고가격은 20만 9,000원으로, 그것은 종로구의 신문로 2가, 안국동·통의동의 상업지 땅값과 맞먹는다고 보도하고 있다.

마지막으로 대단지 사업의 가장 큰 문제는 현지 대단지 사업소와 서울시 본청과의 업무 연락이었다. 시장·부시장, 주요 간부들이 자주 현장에 나가볼 수 없어서 사업소장과 주택관리관의 보고에 의해 현지 사정을 간접 청취할 수밖에 없었으니, 현지에서 어떤 일이 일어나고 있고 어떤 긴박한 사정이 발생했는지 확실히 판단할 수가 없었다. 지금에 와서 생각해 보면 양 시장 측근이었던 기획관리관 손정목의 자세에도 문제가 있었다. 정착지사업 자체를 부정적 시각으로 봤던 손정목은 서울시에 부임한 후 대단지에는 한두 번밖에 가보지 않았고 대단지 소장과 주택관리관의 말도 귀담아 들으려고 하지 않았다. 그러므로 난동 사건이 일어날 때까지 현장 분위기가 그렇게 악화되어 있을 줄은 시장, 부시장, 국장들 선에서는 거의 모르고 있었다.

참고로 당시 대단지 사업소장은 박경동이라는 이름의 호남아였다. 1924년 생으로 1948년에 군에 입대하고, 5·16 당시 육군 중령이었다가 예편하여 지방행정으로 옮겨와 경상남도에서 거창군수, 충무(현 통영)시장 등을 지냈다. 서울시에 올라와 처음 맡은 직책이 광주대단지 소장이었다. 대도시 행정에는 경험도 식견도 없는 그에게 대단지 사업소장은 버거운 직책이었다.

주택관리관(국장 급) 장지을은 1930년 생으로, 역시 군에서 중령까지 지냈고 5·16 후에 서울시에 들어와 주택과장·총무과장·중구청장 등을 지낸 인물이었다. 총무과장·중구청장 등을 지낸 것으로 보아 유능한 사람이었지만 양택식 시장에게는 점수를 얻지 못하여 약간 소외되는 경향이 있었다.

전성천과 투쟁위원회

1971년 전반기에는 두 차례의 큰 선거가 있었다. 4월 27일에 제7대 대통령 선거가 있었고 5월 25일에는 제8대 국회의원 선거가 있었다. 이 두 차례의 선거에서 대단지에 가서 선거 유세를 한 대통령 선거 운동원들과 국회의원 선거 입후보자들은 앞으로 대단지를 지상낙원이 되도록 하겠다는 식의 헛공약을 남발했다. 예컨대 국회의원 선거에서 당선이 확실시되었던 차지철(車智澈) 후보는 "토지 무상양여, 5년간 면세"를 단호하게 약속하고 다녔다. 그와 같은 헛공약은 당연히 현지 입주자들을 흥분케 했고 땅값은 그칠 줄 모르게 뛰어올랐다. 어제는 공업단지 기공식이 있었는가 하면 오늘은 상수도 통수식이 있었고 내일은 도로 준공식이 거행될 예정이었다. 단지 내의 건축 행위도 활발하게 진행되어 노동력이 딸릴 정도였다.

그러던 것이 선거가 끝나자마자 갑자기 활기가 식고 찬바람이 불기 시작했다. 그날그날 품팔이하던 사람들은 생계유지 자체가 불안해졌다. 선거가 끝나자 서울시 당국은 분양지 매매계약을 강행하기 시작한다. 당시는 서울시도 직원들의 봉급을 제때에 주지 못할 정도로 극심한 재정난에 처해 있었기 때문에, 분양지를 처분하지 않으면 신규 투자가 불가능한 처지에 있었다. 각 분양지 매각계약을 체결하는 데 있어 서울시가 제시한 원칙은, 철거민 입주 분양지는 서울시의 당초 토지 매입비와 정지비를 계산하여 실비(평당 약 2,000원)로 사정한 것에 비해 입주증을 사서 들어온 전매 입주자분은 시가 일시불(時價一時拂) 원칙을 고수하여 평당 8,000원~1만 6,000원까지 4등급으로 사정하고 계약과 동시에 땅값을 완불해야 한다는 것이었다.

평당 1만 6,000원(A급)에서 8,000원(C급)까지 약 20평 내외의 토지 가격을 7월 31일까지 납부할 것을 명시한 고지서가 발부된 때는 1971년 7월 13~14일 양일간이었다. 시장 명의로 되어 있었기는 하나 대단지 출장소장이 임의로 발부한 이 고지서에는, "만약 기한 내에 납부치 않으면 …… 법에 의해 6월 이하의 징역이나 30만 원 이하의 벌금을 과하겠다"는 단서까지 붙어 있었다. 이 고지서는 그날그날의 호구지책도 해결하지 못하고 있는 이주민들에게는 실로 엄청난 충격이었다. 어떤 주민은 분노에 차 있었고 어떤 주민은 실의에 빠져 있을 무렵, 제일교회 전성천(全聖天) 목사가 보낸 구두의 사발통문이 돌았다. "단지 내 각 반별로 유지 몇 명씩을 뽑아 7월 17일 오후에 제일교회로 모이라"는 내용이었다. 당시의 사정을 취재한 한 르포기사는 "제헌절인 7월 17일에 아무런 약속도 없이 난민 100여 명이 (제일교회로) 모였다"라고 기술하고 있는데(신상웅), 누구의 초청도 지시도 약속도 없이 100여 명의 난민이 한날한시에 한 장소에 모였다는 것은 있을 수도, 상상할 수도 없는 일이다. 전성천은 결코 그렇게 허술한 인물이 아니었다.

전성천은 1913년 12월 생으로, 대단지사건 당시에는 58세였다. 경북 예천군 지보면에서 태어나 일제 때 일본 아오야마 학원에서 신학을 공부했고, 광복 후에 도미하여 1951년에 프린스턴대학 대학원에서 석사, 1955년 예일대학교에서 철학박사를 받은, 1950~1960년대 한국 개신교계 최고의 엘리트였다. 그가 장관 급인 공보실장(제3대)이 된 때는 1959년 1월이었는데 필자가 그를 만난 것은 바로 1959년 가을, 그가 득의의 절정에 있을 때였다. 마침 당시 필자는 그의 향리인 경북 예천군 군수로 있었고 그는 예천군에서 자유당 공천을 받아 국회의원이 될 공작을 하고 있었다. 필자가 보기에 당시의 그는 준수한 외모에다가 출중한 달변가였다. 아마 선동연설에서는 국내 최고의 수준이었을 것이다. 연보에 의하면 그는 1964년부터 1970년 초까지 경기도 지평교회 목사로 있다가 1970년에 광주대단지로 가서 제일교회를 설립, 담임목사로 있었다고 되어 있다.

제일교회는 대단지 내에서 가장 초기에 설립된 장로교회였다. 7월 17일 오후 제일교회에 모였던 100여 명의 유지는 전성천 주재하에 대책을 숙의하여 위원회를 결성키로 뜻을 모았다. 단지를 11개 구역으로 구분하고 각 구 대표 한 명씩을 선출하여 모두 11명으로 불하가격 시정위원회라는 것을 구성했으며, 7월 19일에 단지 내 유지(有志)대회를 다시 열기로 결의하였다.

그런데 정작 19일에 모인 인원은 2,000명을 넘었다. 인원이 너무 많아 계획했던 장소인 제일교회를 사용할 수가 없어 마이크를 달고 거리에서 집회를 했다. 각 구마다 두 명의 대표를 추가하여 위원회를 33명으로 확대했으며, 위원장에는 박진하(朴振夏) 제일교회 장로를 선출하고 전성천은 고문에 추대되었다. 두 명의 부위원장도 선출하여 전 고문과 위원장·부위원장 등 4명이 모든 결의사항의 집행을 전담키로 한다. 이 모임에서 결의된 요구조건은 아래의 4개항이었다.

① 철거민·전입자 할 것 없이 단지 내의 모든 대지가격을 평당 2,000원 이하로 할 것.
② 대지 불하대금을 10년간 연부상환토록 할 것.
③ 향후 5년간 각종 세금을 면제할 것.
④ 영세민 취로장 알선과 그들에 대한 구호대책을 세울 것.

4개항의 요구사항을 결정한 시정위원회는 전체 주민의 동의를 얻기 위해 23일 오후에 주민 합동대회를 열어 기세를 올리고 4개항의 요구사항을 결의하는 한편, 만약에 7월 31일까지 그들의 결의 내용이 관철되지 않으면 실력 행사에 들어간다는 단서까지 붙여 1만 5,000가구의 날인을 거쳐 서울시장과 경기도 지사 앞으로 제출한다. 여기서 말한 실력 행사가 구체적으로 무엇을 말하는 것인지는 알 수 없다.

필자는 '시정위원회 4인 대표들은 왜 그와 같은 사정을 시 본청 시장·부시장실에 가서 직접 진정하지 않았는가'를 의아하게 생각한다. 당시 1만 5,000가구가 날인했다는 이 진정서는 시 본청 시장·부시장까지 전달되지 않았고 대단지 사업소→주택관리관 선에서 묵살되고 말았던 것이다. 필자가 그렇게 단정하는 근거는, 만약에 그 진정서가 시장 선까지 올라갔다면 당시 기획관리관이었던 필자에게 전달되지 않았을 리가 없었기 때문이다. 솔직히 말해서 필자는 대단지의 그러한 분위기를 난동 사건이 일어난 후에야 제대로 알 수 있었고 그 전에는 까맣게 모르고 있었다. 생각해 보면 기가 막히는 일이다(그런데 사전에 알았던들 당시의 서울시 재정 사정, 법적·제도적 장치 아래서 과연 어떤 조치가 가능했는가를 물으면 그에 대한 답변도 망설이지 않을 수 없다).

24일 오전에 일찌감치 결의문을 서울시·경기도의 두 개 출장소에 제출하고 서울시장·경기도 지사에게 전달해 줄 것을 신신당부했는데도 불구하고, 또 회신이 오기를 초조하게 기다리고 있는데도 불구하고 28일 오전까지도 아무런 회신도 없자, 기다리다 못한 대책위원회는 28일 오후에 다시 회의를 소집하여 대책위원회를 투쟁위원회로 개편하는 한편 "백 원에 뺏은 땅 만 원에 폭리 말라", "살인적 불하가격 결사반대"와 같은 포스터를 작성해서 집집마다 첨부하고 전단도 만들어 뿌리기로 한다.

그런데 이 시점에서 실로 희한한 일이 발생한다. 8월 1일자로 경기도 성남출장소장 명의로 된 또 하나의 고지서가 발부된 것이다. 건물취득세라는 것이었다. 이때 경기도 성남출장소가 부과한 건물취득세는 3,712동의 대상 건물에 총액 1,539만 원으로 건물 10평당 평균 3,000원 정도였다. 일반적인 과세기준에서 볼 때는 그러한 취득세 부과가 결코 과중한 것이 아니었을지라도, 대단지 주민들에게는 설상가상의 충격이었고 투쟁위원회 입장에서는 존재 가치 자체가 조롱당한 것과 같은 모욕감을 느꼈을 것이다.

급기야 투쟁위원회가 주도하는 주민들의 분노가 극에 달하였고 8월 3일에 긴급 소집된 투쟁위원회는 8월 10일에 주민궐기대회를 열기로 합의한다. 궐기대회장에 모이라는 전단 3만 장이 뿌려졌고 현수막과 포스터가 도처에 첩부되었다. 이 시점에서 사태가 심상치 않음을 알게 된 대단지 출장소장이 시 본청 주택관리관에게 "긴급 사태 발생. 현지에서 해결 불가능"이라고 구원 요청을 했고, 장지을 관리관은 최종완 부시장을 모시고 현지에 달려간다. 8월 9일 밤 8시가 다 되어서였다. 약 300명의 주민이 사업소 건물을 에워싼 채 부시장과 투쟁위 대표자들의 담판이 시작되었다.

그러나 최 부시장 입장에서도 감정원 감정가격에 기초를 둔 토지불하가격을 낮춰주겠다든지, 5년간 면세조치를 한다든지 하는 요구사항을 들어줄 입장이 아니었다. 그런 요구사항은 행정의 수준을 넘은, 말하자면 초법적인 요구였다. 담판의 분위기가 워낙 험악해서 어떤 대표가 따지고 드니까 답변이 궁해진 부시장이, "누가 당신더러 이곳에 와서 살라고 했소? 여기서 살지 않으면 될 거 아니요"라고 했다는 것이다. 최 부시장 성격으로는 능히 할 수 있는 말이었다. 밤 11시가 넘어 담판은 결렬되었지만 한 가지 합의를 했다. 다음날(10일) 오전 11시까지 시장이 와서 다시 교섭하도록 하겠다는 합의였다. 전 목사의 입장에서는 양택식 시장에게 자기의 영향력이 얼마나 큰 것인가를 보여주고 싶었을 것이다. 수만 명이 모여야 했고 큰 목소리로 외쳐대야 했다.

부시장 일행이 떠난 후 마이크를 단 자동차가 단지 내를 누비면서 "시장이 내일 아침 11시에 오기로 약속했다. 한 사람도 빠짐없이 참석하여 우리의 단결된 힘을 보여주자"고 선전하였다. 세 가지 요구조건, 다섯 가지 구호를 적은 플래카드와 전단이 수없이 만들어졌다. 요구조건과 구호는 다음과 같다.

> 대지는 무상으로 하라. 토지는 세금을 면제하라. 시급한 민생고를 해결하라.
> 1. 백 원에 매수한 땅 만 원에 폭리 말라.
> 2. 살인적인 불하가격 결사반대한다.
> 3. 공약사업 약속 말고 사업하고 공약하라.
> 4. 배고파 우는 시민 세금으로 자극 말라.
> 5. 이간정책 쓰지 말라. 단지 주민 안 속는다.

1971년 8월 10일, 이날은 아침부터 몹시 흐린 날씨였다가 비가 내렸다. 그러나 양택식 서울시장이 직접 현지에 나오겠다는 약속을 받은 투쟁위원회측은 이 기회에 대대적인 궐기대회를 갖기로 하고 새벽부터 단지 내에 전단을 뿌리며 대회장으로 정한 성남출장소(현 시청) 뒷산의 공지로 주민들을 모으기 시작했다. 서울시장이 직접 현지에 나온다는 소식이 전해지고 이 기회에 주민 궐기대회를 개최한다는 전단이 뿌려지자 대단지는 크게 술렁이기 시작했고, 오전 아홉시가 넘으면서부터 벌써 플래카드와 피켓을 든 군중들이 대회장으로 몰려들기 시작했다. 그리고 열 시경에는 이미 3만여 군중이 성남출장소 뒷산을 온통 뒤덮고 출장소 마당을 비롯한 공지와 간선도로까지 인파로 메워졌다. 그 숫자는 전 목사가 예상한 것보다 훨씬 많았을 뿐 아니라 젊은 사람들 중에는 숫제 몽둥이를 들고 나온 자도 적잖게 있음을 알 수 있었다. 장관까지 지낸 분이 군중심리에 불이 붙으면 어떤 불상사가 일어날지 모를 리가 없었다. 그래서 양 시장과의 면담 장소를 급히 제1공업단지 내 삼영전자(주) 회의실로 옮기기로 했다.

난동 사건

전날 밤 늦게 부시장과의 전화를 통해 시장이 직접 투쟁위원회 대표들과 만나기로 약속이 되었다는 보고를 받은 양 시장은 매우 가벼운 기분이었다. 평상시와 마찬가지로 간부회의를 마치고 간단한 기자간담회도 마친 시장이 수행비서 하나를 데리고 대단지로 출발한 시각은 오전 10시가 약간 넘고 있었다. 고가도로를 타고 남산으로 가면서 무선전화로 손정목 기획관리관을 불렀다. 대표자들과의 대화 내용에 따라서 보충 답변이 필요할 테니 빨리 뒤따라오라는 명령이었다.

양 시장과 뒤따라간 손 관리관이 대단지에 도착한 시각은 약속 시간인 11시보다 약 10분 정도가 빠른 10시 50분경이었다. 출장소 뒷산에 구름떼 같이 모여 앉은 군중의 존재를 충분히 확인할 수 있어 그때서야 약간의 공포감을 느꼈다. 그들의 안내에 따라 제1공업단지 내 삼영전자 회의실에 갔더니 약 열 명 정도의 대표자가 기다리고 있었다.

대표자들과의 회의는 채 한 시간도 걸리지 않았다. 양 시장이 그들의 요구조건을 쉽게 받아들였기 때문이다. 아래의 4개항이 합의되었다.

1. 전매입자들의 대지가격도 원 철거 이주자와 같이 취급한다.

2. 주민 복지를 위하여 구호양곡을 방출하고 자조근로공사(自助勤
勞工事)를 아울러 실시한다.

3. 경기도 당국과 협의하여 취득세 부과는 보류토록 하겠으며, 그
밖의 세금도 가급적 면제되도록 중앙정부와 협의하겠다.

4. 주민들은 당국과 협조하여 계속 지역 발전에 노력해 줄 것을
바란다.

양 시장과 대표자 간에 그와 같은 협의가 진행되고 있을 때 이
미 난동은 시작되고 있었고 서울 쪽으로 가는 길은 차단되어 있었다.

이날의 대회가 마침내 난동으로 번지게 된 경위를 당시의 신문
들은 일제히 1면(정치면)과 3면(사회면) 톱기사로 취급, 상세히 보도
하였다. 그중 하나를 소개하면 다음과 같다(≪한국일보≫ 8월 11일자
1면 톱).

"광주단지 주민 난동, 빗속의 대치 다섯 시간"

10일 광주대단지는 3만 명의 성난 군중으로 약 다섯 시간 동안
무법천지가 되었다.

9일 밤 11시 30분까지 서울시의 최종완 제2부시장 등 관계자들
은 주민 무마작업을 벌였으나, 광주대단지 불하가격대책위원회(시정
투쟁위원회)는 10일 날이 밝자마자 단지 내의 집집마다 인쇄된 전단
을 뿌리고 궐기대회에 주민들을 모으기 시작했다.

'모이자, 뭉치자, 궐기하자, 시정대열에!'라는 제목을 단 전단에
는, "① 백 원에 매수한 땅 만 원으로 폭리 말라. ② 살인적 불하가격
결사반대. ③ 공약사업 약속 말고 사업하고 공약하라. ④ 배고파 우
는 시민 세금으로 자극 말라. ⑤ 이간정책 쓰지 말라, 단지 시민 안
속는다"는 내용이 적혀 있었다.

난동이 시작된 현장

　군중들은 9시께부터 모여들기 시작, 10시께는 출장소 뒷산이 온통 군중으로 덮였고 출장소 마당을 비롯한 빈터와 간선도로도 사람들로 들어찼다.

　삽시간에 모인 군중은 추산 3만여 명, 20대 청년과 30~40대의 장년들은 편을 지어 '허울 좋은 선전 말고 실업군중 구제하라'는 등의 플래카드를 들었고, 군중들의 가슴에는 '살인적 불하가격 결사반대'란 리본까지 달려 있었다. 이렇게 모여든 군중은 양 시장이 불하대책위와 약속한 상오 11시에 나타날 것을 기다리며 웅성댔다.

　11시가 되자 양 시장은 나타나지 않은 채 비가 쏟아지기 시작했다. 군중들은 "시장이 시간을 어겼다. 우리를 사람 취급 안 한다"면서 흥분, 150m 떨어진 서울시 대단지 사업소로 몰려갔다. 몰려가던 군중의 일부는 성남출장소 입구, 길에 세워둔 서울시 환지과장의 서울관 1-356호 지프를 때려 부숴 개울 바닥에 처박았다.

사업소에 몰려 간 젊은 난동자들은 닥치는 대로 때려 부수기 시작, 곡괭이와 몽둥이 등을 휘두르며 사무실 다섯 개가 있는 100평 사업소 안에 있던 선풍기 네 대, 전화기 네 대, 마이크 네 대, 형광등 40개, 캐비닛 30개와 철제 책상 등을 파괴하고, 벽에 걸린 사업계획서, 사진, 서류 등을 찢었다. 이 통에 사업소 직원 92명은 모두 달아났고, 달려왔던 성남지서 경찰관 30여 명도 군중에 위압당해 모두 사라졌다.

11시 40분께 주민들은 성남출장소로 다시 밀려가 총무, 재무, 사회개발계와 소장실이 있는 130여 평의 본관 건물로 침입, 책상과 의자를 때려 부수고 서류를 꺼내 불질렀다. 사무실 내부에 있던 모두 서류가 타버렸으나 주민등록증이 있는 민원사무실은 본관과 20m 정도 떨어져 있어 유리창만 깨지는 데 그쳤다.

12시 30분께 광주단지 내에 있는 성남소방지서 소속 소방차 두 대가 달려왔지만 군중들에 밀려 접근하지 못했고, 광주경찰서 기동경찰대 100여 명이 이들을 말리려 했으나 손을 쓰지 못했다.

시청에서 정례 기자회견을 10시 30분께서야 끝낸 양택식 서울시장이 광주단지에 도착한 때는 군중들이 난동을 시작하고 10분쯤 지난 상오 11시 30분께.

양 시장은 난동이 벌어지고 있는 곳에서 2km 정도 떨어진 제1공업단지 내 삼영전자공업사 회의실에서 대책위 전성천 목사 등 간부 3명과 면담, 이들의 주장을 듣고 가능한 데까지 요구조건을 들어주겠으니 난동을 중지시킬 것을 대표자들에게 당부하고 대표자들도 이에 합의했다. 대표자들이 합의 내용을 가지고 현장에 달려갔을 때는 양시장과의 합의점을 제대로 전달할 수 없을 만큼 난동이 난폭해져 있었다.

낮 12시 10분께 양 시장은 광주를 돌아서 서울로 갔고, 청·장년 5,000여 명은 떼를 지어 양 시장과 서울시 간부 및 단지 사업소 직원들이 있다는 풍문에 따라 이곳저곳으로 몰려 다녔다. 이들은 거의 술냄새를 풍기며 성남출장소 마당에 세워둔 7-492호 반트럭 등 눈에 띄는 대로 관용차를 불태워 개울에 처넣었다. 오후 1시께부터 난동자 40명은 난동 사태로 운행을 못하고 세워 둔 서울 영 7-281호 시영 버스를 뺏아 타고 "서울로 가자"며 수진리 고개로 향했다.

2시께는 난폭해질 대로 난폭해진 청·장년 5,000여 명이 단지 앞 50m 간선도로에 나와 지나가는 버스·트럭 등을 마구 뺏아 타고 단지 내 간선도로로 몰고 다니며 행패를 부렸다. 이때 경기 영 5-2580호 트럭을 이들에게 뺏겼고 운전사 곽정호 씨(35)는 돌에 맞아 머리가 깨졌다. 그리고 단지로 들어오던 서울 영 6-2845호 버스 운전사 김봉호 씨(49)는 난동자들에게 끌려가 곤욕을 당했다.

오후 2시께 서울시 경찰국 소속 기동대 50여 명이 단지 입구 수진리 고개에서 이들의 서울 진출을 막기 위해 최루탄을 발사했고, 난동자들은 돌로 맞섰다.

서울시 경찰국 기동대 450명이 대단지 입구에 도착한 때는 오후 2시 15분경, 광주경찰서 기동대 400명이 도착한 때는 오후 3시가 가까워서였다. 이때부터 난동자들은 경찰과 대치, 돌팔매와 욕지거리로 맞섰다.

난동자들은 오후 5시 20분경 서울시가 모든 요구조건을 무조건 들어주기로 했다는 소식이 전해지자 뿔뿔이 흩어졌다.

이 밖에도 난동자는 오후 2시 30분경 성남파출소에 몰려가 파출소를 에워싸고 아우성을 치며 몽둥이로 파출소 유리창을 모조리 부순 다음, 파출소 앞에 세워둔 광주경찰서 2호 백차에 휘발유를 뿌려 태워버렸다(이하 생략).

난동 사건의 결과로 집계된 피해 내용을 보면,

① 경기도 성남 출장소 건물 1동 및 건물 내 서류 일체 전소,
② 서울시 광주대단지 내 유리창과 각종 기물 남김 없이 대파(전부 교체 요),
③ 차량 피해 22대 가운데 소실 4대, 시영버스 대파 5대, 소파 13대,
④ 경찰 측 부상자 20여 명, 주민 측 부상자 7명이었다(경찰지서의 파괴는 발표되지 않았음).

정보기관원들이 난동의 시종을 관찰하고 있었는데, 그들 정보기관원의 카메라에 잡힌 주동자들이 우선 검거되었다. 첫날 검거된 12명 중에는 각각 16세, 17세인 10대가 7명이나 섞여 있었고 최고령자는 33세였으니, 이 시위의 성격이 어떤 것이었는지 짐작하게 한다. 우선 12명이 검거된 데 이어 10명이 더 검거되어 모두 22명이 「집회 및 시위에 관한 법률」 위반죄와 「폭력 등 처벌에 관한 법률」 위반죄로 구속되었다.

이들을 관대하게 다루어달라는 진정이 줄을 이었다. 도지사 같은 분도 일부러 검찰에 가서 관용을 부탁하고 있다. 만약에 좀더 깊이 있게 수사했더라면 전 목사를 필두로 한 투쟁위원회 대표들도 사전 모의, 선동·교사죄가 적용되어 무사하지 못했을 것이다.

서울형사지방법원은 난동을 주동한 이강철(李强喆)을 징역 2년, 이성주를 징역 장기 2년, 단기 1년에 처하고, 김산무에게 무죄, 나머지 피고인들에게는 징역 1년 6월에 집행유예 3년 내지 1년을 선고하

고 있다.

그런데 한 가지 의문이 있다. 뛰어난 용모, 유창한 웅변, 출중한 학벌을 가진 전성천이 왜 환경이 열악한 대단지 같은 곳에 가서 그 것도 개척교회를 세워야 했던가. 아마 황무지와 같은 곳에 들어가 인심을 얻어서 정치적 야망을 실현시키고자 했을 것이다. 그러나 만 약 그렇게 생각했다면 궐기대회는 큰 오산이었다. 아마 전 목사도 오전 중, 한창 일할 시간에 3만 명이나 모일 줄은 생각하지 못했을 것이다. 한 5,000에서 1만 명 정도가 모여 기세를 올리면 충분했는데 3만 명, 그것도 헐벗고 굶주린 3만 명이 모였으니 난동이 일어난 것 이 너무나 당연한 일이었다. 아마 그때부터 그가 완전히 대단지를 떠나는 1983년까지 정보기관원이 항상 그를 뒤따랐을 것이고, 그의 일거일동이 감시됨으로써 정치적 야망 같은 것은 펴볼 겨를이 없었 을 것이다.

대단지 사업의 종말

양택식 시장이 투쟁위원회 대표들과의 대화를 마치고 바깥에 나온 시각은 12시경이었다. 그러나 그때는 이미 난동이 시작되고 있 었고, 서울 쪽 길은 차단되어 부득이 광주~수원을 거쳐 귀경할 수밖 에 없었다. 사건의 진전 상황은 차 안에서 라디오 방송을 통해 어느 정도 짐작할 수 있었다. 양 시장은 서울에 돌아가자마자 시청에 들 르지도 않고 국무총리 공관으로 직행하였다. 그 자리에는 이미 오치 성 내무부 장관, 신직수 법무부 장관도 와서 기다리고 있었다.

정부 고위 당국자에 의한 여러 차례의 회의가 거듭되었다. 국회 내무위원회에 의한 8·10 난동 사건 조사단도 구성되어 현지조사를 벌였다. 그러나 대단지 난동 사건으로 가장 충격을 받은 이는 바로 박 대통령이었다. 첫째, 이 폭동 사건은 1946년의 대구 10·1 사건, 1948년의 제주 4·3 사건 이후 20여 년 만에 처음 있는 민중 폭동 사건이었다. 그 사이에도 여러 차례 소요 사태가 있기는 했지만 그것은 학생 데모의 연장이었지 결코 민중 폭동은 아니었다. 둘째, 서울의 턱밑에서 일어난 사건이라는 점이다. 서울 바로 머리 위에 휴전선이 그어져 항상 일촉즉발의 위험을 안고 있는 터에 바로 턱밑에 화약고 하나를 더 떠안는다는 것은 위험천만한 일이었다.

박 대통령의 의향은 서울시는 대단지 사업에서 철수하고 경기도에 일임하라는 것이었다. 결국 여러 차례의 회의 끝에 내려진 결정은, ① 서울시는 광주대단지 경영사업에서 손을 뗀다. ② 서울시내에서 철거된 무허가 건물 주민들의 광주대단지 이주는 중지한다. ③ 광주대단지 내에 서울시가 확보한 일체의 재산(토지·건물 등)은 경기도에 이관한다. ④ 서울시는 1972년 말까지 10억 원의 경비를 광주대단지 사업에 보조한다는 것이었다. 1971년 10월 7일에 서울특별시장·경기도 지사 간에 모두 12개 조문으로 된 협약서가 체결되었고 별도로 서울시 기획관리관과 경기도 기획관리실장 간에 실무자 합의각서라는 것도 교환되었다. 위의 협약서·합의각서들은 내무부 관계관 입회 아래 손정목과 경기도 최병환 기획실장이 작성한 것이었다.

참고로 이때 서울시가 경기도에 이관한 재산은 도로·상수도·하수도 등 단지 내의 공공시설 일체와 대지 136만 6,600평(당시의 시가로 53억 5,000만 원 상당)과 현금 10억 원(2년 분할 제공)이었다. 솔직히 당시의 입장은, 경기도는 전승국으로 전리품을 챙기는 입장이고 서울시는 패전국으로 배상금을 바치는 그런 심경이었다(그러나 그 엄청난 전리품을 챙긴 경기도도 성남시 행정은 항상 골칫거리였다는 것을 알고 있다).

경기도 성남 출장소가 시로 승격한 때는 1973년 7월 1일이었다. 서울시가 개발했던 대단지 남쪽은 광활한 초원지대로서 신도시 조성의 적지였다. 성남시는 그 일대를 남단녹지라고 불러 신규 개발할 것을 강력히 희망했지만 건설부 및 중앙도시계획위원회가 번번이 허가하지 않고 개발을 억제했다. 남단녹지가 택지로 조성된 것은 노태우 정권에 의한 200만 호 건설의 일환이었다. 1989년에서 1994년까지 6년 동안 분당지구라는 이름으로 조성된 신시가지가 지난날의 남단녹지였다. 분당지구는 이 나라를 대표하는 첨단 대규모 주택단지로, 성남의 이미지를 완전히 바꾸어 놓았다.

■ ■ ■ 참고문헌

권기홍(대표편찬위원). 1978. 『城南市誌』. 성남시.
서울지방검찰청. 1985. 『서울地方檢察史』.
손정목(집필). 1996. 『서울 600년사 제6권』. 서울특별시 시사편찬위원회』.
한국토지공사. 1997. 『분당신도시개발사』.
김상운. 「광주대단지 철거민들의 애환」(논픽션 우수작). ≪신동아≫, 1986년 3월호.
박기정. 「르뽀 광주대단지」. ≪신동아≫, 1971년 10월호.
박태순. 「특별 르뽀 광주단지 4박5일」 ≪월간 중앙≫, 1971년 10월호.
손정목(주제발표). 1971.9.18. 「韓國都市開發의 문제와 전망」 내무부.
신상웅. 「르뽀 광주대단지」. ≪창조≫, 1971년 10월호.
윤흥길. 「아홉켤레의 구두로 남은 사내」. ≪창작과비평≫, 1977년 여름호.
광주대단지에 관한 신문 기사, 팸플릿 등.

1972년 건축 파동

20년 이상 계속된 무건축 시대

일제 말기의 무건축 상태

일본이 만주사변을 일으킨 때는 1931년 9월 18일이었다. 15년 전쟁의 시작이었다.

일본은 남북한을 합한 한반도 전역의 두 배가 되는 영토를 가진 나라이기는 하나 석탄 자원과 목재 이외에는 이렇다 할 자원이 없는 나라였다. 아키다 지방에서 석유가 생산되기는 했지만 연간 생산량을 다 합쳐도 겨우 하루분 소비량이 안 될 정도의 미량이었다. 그리하여 석유도 고무도 금속류도 거의 전량을 수입에 의존하고 있었다.

그런 무자원의 나라가 오랜 기간에 걸친 전쟁을 치르고 있었다. 자원을 투입하는 행위는 많은 경우 재생산을 수반하기 마련이지만 유독 전쟁만은 재생산을 수반하지 않는다. 한 번 투입하면 그만인 것이 전쟁의 특성이었다. 총알도 폭탄도 공격 목표를 향하여 한 번 쏘아대면 어떤 형태로도 돌아오지 않는다. 전쟁이란 소비만 있고 생산은 없는 행위였다.

1937년 7월 7일부터 시작한 중일전쟁의 상대국은 중국이었고 전쟁터도 중국이었다. 중국은 일본에 비해 국토의 넓이가 몇 십 배나 되었고 인구 규모도 열 배나 되는 엄청난 대국이었다. 싸워도 싸워도 끝이 없었고 이겨도 이겨도 끝이 없었다. 일본은 1938년경부터 중국을 상대로 끝이 보이지 않는 진흙탕 속의 전투 행위를 계속하고 있었다.

그런데 일본과 전쟁 관계에 있는 상대국가는 중국만이 아니었다. 미국, 영국, 네덜란드 등 네 나라가 사실상 일본의 전쟁 상대국이었다. 미국과 영국은 1931년 만주사변 때부터 일본의 중국에 대한 군사행동 일체를 침략 행위로 간주했다. 그리하여 일본과 싸우고 있는 중국의 전투 행위를 공공연하게 지원한 한편으로 일본의 전투 행위에 제동을 걸었다. 중국 군대에 총기·탄약·비행기 등을 제공한 한편으로 일본에 대해서는 고무·석유·금속류 등 원자재의 수출을 제한하였다. 고무·석유·금속류 수출을 제한함으로써 일본의 군사 활동·국민 생활에 제동을 건 것이었다. 그리고 미국·영국의 그와 같은 대(對)일본 자세에 대량 석유 매장지인 인도네시아를 식민지로 거느린 네덜란드도 동조한다. 그리하여 당시의 일본은 그들을 둘러싼 적대국가를 총칭하여 ABCD 라인이라는 말로 표현하였다. America·Britain·China·Dutch의 준말이었다.

확대재생산이 불가능한 전쟁을 여러 해 동안 치러온 데다가 무진장한 자원을 가진 미국, 역시 무진장한 자원을 지닌 인도·인도네시아·말레이시아 등을 식민지로 거느린 영국·네덜란드 등을 사실상의 적국으로 하는 일본은, 중일전쟁을 일으킨 직후부터 심각한 자재난·물자난에 허덕이게 된다. 그에 대한 대응으로 일본 정부가 취한 정책은 철저한 경제 통제정책과 대용품 장려정책이었다.

경제 통제정책은 1938년 4월 1일에 공포된 「국가총동원법」 등에 근거를 둔 숱하게 많은 정부 명령에 의해 시행되었다. 구체적으로는 물가의 통제, 임금의 통제, 물자의 통제가 그 내용이었다. 물가의 통제에는 집값·땅값이 포함되었고 물자의 통제에는 식량·섬유·금속·전력·의약품·고무류·석유·목재·비료와 같은 모든 물자가 망라되었다. 단 한 가지의 예외도 없었던 것이다.

대용품에는 실로 희한한 것이 있었다. 못 대신에 철판을 삼각형으로 잘라 쓰다가 철판마저 없어진 뒤부터는 대나무를 깎아 못으로 대용하였다. 폐타이어를 재생하여 고무신을 만들기도 했다. 겨우 이삼 일만 신으면 밑바닥에 구멍이 났고 옆으로 찢어져 제 기능을 못 하는 것이었지만 그것을 판매하는 가게 앞에는 사람들이 모여 인산인해를 이루었다.

가격 통제령, 지대·가임 통제령이 공포된 때는 1939년 10월 18일이었다. 정부가 지정하는 각종 물자 및 상품의 가격과 땅세·집세를 1938년 12월 31일자 기준에서 동결해 버린다는 것이었다. 이때부터 조선은 물론이고 일본 본토에서도 민간에 의한 건축 행위는 사실상 멈춰버린다. 당시 서울시내에는 영등포지구·돈암지구 등 4개소의 구획정리가 진행되고 있었는데 그 사업도 사실상 멈춰버린다.

그러나 그런 한편으로 전쟁 수행의 필요에 의해 주택 건설이 추진되어야 할 측면이 있었다. 전쟁 수행상 꼭 필요한 인원, 예컨대 군인·군속, 군수공장이나 광산노동자를 위한 주택 건설을 멈춰서는 안 되는 일이었다. 그런 필요에서 설립된 기관이 조선주택영단이었다.

1941년 6월 14일자 총독부령 제23호로 조선주택영단령이 공포되었고 7월 1일자로 주택영단이 설립되어, 그해(1941년) 9월 1일부터 이른바 영단주택, 일명 전시형(戰時型) 주택이라는 것이 지어지기 시작한다. 각종 자재를 최대한으로 절약한, 말하자면 간이 주택과 같은 것이었다.

그러나 조선총독부가 직접 주관한 그와 같은 주택 건설도 서울과 지방에서 겨우 5,000호 정도의 주택만을 건설하고 1942년 말~1943년 초에는 끝을 맺는다. 총독부의 힘으로도 건설 자재를 구할 수 없게 되었기 때문이다. 목재는 처음에는 대만에서 가지고 왔는데 연이은 미군기의 공습으로 대만과의 해상 수송이 곤란해진 뒤로는 만주에서 반입해올 수 있었다. 그러나 문제는 금속류였다. 수도관·수도꼭지·전선·못 등의 철제품 공급이 사실상 중단되었다. 아무리 전시형 주택이라 할지라도 대나무 못으로는 집을 지을 수 없었던 것이다.

제2차세계대전의 아시아·태평양지역 전투, 일명 태평양전쟁이 개전된 때는 1941년 12월 8일이었다. 사실상의 적국간이면서 공식적으로는 교전 상태가 아니었던 미국·영국·네덜란드 3국에 일본이 전쟁을 시작한 것이다. 석유·고무·금속 등의 자재가 고갈 상태에 있던 일본으로서는 자원을 가진 그들을 상대로 한 전쟁밖에 다른 방법이 없었던 것이다. 일본은 기습 공격의 연속으로 말레이시아·인도네시아 등의 자원지대를 조기에 점령할 수는 있었으나 일찌감치 제해권·제공권을 상실했기 때문에 자원을 일본의 공장지대까지 운반해 올 수가 없게 되어 있었다. 결국 1943~1944년경의 일본 전 영토는 문자 그대로 기아 상태 그것이었다. 아무런 자원도 가지지 않은 벌거숭이가 되어 있었던 것이다.

광복 후, 6·25 전쟁 후의 무건축 상태

1945년 8월 15일, 광복의 그날은 시장의 분위기를 완전히 바꾸어 놓았다. 쌀을 비롯한 식량은 여전히 찾을 수 없었지만 그 밖의 물건들, 예컨대 포목이라든가 일본 군인들이 신었던 군화나 담요 같은 것이 쏟아져 나왔다. 아마 패망한 일본 군대에서 흘러나왔을 것이다. 급히 본국에 돌아가게 된 일본인들이 소유했던 가구류 같은 것도 산더미같이 쌓여 있었다. 그러나 그렇게 잡다한 물건이 쌓인 시장 내에도 집을 지을 재료들인 목재·함석·시멘트·못 같은 것은 찾아볼 수 없었다. 광복이 되기는 했으나 1945년부터 시작하여 6·25 전쟁이 끝나는 1953년까지 서울을 비롯한 모든 도시에서 무건축 상태가 계속되었다.

1·4 후퇴로 버리고 나온 서울을 재탈환한 것은 1951년 5·6월경이었다. 맨 먼저 서울에 들어간 군인·군속·민간인들이 바라본 서울의 중심부는 황량한 벌판이었다. 약간 과장해 보면, 키가 큰 사람이 서울역 앞에서 바라보면 을지로 6가를 거쳐 왕십리 네거리까지가 한 눈에 내려다보일 정도로 텅텅 빈 폐허가 계속되고 있었다. 용산역에서 바라본 모습도 마찬가지였다. 용산의 경우는 철도역사 자체가 소실되었으니 역전 일대의 모습은 훨씬 더 쓸쓸하고 황량하였다. 서울만이 아니었다. 당시의 교통은 완행열차가 주축이었는데, 열차를 타고 여행을 해 보면 평택·대전·김천·왜관·포항·진주 같은 도시도 완전한 폐허가 되어 있음을 알 수 있었다. 6·25 전쟁이 발발하기 전 서울의 주거 총수는 19만 동 정도였는데, 3년간의 전쟁으로 완전히 소실·파괴된 주택이 3만 5,000동, 반쯤 소실·파괴된 것이 2만 동으로 집계되었다. 그렇게 파괴된 주택의 80퍼센트 정도가 중구와 용

산, 마포와 성동의 네 개 구에 집중되어 있었고 그중에서도 중구 관내가 가장 심했으니, 명동·충무로·을지로 등의 모습은 '처참함' 그 자체였다.

이런 폐허의 거리에 원래의 주민에다가 이북으로부터의 피난민까지 합쳐져 대량의 인구가 모여들었으니 심각한 주택 부족 현상이 일어난 것은 당연한 일이었다. 그러나 주택보다도 더 우선해야 할 일이 있었다. 시가지 건물이었다. 명동·충무로·을지로·관철동 등의 점포 건물 건설이 시급했다. 적은 자료로 외관만 버젓한 이삼 층 건물이 간선가로변을 장식하였다. 목재는 주로 미군들이 쓰다 남은 나왕(羅王)이나 미송(美松)이었다. 거기에다가 역시 최소한의 함석과 시멘트로 가볍기 그지없는 집을 지었다. 1950년대 말에서 1960년대에 걸쳐 폭격을 당한 간선가로변에 지어졌던 건물은 거의가 그러했다. 말하자면 응급복구용이었다. 당시 이런 건물에 출입할 때면 계단을 오르내릴 때도 비식비식 하는 소리가 났고, 바람만 좀 세게 불어도 천장이 날아갈까 걱정스러울 정도였다.

자료 구하기가 아무리 힘들었다 해도 최소한도의 건물은 지어야 했다. 간선가로변의 상가 건물은 금융 면에서의 정책적 배려도 있어 1950년대 말까지는 빈자리가 거의 메워져 가고 있었다. 힘들기는 했지만 주택도 늘어났다. 주로 미국 원조기금에 의한 UNKRA 주택이니 ICA 주택이니 하는 것도 지어졌고 서울시와 주택영단이 지은 것도 있었다. 시영주택·희망주택·후생주택·국민주택·부흥주택 등 지어진 연도와 건설 주체에 따라 그 명칭도 가지각색이었다. 당시의 통계에 의하면 1950년대의 10년간 전국적으로는 해마다 평균 약 8만 동 정도의 주택이 증가하고 있고, 서울시내에서도 연평균 약 1만 7,000동 정도의 주택이 늘어난 것으로 집계되어 있다.

이 기간 서울에서의 주택 증가에는 무허가 건물의 증가도 포함되어 있다. 미군부대에서 흘러나온 목재로 기둥과 대들보를 만들고 방수재인 루핑으로 지붕을 이었으며, 미군들의 휴대용 식량을 포장했던 레이션 상자로 벽면을 만든 것이 초기 무허가 건물의 대표적인 모습이었다. 그리하여 무허가 건물에 처음 붙여진 이름이 '하꼬방'이었다. 하꼬는 상자를 뜻하는 일본말이었고 방은 房이었다. 그러나 일본말 표현이 적절하지 않다는 공감이 있었기에 얼마 안가서 판잣집으로 바뀌었다. 판자로 만든 집이라는 뜻이었다. 공식적으로 붙여진 이름이 아니었고 저절로 생긴 낱말이었다.

처음에는 한 집·두 집으로 시작한 것이 열 집·백 집이 되고 천 집·만 집이 되었다. 거의 모든 판잣집이 하룻밤 사이에 지어졌다. 자재를 준비해 두었다가 밤 10시경에 기공하여 새벽 네다섯 시경에는 준공이 되었다. 한 개 마을 전체가 무허가 건물로 이루어진 경우도 있었다. 서울에서 처음으로 형성된 판잣집 마을이 해방촌이었다. 남산의 서남쪽 기슭, 원래는 일본군 제20사단의 사격장으로 썼던 자리에 무허가 건물 집단이 형성된 것이다. 해방촌교회가 생겼고 해방촌 파출소도 생겼다. 용산구 용산 2가동은 그렇게 형성된 마을이었다.

온 마을이 무허가 건물로 이루어진 경우는 그 후에도 있었다. 성동구 금호동과 옥수동도 거의가 무허가 건물로 이루어진 마을이었다. 1950년대에서 1960년대 초에 걸쳐 무허가 건물의 연속으로 이루어진 금호동·옥수동의 모습은 실로 장관이었다. 1959년 9월에서 1960년 4월까지 서울특별시장을 지낸 임흥순(任興淳)은 무허가 건물 지대인 금호동·옥수동에 상수도 물을 끌어 온 인물로 크게 각광받았다. 그가 제2대 국회의원이었을 당시(1950.5.30~1954.5) 그의 선거구였던 금호동·옥수동에 상수도를 끌어와 가설하는 데 진력하였다는 공로로 1954년 5월 20일에 실시된 제3대 국회의원 선거 때 무소속으로 입후보한 그에게 위 두 개 동리에서 몰표가 쏟아져 장안의 화제가 되었다.

그러나 1950년대 역시 총체적으로는 무건축의 시대였다. 무허가 판잣집은 그 수가 아무리 많아도 결코 온전한 건축물이 될 수가 없었다. 그것은 많아지면 많아질수록 골치 아픈 존재일 뿐이었다. 또 UNKRA 주택이니 ICA 주택이니 하는 것, 후생주택·국민주택·희망주택이니 하는 것은 원조기관이나 관에서 지어 준 것이었지 민간인에 의한 자발적인 건축은 아니었다. 민간에 의한 자발적인 건축행위는 1960년대에 들어 이른바 경제개발 5개년계획이 시작되고부터, 특히 제2차 5개년계획이 시작된 1967년부터의 일이었다.

건축 파동에 이르는 길

1960년대의 건축

국세조사, 영어로 센서스(census)라고 하는 것은 말미에 0 또는 5가 붙는 해에 실시되는, 인구 및 국민의 직업·학력(學歷)·주택 등 국력의 한 단면을 조사하는 것이며, 국제적으로 같은 날 기준으로 실시되는 것이 상례가 되어 있다. 한반도에는 일제강점기인 1925년에 제1회가 실시되었고 1930년, 1935년, 1940년에 실시되고 있다. 1945년에도 실시되어야 했지만 제2차세계대전의 종식, 일제의 패망으로 실시되지 못했고 1950년에는 6·25 전쟁으로 실시될 수 없었다.

한국 정부 최초의 센서스는 1955년에 실시되었지만 당시에는 워낙 가난했으므로 겨우 행정구역별 인구수를 조사하는 정도로 만족해야만 했다. 1955년의 조사가 그렇게 부실한 것에 비해 1960년 12월 1일 현재로 실시된 센서스는 사상 최대의 규모였을 뿐 아니라 국민의 직업과 산업, 국민 개개인의 주거사항도 상세히 조사되었다. 주거의 종류·소유 형태, 자재와 설비, 음료수·화장실·부엌과 지붕까지 조사하여 행정 자료로는 물론이고 학문 각 분야의 연구에 귀중한 자료가 된 것이었다.

그런데 충실한 주거조사에 비해 집계된 결과는 실로 한심한 내용이었다. 서울의 경우 50퍼센트 가까운 가구가 자기 집이 없었으며 40퍼센트가 셋집살이였다. 더욱더 한심한 것은 총 47만 5,000여 가구 중에서 가옥분 재산세를 내고 있는 가구가 겨우 38퍼센트밖에 되지 않는다는 사실이었다. 불량 무허가 건물이 그만큼 많았기 때문이었다. 서울시내의 전 가구 중 50퍼센트가 방 한 개를 사용하고 있었고, 개별 상수도를 가진 가구가 13.6퍼센트, 개별 화장실을 가지지 않은 가구가 35.4퍼센트, 수세식 화장실 보급률은 0.6퍼센트에 불과하였다. 지방도시의 경우도 마찬가지였다. 화장실, 부엌과 같은 설비 면에 있어서는 부산·대구의 경우가 서울보다 더 낮게 집계되었다.

주택의 절대 수가 부족한 것은 1937년의 중일전쟁 이후로 20년 이상이나 무건축 상태가 계속된 데다가 6·25 전쟁 이후로 서울·부산·대구 등의 대도시에 인구 집중 현상이 일어나고 있었기 때문이었다. 개별 상수도나 개별 화장실을 가지지 않았다는 것, 수세식 화장실 보급률이 0.6퍼센트밖에 되지 않는다는 것 등은 당시 한국인 전체의 가난의 실태를 알려준 숫자들이었다. 1955년 당시 한국인 일인당 GNP 평균은 65달러였고, 1960년에는 80달러였다.

1961년 5월 16일에 군사 쿠데타가 일어났고 1962년부터 경제개발 5개년계획이 시작되었다. 1962년에서 1966년까지 계속된 제1차 5개년계획은 농촌 경제의 생산성 향상에 중점이 두어졌다. 수리시설 확충, 경지정리·비료공업 육성 등으로 농업생산력이 괄목할 만큼 향상되었다. 단군 이래 5,000년간 계속되어 온 농촌의 빈곤, 절량농가니 보릿고개니 하는 말이 사라지게 되었다. 정확히 1966년부터의 일이다. 농촌의 생산성 향상은 농촌노동력의 이농 현상, 도시 집중을 가속화시킨다. 제1차 5개년계획의 성공을 토대로 1967년부터 시작된 제2차 5개년계획은 제조업 부분의 개발정책이었고, 제조업 부분에서의 눈부신 신장을 초래한다. 1960년에서 1964년까지 매년 5.5퍼센트씩을 기록한 GNP 성장률은 1965년부터 1969년까지의 5년간은 연평균 11.7퍼센트를 기록했고, 특히 제조업 부문에서는 전반기의 연평균 9.4퍼센트에서 후반기에는 22퍼센트라는 놀라운 성장률을 기록한다. 한국에서 일어난 그와 같은 현상을 세계 각국에서는 '한강의 기적'이라고 했다.

1965년 당시 국민 일인당 평균 GNP는 105달러였다. 그것이 다음 해(1966년)에는 125달러, 1969년에는 210달러로 상승한다. 그와 같은 소득수준의 상승이 국민 개개인의 건축 심리를 자극한 것은 당연한 일이었다. 20년 이상이나 계속된 무건축 상태에서의 탈피요 해방이었다. 못도 함석도 목재도 기와도 돈만 내면 얼마든지 구할 수 있는 시대가 되어 있었다. 그렇게도 오래 계속된 무건축 상태에서의 탈피를 강하게 유도한 것이 시멘트였다. 5·16 군사 쿠데타로 시작된 제3공화국 정권 최초의 기간산업이 시멘트산업이었다. 1962년에 73만 톤에 불과했던 시멘트 연간 생산능력은 1971년 말에는 692만 톤에 달하여 10년 만에 9.5배나 신장되어 있었다. 그동안 한국인 주택의 주된 자료는 목재가 아니면 붉은 벽돌이었는데, 1966년 통계에서부터 시멘트 벽돌 또는 블록이라는 것이 등장하게 된다. 즉, 1966년에 처음으로 시멘트 벽돌집 7만 8,030동이 서울시내에 건립되었다.

1966년 4월 4일에 서울시장으로 부임해 온 김현옥은 광화문 지하도·명동 지하도를 비롯하여, 시내 전역에 전무후무한 개발정책을 전개하여 부임 직후부터 '불도저 시장'으로 불리게 된다. 김현옥의 그와 같은 개발정책은 삽시간에 엄청난 파급 효과를 낳는다. 첫째는 전국에 걸친 평면적 파급이었고 둘째는 민간에 대한 개발 붐의 유발이었다. 전국의 시장·군수들이 불도저 시장·군수들로 변해 간 한편으로 서울시내는 물론 인천·부산·대구·광주 등 지방도시에도 고층화의 바람을 불러일으킨다. 서울의 경우 1966년에는 6~9층의 건물이 111개, 10층 이상 건물이 18개밖에 되지 않았는데, 1970년에는 6~9층 건물이 487개, 10층 이상 건축물이 122개로 집계되고 있다.

위법·부정의 건축 현장

한국 정부에 의한 최초의 「건축법」이 공포된 것은 1962년 1월 20일자 법률 제984호에서였다. 건축물의 허가에서 준공, 사후 관리에 이르기까지가 규정되었다. 건폐율·용적률, 지역지구제에 의한 각종 규제 등, 오늘날의 「건축법」에 규정된 것과 크게 다르지 않은 내용이 담겨져 있었다.

광복이 된 1945년 이후 1970년대까지 한국에서 가장 많이 사용된 비속어 하나를 들라면 '사바사바'라는 데 반대하는 의견은 없을 것이다. 이 말을 사전에서 찾아보았더니 "소곤거리듯이 남 몰래 이권과 관계되는 일을 청탁하는 것"이라는 해석에 이어 "정직은 어리석음과 동의어쯤 되고 사바사바를 잘하여야 성공을 하고 유족한 생활을 누린다고 한다"라는 예문이 소개되어 있다. 국어학자 이희승(李熙昇)의 수필 「딸깍발이 정신」에 나온 문장이라고 한다.

사바사바가 가장 횡행했던 분야 하나를 들면 아마도 광복 후 1960년대까지 세워진 건축물의 허가·준공검사·사후 관리 분야일 것이라고 해도 별로 반대하는 의견이 없을 것이다. 결론적으로 말하면 1960년대까지 지어진 모든 건축물 — 무허가 건물은 말할 것도 없고 허가에서 준공까지 정식 절차를 밟아서 지어진 건축물일지라도 — 가운데 허가가 난 대로, 법에서 규정된 대로 지어지고 관리된 건물은 거의 없었다. 극언을 하면, 하나도 없었다고 해도 크게 틀리지 않을 것으로 생각한다.

무허가 건물은 처음부터 대상이 되지 않았다. 그것은 처음에서 끝까지가 부정이고 위법이었으니 등기가 되지 않았고 세금도 없었으며 융자도 되지 않았다. 실제로는 매매도 되었고 세도 받았지만 공식적으로는 재산으로 취급되지 않았다. 그러므로 여기서 위법·부정 건물이라는 것은 정식으로 건축 허가를 받고 지어진 건물인데, 각종 부정 사례를 열거하면 다음과 같다.

① 허가 과정에 부정이 있는 경우. 예컨대 이웃한 타인의 땅을 자기 소유의 땅인 양 서류를 위조하여 더 넓은 집을 지은 경우.
② 허가 과정에는 잘못이 없었는데 건물을 짓는 과정에서 허가된 내용과 맞지 않게 지은 경우. 예컨대 건폐율을 위반하여 대지 면적의 60퍼센트밖에 짓지 못하는데 80~90퍼센트까지 지었다든지 허가는 10층으로 받고 실제로는 12~13층을 지었다든지 하는 경우. 자기 땅에만 짓겠다고 허가를 받아놓고 실제로는 이웃한 타인 소유의 땅 또는 국유지, 시유지를 침범해서 지은 경우. 도시계획선에 맞춰 지어야 하는데 그것을 무시하고 더

넓게 지은 경우(위법·부정의 가장 많은 부분을 이런 사례가 점하고 있었다).

③ 준공검사를 받고 건물등기까지 끝내고 난 뒤에 부정을 저지르는 경우. 예컨대 4층 건물로 준공검사를 받고 등기도 했는데 등기가 된 직후 슬그머니 5층을 올려 자기의 살림집으로 해버리는 경우(이른바 옥탑이라는 것은 거의가 이에 속한다). 지하주차장으로 준공검사를 받고 난 뒤에 슬그머니 개조하여 다방 또는 술집으로 바꾸어 버린 경우.

위에서 열거한 것은 그래도 점잖은 예에 속한다. 1970년대 초쯤에는 부정 사례가 극에 달하여 살벌한 경지에 이르고 있었다. 그중 몇 가지를 기억하고 있으니 다음과 같다.

첫째, 종로와 세종로가 만나는 자리(지금 교보빌딩이 있는 자리)는 말하자면 대한민국 1번지라고 할 만큼 중요한 자리였다. 1960년대 말 그 북쪽 모서리에는 10층짜리 건물이 있었다. 의사회관으로 속칭되었는데 이름 그대로 많은 병원이 세들어 있었다. 그런데 이 건물은 아래 5층과 위 5층의 색깔이 달랐다(아마 아래 5층은 검정색이었는데 위의 5층은 회색이었을 것이다). 아래 5층은 허가를 받고 지은 건물이었는데 위의 5층은 무허가로 지어 버린 위법건축물이었다. 위와 아래의 건축 연도가 달랐기 때문에 위 5층을 지을 때 아래 5층 벽면의 재료를 구할 수가 없어 부득이 위아래의 재질을 달리한 것이다. 그것이 서 있는 자리가 자리였던 만큼 실로 꼴불견이었다.

둘째, 의사회관 건물의 동남쪽에 13층짜리 호텔 건물이 세워졌다. 건물주의 배후에 유력한 (정보)기관원이 있어 그런 부정 건물이 올라가는 것을 건축 당국이 막지 못했다고 한다. 그러나 아무리 위법 부정이 횡행했던 시대라 할지라도 그런 정도의 부정 건물에 준공검사가 날 리가 없었다. 건물을 지은 지 2~3년이 지나도 준공검사가 나지 않았고 따라서 호텔 영업도 할 수 없었으니 무인·무사용 상태가 계속되었다. 건물은 하루가 다르게 거칠어져 갔고 마치 유령의 집같이 되어 가고 있었다. 이 건물 역시 위치가 위치였던 만큼 정말로 꼴불견이었다.

셋째, 광나루길 군자동의 끝쯤 되는 위치에 있던 도로상의 시설 녹지 위에 4층짜리 건물이 들어섰다. 판잣집 같은 것이 아니고 정식 건물이 시설녹지 위에 지어져 버젓이 갈비집을 경영하고 있었다. 정식 건축 허가를 받으려고 백방으로 손을 썼지만 도시계획으로 정해진 시설녹지를 해제할 방법이 없었다. 이 갈비집을 가운데에 두고 양쪽으로 자동차가 달리고 있었으니 그 모습이 말이 아니었다.

그렇다면 당시의 건축에 왜 그렇게도 위법 부정이 횡행했던가. 그 이유는 여러 가지가 있겠지만 지금 생각할 수 있는 주된 이유는 다음과 같은 것이었다.

첫째, 일제하인 1937년 이후 1960년대 전반기까지에 이르는 기나 긴 무건축 시대가 건축공간 확장에 무조건적인 갈증 같은 것을 느끼게 하고 있었다. 법령에서 정한 규제를 가능한 한도까지 빠져나감으로써 조금이라도 더 넓은 공간이 확보될 수 있게끔 하는 노력이 우선 생각할 수 있는 이유였다.

둘째, 광복 직후부터 이어 온 사바사바의 풍조가 극에 달하여 1960년대 말 1970년대 초에 이르러서는 "돈이면 안 되는 것이 없다. 돈 앞에 굴복하지 않는 자가 없다"는 세태가 되어 있었다. 특히 건축 행정이 그 대표적인 것이었다. 건물의 규모나 위반하는 정도에 따라 동일한 액수가 아니었지만 허가에서 준공까지 서류가 넘어가는 과정마다 일정액을 수수하는 것이 관례가 되어 있었다.

셋째, 「건축법」위반에 대한 벌칙이 너무 가벼웠다는 점이다. 1962년에 제정된 「건축법」은 위반 사항 가운데 가장 많은 무허가 건축·증축이나 용도 변경 등의 행위에 대해 겨우 "6월 이하의 징역 또는 3만 원 이하의 벌금에 처하"도록 되어 있었다. 벌금 3만 원은 1968년 말 기준으로 80kg짜리 쌀 열 가마 값, 신탄진 담배 500갑 값과 같아서 법 위반자들이 그 처벌을 전혀 두려워하지 않았던 것이다. 1962년 「건축법」은 1963년 6월에 개정되었고 1967년 3월에도 개정되었지만 벌칙 규정만은 전혀 개정되지 않았다가, 1970년 1월 1일이 되어서야 개정되어 "6월 이하의 징역"이 "3년 이하의 징역"으로, 벌금의 경우는 지난날의 300배가 넘는 1,000만 원까지 물게 한 데다가 법인도 처벌할 수 있게 하였다.

넷째, 관의 태도, 즉 국가기관 또는 지방자치단체가 짓는 건물 또는 국가기관의 관리·감독하에 있는 건물의 허가·준공 과정이 결코 깨끗하지 않았다는 점이다. 당시에 대표적으로 지적된 몇 가지 예를 보기로 한다.

유네스코 한국위원회라는 기관은 UN 산하의 국제기관이지만 실질적으로는 문교부(현 교육인적자원부)의 산하기관이며, 역대 위원장은 문교부 장관이고 사무총장은 문교부 차관 경력자가 취임하는 것이 관례가 되어 있었다. 중구 명동 25-14번지에 유네스코 회관 건립 기공식이 거행된 때는 1959년 4월 11일이었다. 그런데 이 건물은 쉽게 준공되지 않는다. 원래는 4층으로 건축 허가가 났는데 건물을 지어가면서 점점 더 높은 건물이 되어 설계 변경을 되풀이한 결과 끝내는 지하 1층 지상 13층이 되었다. 잦은 설계 변경 과정에서의 흥정 때문에 건축이 지연되어 마지막 준공이 된 것은 기공식이 거행된 지 만 8년이 지난 1967년 2월 17일이었다. 당시 이 건물은 정부가 앞장서서 부정 건축을 한 대표적 사례로 국회 본회의 및 국정감사에서 지적된 단골메뉴였다.

중구 회현동 2가 18번지에 무역회관 건물이 기공된 때는 1970년 3월 19일이었고 3년 반이 지난 1973년 10월에 준공되었다. 상공부(현 산업자원부) 산하기관인 이 건물은 19층 허가를 받았지만 실제 준공된 것은 22층이었다. 결국 3개 층이 위법 증축 부분이었고 준공되기 1년 전에 뒤에서 설명되는 바와 같은 응분의 처벌을 받아야 했다.

김현옥 서울시장에 의해 1967년부터 건설되기 시작한 세운상가 건물의 대지는 원래 도로용지였다. 세운상가 건물군은 그래도 도로 용지 해제 절차를 밟았지만 같은 시기에 민자유치 중점사업으로 추진된 낙원상가아파트(낙원동 2가 284번지) 건물은 도로용지 위에 지어진 완전한 위법·부정 건물이었다(낙원상가아파트가 어떤 경로로 준공 처리된 것인지는 조사할 수 없었으나, 아마도 건물분양권자들이 서울시를 상대로 집단 행정소송을 제기했고 서울시가 고의로 응소하지 않아 패소한 그런 절차를 취했을 것이다).

서울시에서 건축 업무를 관장하는 기구는 일제시대부터 있었다. 처음에는 도시계획과 건축계였다가 1962년 2월 1일자로 서울시가 국무총리 직속기관으로 격상될 때 도시계획국이 생기면서 건축계도 건축과로 격상되었다. 구청에 건축과가 생긴 것은 1965년 10월 1일부터의 일이다. 건축 허가 건수가 갑자기 많아지면서 각 구청에도 건축과가 생겨 규모가 크거나 미관지구 내에 있는 건축물은 본청 건축과가 담당하고 나머지 일반 건축물은 구청이 담당한 것이다. 그렇다면 당시 서울시 건축 공무원들의 행태는 어떠했던가.

위에서 건축물의 허가에서 준공까지 서류가 넘어가는 과정마다 일정액을 수수하는 것이 관례가 되어 있었다고 했는데, 바로 그것이

당시의 건축 행정이었다. 필자가 서울시 국장이었을 때 보고 들은
바에 의하면 건축 현장 순시 차 나간 직원의 하루 일과는, 각 현장마
다 위법·부정 사실 확인, 돈봉투 수거, 퇴근시간 직전 귀청, 화장실
안에서 봉투 정리, 퇴근시간 후 사우나탕 직행(마침 사우나탕이라는 것
이 유행하기 시작하고 있었다), 사우나 후 여관이나 호텔 방을 빌려 술
자리 겸 화투놀이, 밤 10시가 지나서 귀가였다. 생각해 보면 실로 한
심한 일이었지만 당시는 그것이 당연한 것이 되어 있었다. 그들의
말에 의하면 "모든 건물이 위법이고 부정으로 지어지기 때문에 어떻
게 처리할 방법이 없다. 우리도 자포자기 상태가 될 수밖에 다른 방
법이 없다"는 것이었다. 다만 한 가지, 일부 젊은 직원들 사이에서는
"아무리 많은 돈을 쌓아도 안 되는 것은 안 된다"라는 풍조가 일고
있었다는 점이다. 그리하여 당시 서울시내에는 준공검사가 안 되고
사용 승낙도 안 된 채 불법으로 사용되는 건축물이 늘어나고 있었다.

파동의 경위와 결과

1972년 4월: 감사원 감사

총무처 산하기관인 중앙공무원교육원 차장으로 있던 필자가 서
울시 기획관리관으로 옮겨 간 때는 1970년 7월이었다. 그리고 1년
반이 지난 1972년 1월 1일부로 도시계획국장 겸직 발령을 받았다.
기획관리관 겸 도시계획국장이 된 것이다. 당시 서울시 건축과는 도
시계획국에 속해 있었다. 그러므로 필자가 건축 업무까지 책임지게
된 것이다. 그러나 건축물의 허가, 준공검사 등은 모두 건축과장에게

전결권이 위임되어 있었고 국장이 한 일은 건축심의위원회를 주관하는 일(사회) 정도였다. 국내 최고의 건축가들로 구성된 건축심의위원회가 담당한 일은 미관지구 내에 건립될 건축물이 미관상 적합하냐 그렇지 않느냐를 심의하는 일이었으니, 국장이 건축 업무의 구체적인 내용에 개입할 일은 거의 없었던 것이다.

감사원에 의한 서울시 건축 행정 감사가 실시된 것은 그해(1972년) 4월의 일이었다. 약 20명으로 구성된 대규모 감사단이 아무런 예고도 없이 들이닥쳤다. 그들이 감사한 것은 지난 5년간 서울시 본청 및 구청에서 담당한 건축 행정 전반이었고 감사 자세는 대단히 엄격하였다. 감사장에 불려 갔다 나온 직원의 얼굴은 하나같이 창백하게 질려 있었으니 그만큼 호되게 추궁당했음을 알 수 있었다.

이 감사는 국장인 필자의 입장을 매우 난처하게 했다. 필자는 전직인 중앙공무원교육원에 있을 때 약 1년간 총무처 과장 자리에 가 있었는데, 당시의 총무처 장관이던 이석제(李錫濟)가 감사 당시의 감사원장이었고 차관이었던 신두영(申斗泳)이 감사원 사무총장 자리에 있었다. 마치 국장인 필자가 지난날의 상사들에게 고자질하여 감사반원을 불러온 것 같은 꼴이 된 것이었다. 그러나 감사의 실제는 그런 오해의 소지가 개입될 수 없을 만큼 치밀하였다. 적어도 1년 이상의 사전 준비가 있었던 것이 분명한 것으로 판명되었다.

건축 허가·설계 변경·준공검사에 관한 서류를 들고 일일이 현장 확인까지 실시한 감사는 약 한 달이 지난 5월 중순쯤에 끝났고, 5월 말~6월 초에 그 결과가 통보되어 왔다. 당시 서울시 건축직 공무원의 수는 본청·구청을 합하여 모두 180명이었는데, 그중 105명이 파면 또는 사직 권고되었고, 나머지도 감봉 1개월 이상 중징계자가 많았다. 정말 상상을 초월한 엄중 처벌이었다. 그때까지만 해도 대학 졸업자들의 취업문은 대단히 좁았으니 서울시 건축직 직원들은 엘리트 집단이었다. 각 대학 건축학과 졸업자 중에서 특별히 선발된 부류가 서울시에 들어와 있었던 것이다. 그런 엘리트 집단 중 반수 이상이 파면 또는 권고사직이라는 것은 실로 엄청난 사건이었다. 서울시 본청 건축과는 과장 이하 반수 이상의 직원이 그 자리를 떠나야 했다.

감사원은 감사 결과를 서울시에 통보하는 한편으로 특히 죄질이 나쁘다고 판단된 건축주·공무원 등 30여 명을 검찰에 고발 조치한다. 그 고발을 접한 서울지방검찰청 경제부는 즉시 수사를 개시하여 6월 13일자로 건축주·건축사·공무원 등 다섯 명을 구속하고 나머지 30명을 불구속 입건했다. 이때 구속 또는 불구속으로 입건된 사람들 중에는 현대건설·동아건설 같은 대기업체의 사장도 있었고 3층 허가를 받고 13층 호텔을 지은 건축주도 있었으며, 사립 중·고등학교 재단이사장이 있는가 하면 무역협회 회장 등 공공단체의 장도 있었다. 무허가 신·증축, 용도 변경, 국·공유지 침범, 도시계획선 위반 등 위반 사항도 여러 가지였다. 예를 들면 공익법인인 삼문재단은 천계로변 수표동 27번지 소재 수표공원 안에 도서관을 지어 서울시에 기부채납하겠다는 핑계로 647평의 공원용지를 해제시켜, 1968년 9월에 5층 건물 건축 허가를 얻어 1971년 3월 22일에 준공검사를 받았으나, 서울시에 기부채납은커녕 노동청·다방·음식점·이발소·사무실 등으로 임대하여 5,530여 만 원의 보증금과 매월 100만 원 상당의 임대료를 받았다는 혐의로 입건되었다.

입건된 사례 중에는 서민들도 포함되었다. 영등포구(현 관악구) 사당동 예술인 마을에는 소설가 황순원, 시인 서정주, 「고향의 봄」의 작사가로 유명한 동시인 이원수 등 예술인 13명이 입주하고 있었다.

이들 13명이 무더기로 고발되었는데 위반 항목은 건폐율 위반이었다(검찰은 이들 13명에 대해서는 3만 원에서 40만 원까지의 벌금형으로 약식기소했다).

한 층당 1,000만 원의 범칙금

검찰에서 구속·불구속 기소된 건축주·건축사들에게는 「건축법」이 규정한 "3년 이하의 징역, 1,000만 원 이하의 벌금"이 부과되었고 뇌물을 받은 공무원에게도 응분의 형사처벌이 가해졌다. 그런데 그것은 어디까지나 형사처벌이었지 행정처벌은 아니었다. 19층 허가를 얻어 22층을 지은 경우 「건축법」이 정한 1,000만 원의 벌금을 물었다고 해서 건축 행위 자체가 정당화되는 것은 아니다. 그것이 정당화되기 위해서는 부정으로 지은 20~22층 부분이 제거되어 당초의 허가대로 19층 건물로 돌아가야 했다. 그러나 당시의 건축기술, 파괴공학으로는 그런 조치를 취할 수 없었다. 1990년대에 들어와서는 고층 건축물의 몇 개 층을 말끔히 제거하는 기술이 실시되었다(청량리역전 대왕코너 건물은 7층 건물이었는데 위 3개 층을 제거하여 지금은 지상 4층 건물이 되었다). 파괴공학이 그만큼 발달한 결과였다. 그러나 1972년 당시에는 20~22층 부분을 파괴하려면 건물 전체를 파괴해야 했던 것이다.

1972년 감사원 감사로 지적된 건물 중 층수를 위반한 고층건물은 모두 21개였다고 기억하고 있다. 19층 허가로 22층을 지은 무역회관 건물, 7층 허가에 10층을 지은 동아건설 본사 사옥, 8층의 점포·아파트 허가를 받고 10층 호텔을 지은 한강로 2가 그레이스 호텔 등세 개는 검찰에 고발되었으나 나머지 18개 건물은 고발되지 않았다.

9층 허가로 10층을 짓는 등 죄질이 가볍다고 고발은 되지 않았으나 허가조건대로 시정하라는 지시가 내려져 있었다. 공지가 딸려 있었다면 설계 변경이 가능했겠지만 모두가 공지를 수반하지 않은 건폐율·용적률 위반이었다. 당시만 하더라도 서울시내에 고층건물이 많지 않는 시대였기 때문에 「건축법」에 맞추기 위해 파괴해 버리기에는 아까운 건물들이었다. 파괴할 것이냐 아니냐를 두고 서울시와 건설부 관계자가 심사숙고한 끝에 국무회의에 상정키로 했다.

그것이 국무회의에서 심의된 때는 1972년 7월 20일경으로 기억하고 있다. 국무총리는 김종필이었다. 오후 두 시경부터 시작된 회의가 이 의제 때문에 시간이 걸려 오후 다섯 시경이 되어 있었다. 의견은 많았지만 결론이 내려지지 않고 있었다. 지루한 시간이 흐르고 있을 때 김종필 총리가 결론을 내렸다. "위반을 했지만 그것도 크게 보면 국가의 재산 아니요, 파괴해 버릴 수는 없지. 1층 위반에 1,000만 원씩 서울시에 벌과금을 내도록 하고 이번에 한 번만 봐 주기로 하면 어떻겠소 3개 층 위반이면 3,000만 원을 내도록 하고, 벌과금이 납부되면 서울시는 그것으로 준공검사를 내어주도록 하고, 별로 반대가 없으면 그렇게 하도록 합시다." 반대하는 국무위원이 없었고 국무회의는 그렇게 끝이 났다.

벌과금을 내면 위법 건물이 합법화된다는 것이었다. 생각해 보면 정말 호랑이 담배 피울 적 이야기였다. 모든 기업체가 지고 있는 사채를 동결해 버린 이른바 8·3 조치가 대통령 긴급명령으로 취해진 때가 그해 8월 3일이었다. 그리고 두 달이 지난 10월 17일의 대통령 특별선언으로 국회가 해산되고 비상계엄령이 선포되었다. 제3공화국이 제4공화국으로 바뀐 것이다. 말하자면 1972년 7~8월경은 개발독재가 절정에 달해 있을 때였다. 그러므로 김종필 총리의 말 한마디로 비록 단 한 번이기는 하지만 돈으로 위법이 합법으로 바뀔 수 있었던 것이다. 하기야 당시의 1,000만 원이라는 금액은 결코 적은 것이 아니었다. 20원이었던 시내버스 요금이 30원으로, 80원이었던 택시 기본요금이 90원으로 오른 것이 그해 1월 25일부터였고 371대 1이었던 미 달러 환율이 400대 1로 고정된 것이 그해 6월 21일이었다. 결코 자랑스런 결정이 아니었기 때문에 주무국장인 필자가 철저히 보도관제를 했다. 당시의 신문에는 그 내용이 기사화되지 않았고 서울시 출입기자들이 '위법 1개 층당 1,000만 원 벌과금'을 알게 된 것은 그로부터 몇 달이 지난 후의 일이었다.

생각해 보면 '72 건축 파동'은 한국이 근대화되는 과정에서 한 번은 넘어야 할 큰 언덕이었다. 이 사건을 계기로 그 후는 건축 부정이 크게 감소되었다. 그 후에도 건축직 공무원들의 부정은 자주 거론되었고 건축 현장에서는 아직도 각종 부정이 있는 것으로 알고 있지만, 적어도 흔적이 뚜렷이 남는 부정은 건축직 공무원 사회에서는 사라졌고 건축 현장에서도 많이 시정된 것으로 알고 있다. 준공검사 후 옥탑을 짓는 관례는 아직도 성행하고 있지만 적어도 9층 허가를 받고 10층을 짓는 사례는 없는 것으로 알고 있다.

'72 건축 파동'은 비단 서울에서만의 사건이 아니라 전국의 건축 질서를 바로 서게 하는 사건이었다.

■■■ 참고문헌

국회도서관. 1980. 『한국 경제연표(1945~79)』.
손정목. 1965.3. 「도시주택문제의 실증적 연구」. ≪행정연구≫(중앙공무원교육원).

유네스코 한국위원회. 1984. 『유네스코 한국위원회 30년사』.
한국무역협회. 1996. 『무협 50년사』.
"건축 행정부재속 위법고층난립". ≪중앙일보≫, 1972.6.16.
"위법건물 일제수사". ≪한국일보≫, 1972.6.14.
"위법건물 벌금 천만 원씩" 등. ≪매일경제≫, 1972.7.26.
각종 연표(특히 1972년 당시의 신문).

지하철 민자 건설의 경위와 좌절
3·4호선 건설의 경위

대우지하철주식회사의 설립과 운영

지하철 민자 건설 구상

가끔 아침에 배달된 신문을 보고 크게 놀랄 때가 있다. "지하철 3·4호선을 대우그룹이 맡아서 건설하고 운영까지 담당한다"라고 보도한 신문 기사도 그중 하나였다. 아마 1979년 봄의 어느 날이었을 것이다.

대도시 주변의 전철을 반드시 국가 또는 지방자치단체만이 건설하고 운영해야 할 이유는 없다. 민간 기업체가 건설하고 운영해서 나쁠 이유가 하나도 없는 것이다. 비근한 예로 일본의 경우는 국·공영의 전철보다 오히려 사철(私鐵)이 더 발달되어 있다. 도쿄를 중심으로 도큐니 오다큐니 게이오·세이부 등의 사철이 있고, 오사카 주변에는 한신·한큐가 있고 난카이니 긴테츠니 하는 것도 있다. 위에서

든 전철들은 규모가 큰 것들이지만 규모가 작아서 잘 알려져 있지 않은 것까지 합치면 그 수는 엄청나게 많아진다.

그런데 일본의 경우와 우리나라는 그 사정이 전혀 다르다. 전철을 건설하는 과정에는 엄청난 비용이 들기 때문에 선행투자를 감당하려면 금융기관에서 거액을 빌려야 한다. 그런데 일본의 경우는 재벌 또는 대기업체가 부동산에 투자하는 것을 허용하고 있기 때문에 사철업자들은 전철이 통과하게 될 연변의 땅을 미리 매점해 두었다가 전철 개통에 맞추어 대규모 주택단지를 건설하여 부동산 투자로 얻어지는 이익으로 전철 건설비의 대부분을 충당할 뿐 아니라, 주택지 개발로 전철의 출퇴근 승객도 동시에 얻는 것이 관례가 되어 있다. 경우에 따라서는 주택단지만이 아니라 야구장이나 큰 극장을 병설하는 경우도 있다. 한신전철이 운영하는 고시엔 야구장, 한큐전철이 운영하는 여성극단 다카라즈카는 국제적으로도 유명하다. 그런데 우리나라는 1978년의 8·8 조치 이후 대기업·재벌들에 의한 부동산 투자는 사실상 금지되어 있고 국민감정도 그것을 허용하지 않는다. 그렇다면 공공성을 띤 전철요금만 가지고 전철을 건설·운용해야 한다는 말인데, 이는 사실상 곤란하다.

"대우그룹이 맡아서 지하철 3·4호선을 건설한다"는 신문 보도는 결코 오보도 과잉보도도 아니었다. 우리나라 지하철 건설의 역사에는 비록 일장춘몽이었기는 하나 민간에 의한 지하철 건설의 역사가 엄연히 존재하고 있는 것이다.

우리나라의 모든 도시가 그러하듯이 서울처럼 일점 집중식 패턴을 가진 도시에서는 지하철을 건설하는 데도 방사선을 우선해야 하고 방사선 전철망이 어느 정도 이룩된 이후에 순환선이 건설되어야 한다. 서울의 경우도 1호선을 건설하기에 앞서 일본에서 파견된 기술진들과도 협의하여 방사선으로 이루어진 2~5호선 노선이 거의 확정되어 있었다. 그 내역은 다음과 같았다.

2호선: 영등포~을지로~왕십리
3호선: 미아리~퇴계로~불광동
4호선: 포이동(강남)~율곡로~대림동(영등포구)
5호선: 연희동~종로~천호동

그런데 구자춘 시장(재임기간 1974~1978)은 이미 정해져 있던 노선망을 모두 무시하고 2호선을 시청 앞~구의~잠실~강남~신도림~신촌~시청 앞을 연결하는 순환선으로 변경하여 건설을 강행한다. 구 시장이 2호선을 순환선으로 한 것은 이른바 3핵도시론 실현을 위한 수단이었다. 3핵도시론이라는 것은 홍익대학교 교수 등을 지낸 김형만(金炯萬)이 주장한 이론으로, 서울이 한 개의 도심을 가진 단핵도시 체제를 고수하게 되면 만성적인 교통체증 등 여러 가지 폐해를 지니게 되기 때문에 그와 같은 폐해에서 벗어나기 위해서는 도심을 여러 개 가지는 다핵도시 체제로 전환되어야 한다는 주장이다. 서울의 경우 우선 상정될 수 있는 핵은 종로·중구로 이루어진 구도심, 여의도와 영등포를 연결하는 핵, 영동·잠실을 연결하는 핵 등 세 개의 핵이라고 하는 3핵도시론을 전개하였고, 구자춘 시장이 그 생각에 깊이 동조한 것이다. 지하철 2호선은 바로 3핵도시론을 실현하는 강력한 수단이었던 것이다.

길이 48.8km에 달하는 지하철 2호선 제1차 기공식이 거행된 때는 1978년 3월 9일이었다. 총 길이 9.5km의 1호선이 건설된 지 겨우 4년, 아직 1호선 건설의 부채가 고스란히 그대로 남아 있는 상태에서 2호선을 건설하는 것은 정말로 고된 일이었다. 우선 그 규모 면에

서 1호선과는 전혀 달랐다. 2호선은 기공식만 세 번을 올린다. 1978
년 3월 9일에 강남 30km(성수~구로) 구간의 기공식을 올린 데 이어
1년 뒤인 1979년 3월 17일에 강북 구간 3.1km(성수~왕십리)의 기공식
을 올렸고, 다시 1년 뒤인 1980년 2월 26일에 왕십리~을지로~문래
동 간 15.7km의 기공식을 올렸다.

2호선 건설을 강행한 구 시장에게 견딜 수 없는 중압이 된 것은
2호선 건설이 시민의 교통 수요를 크게 해결해 주지 못한다는 점이
었다. 1978년 당시만 하더라도 지금의 서초·강남·송파 3개 구는 강
남구라는 하나의 구를 형성하고는 있었지만 인구 합계가 겨우 60만
정도에 불과하였고, 영등포구 문래 1·2동의 인구수가 2만 5,000 정
도, 신도림동의 인구수는 겨우 1만 3,000밖에 되지 않았다. 서울시민
780만의 63퍼센트가 강북 인구였고 강남 인구는 37퍼센트밖에 되지
않았다(『서울시인구통계연보』, 1979년도 판).

교통 수요 조사를 해 보면 미아리나 불광동 등 북부 일대에서
종로·중구로 집중되는 방사선의 수요가 압도적인 것으로 나타나고
있었다. 실정이 그러한데 2호선은 영등포·영동·잠실 등 강남 구간과
강북의 을지로를 연결하는 노선이었고, 따라서 강북 구간 연장보다
강남 구간 연장이 훨씬 더 길었다. 정거장 수에서도 20대 23으로 강
남 구간이 더 많았다.

구 시장은 그 과단성 때문에 황야의 무법자 등으로 불려지고 있
었지만 결코 무분별한 지휘자는 아니었다. 머리가 비상하게 좋았고
종합적인 판단력도 출중하였다. 시청 안에 바둑의 적수가 없었다는
점에서도 머리가 비상했음을 알 수 있다. 그는 "2호선 건설을 추진하
면서 방사선인 3·4호선 건설도 동시에 추진해야 한다. 다만 서울시
의 재정능력에 한계가 있기 때문에 3·4·5호선은 민자로 건설할 방

도"를 모색한다.

그가 타이페이·테헤란·파리 등 6개 자매도시 순방길에 오른 것
은 1977년 11월 23일이었고 20일 뒤인 12월 12일에 돌아온다. 3·4호
선 민자 건설 방침을 이 외국 출장 이전에 정한 것인지 여행 중에
결심을 굳힌 것인지는 확인할 수가 없다. 『79시정』에 소개된 연보에
의하면 그가 민자 건설 의사를 밝힌 때는 1977년 12월이라고 있으니
(『79시정』, 290쪽), 아마 외국 출장에서 돌아온 직후였을 것이다. 그리
고 해가 바뀐 1978년 1월 6일에 2호선 건설에 참여하고 있는 5개 시
공회사 사장을 불러 3·4·5호선을 민자로 건설할 결심을 굳혔으니 참
여해 달라는 의사를 전한다. 이때 초청된 회사는 현대·동아·남광·삼
환·평화의 5개 회사였다. 그리고 약 2개월 뒤인 3월 2일, 구 시장은
상공회의소가 주최한 경제인간담회에 참석하여 3·4호선 민자 건설
검토 내용을 발표한다. 그리고 다음날인 3월 3일, 2호선 시공회사 사
장들 전원을 초청하여 민자 건설 참여를 재촉구한다.

대우지하철건설주식회사의 설립·운영

구 시장은 이렇게 각 건설업체 사장들을 상대로 민자 건설 참여
를 설득하는 한편으로 대우의 김우중(金宇中)에 대해서는 좀더 간곡
한 요청을 하고 있다. 아마도 김우중 설득은 민자 유치 건설을 공언
한 1977년 12월 하순부터였으리라 추측된다. 우선은 전화를 이용했
고 직접 만나서도 설득했을 것이다.

서울시 초대 지하철 건설본부장으로서 지하철 1호선 건설을 주
도했고 1978년 7월 20일부터 1980년 7월 9일까지 서울시 제2 부시장
을 역임한 김명년의 증언에 의하면 "1977년 말인가 1978년 초의 어

느 날, 일요일인데 시장이 나오라고 해서 나갔더니 같이 김우중을 만나러 가자고 해서 대우 사무실로 갔었어. 거기서 김우중과 대우엔지니어링 남정현 사장을 만나 점심식사를 같이했는데, 이야기의 골자는 서울시가 지하철 건설에 관해서 가지고 있는 노하우를 대우에 아낌없이 알려주라"는 내용이었다는 것이다. 이미 그때 김우중·구자춘 간에는 어느 정도 이야기가 되어 있었고 기술적인 면의 지도만 해 주면 된다는 것이었다. 대우엔지니어링의 남정현은 1961년에 서울대학교 공대 건축과를 졸업한 인물로 1957년에 토목과를 나온 김명년의 4년 후배였지만 익히 잘 아는 사이였다고 하며, 따라서 그 후 서울시 지하철 건설본부가 가진 노하우가 거의 막힘없이 대우로 제공되었다고 한다.

여기서 구자춘이라는 인물, 그리고 김우중의 인물됨을 소개해 두어야겠다. 구자춘은 1932년 5월 11일, 경상북도 달성군에서 출생하였다. 대구농림학교(4년제)를 졸업한 후 대구사범학교에 진학하여 1년제 강습과를 수료하고 초등학교 정교사 자격증을 취득하였다. 대구사범학교를 수료한 그해 6·25 전쟁이 일어나자 바로 육군에 입대하여 포병장교가 되었다.

박정희 장군과의 만남은, 박 장군이 육군 포병학교 교장으로 재직했던 당시(1954~1955년) 구자춘이 그 학교 교관으로 있으면서 이루어졌다고 한다. 대구사범학교 선후배라는 점에서 더 가까워졌을 것이다. 김종필과의 만남은 알 수가 없다. 여하튼 구자춘의 박정희·김종필에 대한 충성은 특별한 데가 있었다.

군사 쿠데타가 일어난 1961년 당시, 구자춘은 육군 중령으로서 제6군단 산하 포병 제933대대장이었으며, 같은 사령부 산하 4개 대대 장병과 더불어 그의 지휘하에 있는 4개 포대 430여 명의 장병을 인솔하여 사전에 짜여진 계획대로 5월 16일 새벽 3시 40분에 육군본부를 점거하였다. 당시 그의 부대는 의정부에 있었고 또 미 8군의 지휘하에 있었다. 미 8군 지휘하에 있는 의정부 소재의 병력과 장비 (대포)를 끌고 와서 서울 용산의 육군본부를 점거한다는 것은 대단히 어려운 일이었다고 한다. 그리하여 그는 5·16 쿠데타 주체세력 중의 일원이었으며, 군사정부하에서 충남 경찰국장과 전남 경찰국장을 역임하였다. 1963년 12월에 군정이 민정으로 바뀔 때 육군 대령으로 예편한 구자춘은 치안국 정보과장이 되었으며, 다음 해인 1964년 7월 8일에 서울특별시 경찰국장, 1966년 5월 2일에 경찰전문학교 교장이 되었다. 1968년에 제주도 지사, 1969년 수산청장, 1971년 6월 12일에 경상북도 지사가 되었으며, 3년 3개월 후인 1974년 9월 2일에 서울특별시장으로 임명되었다.

서울특별시장으로 부임해 왔을 때 그의 나이는 겨우 42세밖에 되지 않았다. 그러나 그렇게 젊은 나이임에도 불구하고 그의 지도력은 대단한 것이었다. 아마 역대 서울시장 중에서 그만큼 막강한 지도력을 발휘한 시장은 앞에도 없었고 뒤에도 없었다고 생각한다. 그의 강한 지도력의 원천은 우선 박 대통령과 김종필 총리로부터 극진한 총애를 받은 점에 있었다. 구자춘이 서울시장으로 임명될 당시 5·16 주체세력으로 행정부 내 주요 직책에 남아 있던 사람은 김 총리 외에는 구자춘뿐이었다. 5·16 후 10년의 세월이 흐르면서 그렇게도 많았던 행정부 내 주체세력들이 하나씩 둘씩 제거되어 결국 김종필·구자춘만 남게 된 것이었고 그런 희소가치 때문에 구자춘의 비중은 그만치 큰 것이 되어 있었다. 또한 박 대통령과 같은 경상북도 출신이라는 강점, 전남·충남·서울시 경찰국장 등을 역임한 경력 때문에 막강한 경찰 인맥의 정상에 있다는 강점도 있었다. 지하철 민차 건설 구상을 하게 된 1977~1978년은 이미 그가 시장이 된 지도 4년 가까운 세월이 흘러 말하자면 원숙기에 들고 있었던 때였다.

김우중은 1936년 12월 생이니 구자춘보다 네 살이나 더 아래였다. 대우그룹이 중구 충무로 입구의 허름한 3층 빌딩에 20평 남짓의 사무실을 차리고 자본금 500만 원의 대우실업 간판을 단 때는 1967년 3월 22일, 그때 김우중의 나이는 겨우 31세였다. 경기고등학교·연세대 경제과를 나와 중견 수출업체인 한성실업의 무역부장으로 있다가 인기 수출품목인 트리코트 원단 생산시설을 보유하고 있던 도재환씨와 손을 잡고 수출업을 시작한 그는, 세일즈맨으로서 천재적인 자질을 갖추었을 뿐 아니라 이재(理財)에도 능했다고 한다. 그가 창업해서 열심히 싱가포르로 인도네시아로 뛰어다니자 사세는 하루가 다르게 번창했고 수출 주문이 넘쳐흘렀다. 당시는 수출 주문만 받아놓으면 값싼 수출금융의 혜택을 받을 수 있었다. 당시 시중금리가 연 40퍼센트 내외였고 은행대출금리가 20~25퍼센트였는데 수출금융의 금리는 겨우 7~9퍼센트, 수출금융을 얻어다가 은행에 예금만 해 두어도 큰 돈을 벌 수 있는 시대였다. 트리코트지뿐만 아니라 메리야스·스웨터·완구·자전거 등 닥치는 대로 수출했고, 수출실적이 늘어난 만큼 수출금융의 액수가 늘었고 각종 정부 지원이 뒤따랐다.

삼성·현대·럭키금성 등은 5·16 군사 쿠데타 이전에 이미 국내 굴지의 대규모 기업들이었던 것에 비해, 대우는 5·16 이후 박정희 정권이 전개한 수출입국 정책에 편승해서 급성장한 기업이었다.

1967년에서 1972년까지 주로 경공업품 수출로 회사 기반을 확충한 대우는 1973년부터 경영다각화에 착수하여 그해에 대우기계를 인수하는 한편 동양투자금융을 설립했다. 또 같은 해에 신성통상을 인수하고 대우개발·대우건설을 설립했다. 이어 1974년에는 대우전자를 설립하고 대우개발·대우건설을 합병했다. 1975년에 종합무역상사로 지정되면서 사옥을 서울역 앞의 대우센터로 옮겼다. 1976년에는 중장비·철도·엔진·조선을 주축으로 한 중공업제품을 생산하면서 자동차·건설 분야에도 참여하여 눈부신 발전을 거듭하고 있었다.

구자춘 시장이 지하철 민자 건설을 구상하면서 대우그룹을 가장 먼저 지목한 이유는 첫째, 김우중의 젊음과 과단성 때문이었고 그것은 구자춘 본인과 가장 닮은 장점이었다. 둘째, 대우 기업군의 종합성이다. 1978년 당시 대우 계열사는 20개에 달했고 종업원 수도 6, 7만을 헤아리고 있었으며, 수출·판매 등 외형에 있어서는 현대·삼성에 다음가는 제3위의 재벌기업이 되어 있었다. 건설·중공업·기계·차량 등 닥치는 대로 잡다하게 경영하는 대우가 지하철 경영을 마다할 이유가 없다고 판단한 것이다. 셋째, 김우중에 대한 친근성이다. 당시의 여러 재벌 중에서 대우만이 군사 정권과 더불어 성장했다는 친근성을 느끼고 있었다. 또 확실하지는 않으나 당시 항간에는 6·25 전쟁 때 납북된 김우중의 부친 김용하와 박 대통령 간에는 특별한 인연이 있고 그 때문에 대우 급성장의 배후에는 박 대통령의 각별한 비호가 있다는 것이 널리 풍문으로 돌고 있었다.

지하철 3·4·5호선을 건설하고 운영까지 담당하겠다는 대우그룹의 서면 제의가 서울시장에게 접수된 때는 1978년 4월 6일이었다. 대우의 서면 제의를 받아 구 시장이 지하철 민자 건설 방침을 대통령에게 보고한 때는 1978년 5월 1일이었다. 그리고 한 달 남짓이 지난 6월 14일, 이번에는 신선호(申善浩)의 율산건설이 3·4·5호선 중 4호선은 율산이 맡아 건설·운영하겠다는 취지의 서면 제의를 해 온다.

8월 31일에 개최된 경제장관협의회에 3·4·5호선을 대우에게 맡

겨 건설·운영케 하겠다는 서울시의 제안이 상정되었으나 그 심의가
보류되었다(≪동아일보≫, ≪조선일보≫, 1978년 9월 1일자 기사).

　아마도 몇몇 경제부처 장관들은 대우그룹이 지고 있는 금융부
채의 규모와 나아가 경제주체로서의 취약성을 너무나 잘 알고 있었
고, 따라서 지하철과 같은 반영구시설을 건설·운영하기에는 적합지
않다는 의견을 강하게 개진했을 것이다. 대우를 시켜 지하철을 건설
케 하고 운영까지 맡긴다는 안건이 경제장관협의회에 재상정된 때
는 1978년 11월 28일이었다. 1차 심의가 보류된 지 3개월 만이다. 아
마 그동안 개개 경제부처 장관에 대한 구 시장의 로비가 있었을 것
이고, 대우그룹에 의한 건설 및 운영계획의 보완도 있었을 것이다.
이 안건이 상정되었을 때 서울시가 제시한 제안 요지는 다음과 같
았다.

① 건설비 전액의 50퍼센트 해당 금액을 서울시 보증 아래 장기·
　저리 융자한다.
② 각종 지방세는 물론이고, 관세·법인세·부가가치세까지 전액
　면제한다.
③ 민자 건설을 희망해 온 두 개 기업(대우그룹과 율산그룹) 중
　대우그룹을 선정한다. 대우그룹은 계열회사 공동 참여로 자금
　조달, 전동차 및 기타 기자재를 자체 생산할 계획이며, 설계
　및 시공과 운영 면에서 율산을 월등히 앞서 있다고 판단했다.

　이때의 경제장관협의회에서도 갑론을박이 있었겠지만 일단은
통과되었다. 정확히는 1978년 12월 4일에 있은 제50차 경제장관협의
회에서였다. 얼마 안 가서 경제장관들 거의가 경질된다는 풍문이 파
다하게 돌고 있을 때였다. 다만 이때 3·4·5호선 중 5호선은 제외되었

다(이때의 5호선은 연희동~종로~천호동선이었다). 국무총리 결재가 난
때는 12월 20일이었다(이때의 국무총리는 최규하였고 별로 실권을 가진
존재가 아니었으니 구 시장의 뜻대로 움직였을 것이다). 여기까지가 구
시장 몫이었다. 1978년 12월 22일에 경제장관들 전원이 경질되면서
법무부 장관·내무부 장관도 경질되었다. 구자춘은 내무부 장관으로
승진하였고 청와대 정무 제1수석비서관이었던 정상천(鄭相千)이 서울
특별시장으로 발령되었다.

　　박 대통령이 지하철 3·4호선을 민간 기업인 대우그룹에 위탁하
여 건설하겠다는 서울시의 건의를 재가한 때는 1979년 2월 5일이었
고, 서울시가 대우그룹의 3·4호선 민자 건설 계획안을 승인한 때는
대통령 재가가 난 지 4일 뒤인 1979년 2월 19일이었다. 말하자면 일
종의 내인가(內認可)와 같은 것이었다. "사업 추진의 세부 사항은 앞
으로의 상호 협약에 의하기로 한다. 정확한 노선은 (귀사가 예정선을
상신해 오면) 당 시가 도시계획으로 결정하여 내려주겠다"는 단서가
붙어 있었다.

　　아마 이 승인이 내려진 직후에 대우지하철주식회사라는 것이
정식으로 발족했을 것 같다. 각 신문사·통신사가 발행하는 연감의
별책부록인 『인명록』에 의하여 김우중의 직함을 보면, 1979년에 무
역협회 부회장, 대우개발 사장에 이어 대우지하철 사장이 기재되어
있다.

　　대우지하철(주)가 존속한 것은 아마도 1979년 말경까지가 아니
었는가 생각되지만 실제 회사로 기능하고 있었던 것은 1979년 8월
말경까지였다고 생각한다. 대우지하철이라는 회사는 겨우 반년도
안 되는 짧은 기간 동안만 기능한 회사였던 것이다. 그 기간에 대우
지하철주식회사가 실시한 일은, 첫째, 삼각측량·수준측량 등 노선측

량 약 60퍼센트, 둘째, 기본설계용 지질조사, 실시설계용 지질조사 약 50퍼센트 정도, 셋째, 3·4호선 착공지점 설계, 넷째, 상·하수도, 체신·전기·가스·지하도 등 지장물 조사, 다섯째, 미국 카이저(Kaizer) 사와 3·4호선 경제성, 기술타당성 용역계약 체결 등으로, 약 38퍼센트 정도의 작업이 진척되어 있었다. 물론 지하철 회사가 정식으로 설립되기 전 이미 대우엔지니어링(주)에 의해서도 진행되어 온 작업이었겠지만 약 반년 동안의 작업량 치고는 결코 적은 것이 아니다. 그와 같은 일처리 태도가 바로 당시 대우그룹의 체질 그 자체였을 것이다.

지하철 민자 건설의 근거를 규정한 「지하철도건설촉진법」이 제정·공포된 것은 1979년 4월 17일자 법률 제3167호에서였다.

서울대학교 공대 전기과 제10회(1956년)를 졸업한 서인원(徐仁源)은 학교 졸업 후 다년간 건설부에서 근무하다가 1970년에 서울시 지하철 건설본부가 발족하자 건설본부 전기과장으로 영입된, 전기 부분의 권위자였다. 그는 지하철 1호선이 건설된 후 대우엔지니어링(주)의 중역으로 스카우트되어 대우가 지하철 3·4호선 건설 기본계획을 수립할 때 기계·전기·신호 등 설비 부분을 주관하였다. 그의 증언에 의하면 대우가 3·4호선 기본계획을 수립하면서 김우중을 두 번 정도 만나 의견 교환을 했는데, "김우중은 지하철 건설·운영에 결코 적극적이지 않았으며 구자춘 시장이 강하게 권했기 때문에 마지못해서 맡기로 했다. 그러므로 언제든지 서울시에 반환할 수 있게 적당하게 처리하라"는 소극적인 태도였다는 것이다.

대우에서 작성한 기본계획서에 의하면 지하철 건설에는 막대한 선행투자가 필요하며 따라서 "정부나 시로부터 별다른 보조가 없는 한 운영이 곤란할 것으로" 판단하고 있다(『기본계획서』 15-8). 대우가 서울시에 제출했다는 서면 제의의 원본을 찾을 수가 없었으나 기본 계획서 및 관계자의 증언 등을 종합하면 다음과 같다.

> 첫째, 건설 소요자금 총액의 25퍼센트는 (민간 기업) 자기자본으로 하되 외국 차관 25퍼센트, 정부 융자 50퍼센트로 하며, 정부 융자 조건도 5년 거치 15년 균등 상환 연리 8퍼센트로 한다.
>
> 둘째, 지하철 역사 건물을 쇼핑센터나 백화점으로 이용하고 그 이용권을 대우에서 가진다.
>
> 셋째, (확인할 수가 없었으나) 한강 모래·자갈 채취권, 잠실지구에 아직 나대지로 남아 있는 서울시 토지의 양여 또는 개발권 (요구).

서울시가 1979년 2월 19일에 민자 건설 계획안을 승인한 것은 어디까지나 내인가적인 것이었고 건설과 운영에 관한 구체적인 계약이나 합의 같은 것이 없었다. 그저 "귀사가 제출한 서면 제의에 의하여 귀사를 장차 지하철 3·4호선 건설·운영자로 내정했으니 정식 계약 또는 협정에 대비한 사전 준비를 해 달라" 정도에 불과하였다. 그러나 그런 내용의 승인이었음에도 불구하고 경제계의 반응은 예민한 것이었다. 정부와 서울시가 대우그룹에 대해 대단한 특혜를 준 것과 같은 그런 반응이었다. 일본의 도큐, 세이부, 한신, 한큐를 보아온 경제계의 입장에서는 충분히 그런 오해를 할 수도 있었다. 즉, "남의 밥에 있는 콩은 굵어 보이는" 법이었다. 서울시가 대우그룹에 지나친 특혜를 주려는 것이 아닌가라는 경제계의 반응을 알게 된 행정부는 서울시의 재고를 요청한다.

서울지하철건설주식회사의 설립과 운영

회사 설립 과정

박 대통령에 의한 계엄령 선포, 국회 해산 등 이른바 백색테러가 강행된 1972년 10월 17일 이후는 제4공화국시대였고 박 정권의 독재가 극에 달하고 있었다. 이른바 「유신헌법」 아래에서 긴급조치 1~9호가 연거푸 발표되고 있었다. 그렇게 1인 영구독재에 반대하는 사람들에게는 가차 없는 탄압이 가해진 한편으로 일반 국민 생활·경제생활 면에서는 탄압이다 특혜다 하는 비난을 되도록 받지 않도록 바라고 있었다(물론 예외라는 것도 있어 율산그룹 소유주인 신선호를 구속하고 율산그룹을 도산시킨 것은 1979년 4월 3일이었다). 여하튼 박 대통령 입장에서는 일반 국민에게 대우에 대한 특혜라는 인상을 주어서는 결코 안 되는 일이었다.

서울시가 대우개발(주)에 대해 "지하철 3·4호선은 다수 민간 기업의 공동 참여로 건설·운영하기로 결정하였으니 귀사 단독으로 건설·운영케 하겠다는 2월 19일자 승인을 취소한다"라는 공문을 발송한 때는 1979년 8월 20일이었다. 다수 민간 기업의 공동 참여 방안에 대해서도 여러 가지 고려가 있었을 것이다. 그렇다고 현대·삼성·대우·럭키금성·선경 등 이른바 5대 재벌을 공동 참여케 할 수도 없는 일이었다. 마지막으로 생각해 낸 것이 지하철 공사 경험 업체 및 그에 준하는 도급순위가 높은 건실한 건설회사를 중심으로 한 참여 희망 회사 22개 사 정도였다.

참여 회사 22개 정도를 골라내는 것은 그렇게 어려운 일이 아니었다. 한창 건설 중이던 2호선은 모두 41개 공구였고 27개 업체가 참여하고 있었다. 27개 업체들 중에는 3·4호선 건설 및 운영에 참여하기를 원하지 않는 업체도 있었고 지하철 건설본부에서 참여하지 않기를 바라는 업체도 있었다. 비록 1·2호선 공사에 참여하지는 않았다 할지라도 도급순위가 높은 건실한 회사도 있었다. 서울시가 참여를 권했으나 회사 사정 등의 이유로 참여를 사양한 회사는 정우개발·옥포기업·한국건업·평화건업·금강 등 6개 회사였다.

정상천 시장이 주재한 건설회사 대표 간담회가 신라호텔에서 개최된 때는 1979년 7월 14일이었다. 이 모임에 참여한 회사 대표는 모두 21명이었는데 전원이 민간 건설 참여에 동의하고 있다. 이어 8월 14일에는 세종문화회관에 모였는데 이 자리에서,

① 여섯 개의 간사회사를 선임하여 앞으로는 이 간사회사에서 합의하여 추진할 것.
② 참여 회사를 한두 개 추가하는 문제는 시장에게 위임한다.
③ 회사 설립과 동시에 참여 회사별로 1억 원씩 출자하고 3·4호선을 동시에 착공한다.

등을 의결한다. 이때 선출된 간사회사는 여섯 개 회사였다(대우개발·삼환기업·현대건설·삼부토건·(주)한양·남광토건).

여섯 개 회사 대표와 서울시장이 합의하여 최종적으로 23개 회사가 선정되었고, 그 명단은 다음과 같다.

경남기업·공영토건·극동건설·남광토건·대림산업·대우개발·동산토건·동아건설·라이프주택·미륭건설·삼부토건·삼성종합건설·삼익주택·삼호주택·삼환기업·신승기업·유원건설·진흥기업·한보주택·한신공영·한양주택·한일개발·현대건설.

정상천 시장이 주재한 23개 참여 회사 사주회의가 서울시 회의실에서 개최된 때는 1979년 10월 11일이었다. 모든 것을 서울시장 및 간사회사가 숙의하여 결정한다는 내용의 승낙서를 지참하고 있었다. 또 1979년 내에 착공이 가능하도록 되도록 빠른 시일 내에 회사를 설립하는 것에 합의하고 회사설립위원회를 구성키로 했다. 현대·한양·삼부 등 3개 회사 대표가 수임되었다.

회사 설립 자본금으로 각 회사에서 1억 원씩 납부한 때는 1980년 2월 4일이었고, 이튿날인 2월 5일에 정관 승인·임원 선임을 마치고 회사가 설립되었다. 회사의 이름은 서울지하철건설주식회사였고 회사 소재지는 서대문구 1가 1번지 백초빌딩 내였으며, 대표이사 한 명 상임이사 네 명 감사 한 명이 선출되었다. 대표이사는 1922년생으로 부산대학교를 졸업한 후 경상남도 과장을 지냈고 농협 경남지부장, 교련(敎聯) 사무총장, 국정교과서(주) 사장 등을 역임한 박우식(朴雨植)이 선임되었으며, 별도로 간사회사 등을 대표하는 다섯 명의 비상임이사도 임명되었다.

회사 설립 및 운영의 조건

민간 회사의 주주 수를 23개 회사로 한 것은 의도적·계획적인 것이었다. 3·4호선 노선을 각각 23개 공구로 나눈 것이다.

대우엔지니어링의 작업 가운데 구파발을 출발하여 독립문·중앙청·종로 3가·충무로·옥수동·압구정동·고속버스 터미널을 거쳐 양재동에 이르는 3호선 27km의 노선과 상계동에서 미아삼거리·혜화동·동대문·충무로·삼각지·이촌동·사당동에 이르는 4호선 30km의 노선이 확정되어 도시계획 결정 단계에 있었다(1980.2.22. 건설부 결정고시).

3호선 27km 노선에 23개의 정거장이 설치되게 되었는데 각 정거장 한 개씩을 끼고 23개의 공구로 나누어졌으며, 4호선 30km 노선에는 24개의 정거장이 역시 각 정거장 한 개씩을 끼고 23개 공구로 분할되었다(4호선 한 개 공구만 두 개 정거장 담당). 23개 주주회사의 균등출자가 되기 위해서는 23개씩으로 분할된 공구의 길이·난이도 등에서 공사량·공사비가 동액이라야 했다. 그리하여 주주회사간에는 이러한 협약이 성립되었다. 첫째, 각 주주회사는 3·4호선 한 개 공구씩을 담당한다. 둘째, 각 주주회사는 3·4호선의 중심지와 변두리, 난공사 지역과 쉬운 지역을 분담한다. 즉, 3호선 구파발(변두리) 공구를 담당하는 회사는 4호선 회현동(중심부) 공구를, 3호선 충무로 공구를 담당하는 회사는 4호선 상계동 공구를 담당한다는 따위였다.

공구 분할과 짝짓기는 거리·위치·난이도 등을 감안하여 서울시 지하철 건설본부가 담당하였다. 그런데 문제는 그렇게 짝짓기된 공구를 회사별로 어떻게 배당하는가 하는 것이었다. 공구 배정상 특히 고려해야 할 구간이 있었다. 현재 건설되고 있는 2호선의 교차구간으로 동일 회사가 동시 시공해야 할 공구, 기존 시설의 하자 관계 등으로 기존 시설을 시공한 회사가 지하철 공사도 담당해야 할 사례도 있었으며, 동호대교처럼 민자 건설이 추진되고 있는 교량 위를 달리는 지하철도 있었다. 그와 같은 공구는 우선적으로 공구 배정이 결정되었다. 다음과 같은 경우들이다.

- 사당동 로터리(2호선 시공 중 4호선 교차): 삼부토건
- 서울운동장(2호선 시공 중 4호선 교차): 삼익주택
- 을지로 3·4가(2호선 시공 중 3호선 교차): 라이프주택
- 회현 지하상가(상가 밑 통과로 상가 하자): 삼환기업
- 동호대교(유료도로 민자 건설): 남광토건

• 동작대교(시공 중): 대우개발

이렇게 배정하는 데는 반대가 없었다. 문제는 그런 연고가 없는 공구들이었다. 원래 회사별로 특기가 있는 법이다. 교량 공사를 주로 하는 기업이 있는가 하면 지하도 공사를 잘하는 기업도 있었다. 공구 분담을 위해 각 회사 건설 담당 중역들이 모였다. 그런데 어떤 회사의 대표가 제비뽑기를 제안하였다. 어떤 공구 어떤 짝짓기가 돌아가든지 간에 그것을 받아들이자는 것이었고, 특별한 반대가 있을 리 없었다. 제비뽑기의 결과로 311 구파발 공구 + 416 회현동 공구는 한일개발로, 312 갈현동 공구 + 417 갈월동 공구는 한신공영으로 배당되었다. 다른 구간 또한 마찬가지로 각각의 회사가 결정되었다.

다음은 서울시와 회사 간의 협약, 즉 업무 분담이었다.

첫째, 민자로 건설되는 지하철도 시설물은 차량·기계·기구 등을 포함하여 건설과 동시에 그 소유권 일체가 서울시에 귀속된다.

둘째, 민자로 건설된 지하철도는 각 건설회사에서 일정기간 시설물을 무상으로 사용하여 투자비 회수에 충당하게 되며, 그 기간은 투자비 회수를 참작하여 서울시와 협의·결정한다. 무상 사용 기간이 종료되면 당연히 서울시에 반납된다. 이 점은 지하철 건설 및 운영에 따른 적자를 보전하기 위하여 각 주주회사로 하여금 지하상가 운영, 택지 조성, 백화점 건설, 인공지반 조성 등을 지원한다는 내용이었다.

셋째, 「조세감면규제법」을 개정하여 지하철 건설사업에 대한 관세 및 부가가치세 등 각종 세금을 감면한다(1980.2.26. '지방세 감면 조례' 제정).

넷째, 건설비의 대부분을 차지하는 정부융자 및 차관에 있어, 융자는 서울시가 지불보증을 하고 차관은 서울시가 직접 차주(借主)가 되어 도입하며, 도입된 차관을 회사에 전대(轉貸)해 주게 된다. 즉, 서울시 책임하에 빌려서 다시 회사로 빌려주는 형식을 취한 것이다. 지하철 시설물 일체가 서울시에 귀속되며 회사의 설립·운영 전반에 대하여 서울시의 조정·감독을 받게 되어 있기 때문이다. 실제로 서울시가 차주가 되어 H형 강제 6만 톤, 복공판 1만 톤 등이 차관으로 도입되었다.

다섯째, 지하철을 건설하기 위해서는 그것이 통과하는 지점의 토지 및 건물을 수용해야 한다. 3·4호선의 경우, 건물 1,149동이 포함되는 토지 12만 9,549평이 수용되어야 했다. 보상금을 주고 토지 및 건물을 수용하는 책임은 서울시가 맡았다. 지하철건설주식회사가 그만한 공권력을 행사할 힘이 없었기 때문이다.

민자회사 해산, 지하철공사 설립

서울지하철건설주식회사가 설립된 때는 1980년 2월 5일이었고 3월 11일에는 설립등기를 마쳤다. 당시 이 회사의 기구를 보면 사장·이사·감사 등 중역 이외에 실장이 3명, 부장이 14명, 과장이 32명이나 되는 방대한 조직이었다. 토목·건축·전기·신호·차량 등 지하철의 건설·운영이 잡다한 기능의 복합체인 탓에 서울시·한전·체신부 등 각 기관에서 인재들을 스카우트해야 했기 때문에 부장·과장 등 높은 보직을 가진 요원이 많아졌다고 한다.

경비를 최소한도로 줄이기 위해서도 공사는 빠른 진도로 진행되어야 했다. 회사 설립 후 1개월도 채 안된 2월 29일에 서울특별시장이 주재하고 국무총리가 참석한 가운데 기공식이 거행되었으며, 실제로 착공한 때는 3월 9일이었다. 처음 착공한 것은 3호선의 구파발 삼거리(311 공구), 4호선의 쌍문동(403 공구) 등 10개 공구였다.

당초 3·4호선 건설비는 5,700억 원으로 계산되었다. (1979년 불변가격) 1km당 평균 100억 원씩 계산하여 3호선에 3,000억 원, 4호선에 2,700억 원이 든다는 것이었다. 그리고 5,700억 원 중 2,800억 원(49.1퍼센트)은 중앙정부에 의한 장기·저리융자금이고 1,500억 원(26.3퍼센트)은 외국 차관이며, 1,400억 원(24.6퍼센트)은 자기자본, 즉 23개 주주가 균등출자한다는 것이다. 5,700억 원 가운데 융자금 2,800억 원과 차관 1,500억 원은 서울시가 지불보증을 하는 것이니 조달에 차질이 있을 리가 없었다. 문제는 23개 주주가 지출한다는 1,400억 원이었다. 23개 주주들이 매월 1억 원씩 납부하게 되면 만 5년간에 출자가 완료된다는 계산이었다.

맨 처음 회사가 발족할 때 1억 원씩을 납부하였다. 그런데 그 후로는 출자 실적이 매우 저조하였다. 앞서 대우엔지니어링 중역으로 소개한 서인원은 새로 발족한 서울지하철(주)에 초빙되어 설비 담당 이사로 있었다. 서 이사의 증언에 의하면 "회사가 설립되고 공사가 착공되고 난 뒤부터는 주주회사들이 매월 1억 원씩 출자토록 되어 있는 출자금을 내지 않았다"는 것이다. 그래서 각 임원들(이사·감사)이 23개 회사를 나누어서 출자금 독려를 나갔다는 것이다. 서 이사는 당시의 주주들이 출자금을 잘 내지 않은 이유의 첫째는 능력 부족이었다고 말한다. 그들 주주회사의 대부분이 껍데기만 번지르르했지 재정 상태는 엉망이었다. 각자가 맡은 공사를 추진하는 데만 급급한 상태여서 공사비 지출 이외에 매월 1억 원씩 지출할 능력이 없는 회사가 대부분이었다는 것이다.

능력 부족 이외에 그들이 출자금 지출을 꺼렸던 요인이 또 한 가지 있었다. 당시의 시국이었다. 1979년 10월 26일에 박 대통령이 서거했다. 12월 12일에는 신군부에 의한 군사 쿠데타가 일어났고 국보위 비상계획위원회라는 것이 생겨 공포정치가 시작되었다.

박 대통령에서 최규하 대통령으로, 그리고 채 1년도 안 되어 전두환 대통령으로 바뀌었다. 1980년 5월에는 광주항쟁이라는 어마어마한 사건도 경험한다. 비상계엄령이 계속되고 있었고 공무원·국영기업체 임원 등 약 1만여 명의 숙청, 언론기관 통폐합, 사회악 일소를 위한 특별조치, 폭력배 등 6만여 명의 검거와 삼청교육대 입소 등이 계속되었다.

지하철주식회사를 지휘·감독하는 서울특별시장도 구자춘에서 장상천으로, 다시 박영수(朴永秀)로 바뀌었다. 시국이 그러했으니 투자 의욕은 감퇴될 수밖에 없었고, 이미 투자한 부분까지 철수하고 싶은 심정이었을 것이다.

그런데 1km당 100억 원, 57km에 5,700억 원이라는 공사비 자체도 처음부터 정확하지 않았을 뿐 아니라 물가 상승·환율 인상 등의 요인으로 얼마든지 오를 수 있는 것이었다. 1980년 말 현재가격으로는 6,840억 원이 되어 있었고 준공 예정인 1984년경의 전망으로는 1조 5,000억 원 정도로 예상되어 있었다.

그러나 처음에는 잘 알지 못했던 주주들도 회사가 설립된 지 1년 정도가 지나니 지하철 영업이라는 것이 어떤 것인지 알게 되었다. 투자금의 회임기간이 길어 건설회사가 운영할 성질의 것이 아니라는 점, 강한 공익성 때문에 운임도 함부로 올릴 수 없는 경직성 기업이라는 것도 알게 되었다.

회사의 임원 중 사장과 이사의 임기는 3년이었는데 감사의 임기만은 1년이었다. 초대감사 민환(閔桓)의 임기가 1981년 2월 초에 끝나고 대한건설협회(회장 조정구)가 추천한 이종원(李鍾原)이 새 감사로 부임해 왔다. 이종원은 헌병장교 출신으로 헌병감 출신인 박영수 시장의 옛 부하로서 비교적 막역한 관계였다고 한다. 취임 후 3개월 정도가 지나서 23개 주주들의 실태, 출자금 납부 상황 등을 거의 파악하게 된 이 감사가 옛 상사인 박 시장을 찾았다. 1981년 5월 말경이었다. 그는 박 시장에게 회사의 사정, 주주들의 실태를 샅샅이 보고하고 "이 상태가 계속되면 지하철 3·4호선 준공은 언제가 될지 그 전망이 서지 않는다"고 했다. 박영수 시장은 김현옥·구자춘 정도는 아니었지만 그래도 군 출신 특유의 과단성이 있었으며 올바른 판단력도 갖추고 있었다. 1980년 9월에서 1982년 4월까지 재임하는 동안 짧은 기간에 서울대공원 조성, '88 하계올림픽' 유치 등 적잖은 공적을 남긴 시장이었다.

서울지하철 건설(주)를 해산하고 그 대신 지방공사인 지하철공사를 설립하기로 결심한 박 시장이 대통령의 결재를 받은 때는 1981년 6월 16일이었다. 관계 부처와의 협의, 설립 인가, 설치조례 제정, 정관 작성 등의 절차를 모두 마친 자본금 500억 원의 서울지하철공사가 설립된 때는 1981년 9월 1일이었고, 민자회사인 지하철주식회사가 해산된 때는 하루 전인 8월 31일이었다. 민간회사 시절에 이미 불입된 민간자본 207억 원은 공사 차입금으로 처리하고 새 공사가 해산되는 주식회사의 권리·의무 일체를 승계한다는 조건이었다. 그리고 중역이 아닌 주식회사의 직원은 새로 발족하는 공사가 우선 채용하기로 했다. 서울지하철주식회사는 겨우 1년 반 동안 지속된, 문자 그대로 일장춘몽이었다.

모두 1조 4,825억 원을 들인 총연장 59.2km, 서울을 남북으로 교차 관통하는 지하철 3·4호선이 개통된 때는 1985년 10월 18일이었다.

■■■ 참고문헌

대우개발(주). 1979. 「지하철 3·4호선 건설기본계획서」.
서울지하철공사. 1987. 『지하철 3·4호선 건설지(상·하)』.
서울특별시. 1980~1983. 『'79시정~'82시정』.
서울특별시 지하철 건설본부 보관 관계문서 일절.
기타 각종 연표·연감, 제5공화국 실록 등.

이리역 가스 폭발사고

사고 발생과 응급조치

사고 발생

　문자 그대로 청천벽력이었다. 1977년 11월 11일 밤 9시 15분, 한국 대 이란의 월드컵 예선 축구경기 TV를 보던 시민도 있었다. 이리역에서 200m 거리에 있는 삼남극장에서는 마침 가수 하춘화 쇼가 벌어져 700여 명의 관중이 구경하고 있었다. 거의 모든 시민이 저녁식사를 마치고 가족들과 나름대로의 시간을 보내고 있었다.

　시계바늘이 9시 15분을 넘어가려는 찰나 쾅하는 폭발음과 함께 지붕이 날아갔고, 여기저기서 날아온 건물 파편, 기차 바퀴·철도레일 파편에 맞아 많은 사람이 죽고 다쳤다. 12만 이리 시민들은 전쟁이 터진 것인지 지진이 일어났는지를 몰라 우왕좌왕했다. 폭발음과 함께 전기도 끊어져 시가지는 순식간에 암흑천지가 되어 있었다.

이리역 구내 폭발사고 현장(1977.11.11.)

그러나 그것도 일순간이었다. 이리역 구내에서 치솟는 시뻘건 불기
둥이 암흑천지의 시가지를 대낮같이 밝히고 있었다. "사람 살려"라
는 아우성이 여기저기서 들리고 있었고 역 광장에는 7, 8구의 시체
가 뒹굴고 있었다. '지옥' 바로 그것이었다.

　　사고 직후 경찰에서 가두방송으로 "또 다른 폭발이 있을지 모르
니 시민들은 모두 교외로 대피하라"고 한 것도 혼란을 가중시킨 결
과가 되었다. 부상자를 병원으로 옮기는 사람, 피를 흘리면서 배산·

목천포 쪽으로 피신하는 사람들로 시가지 간선·지선 가로가 모두 메워져 한동안은 몸을 움직일 수 없을 만한 대혼잡이 계속되었다고 한다. 사고 직후에는 경찰에서도 사고 원인이 무엇인지를 전혀 파악하지 못했던 것이다.

시간이 흐르자 사고 원인을 알 수 있었다. 한국화약(주) 공장이 있는 인천을 떠나 광주(光州)로 향하고 있던 1605호 화물열차가 이리역 구내 4번 선에 정차하고 있었는데, 11량째 화차에 실려 있던 다이너마이트 상자 914개(22톤), 초산암모니아 상자 200개(5톤), 초안 폭약 상자 100개(2톤), 뇌관 상자 36개(1톤), 합계 1,250상자 30톤분이 폭파된 것이다. 다이너마이트가 터진 이리역 구내에는 깊이 15m, 직경 30m의 큰 웅덩이가 패여 있었다. 역 구내에 있던 객차·화차·기관차 등 30여 량 남짓이 모두 파손되었고 철로가 엿가락처럼 휘어져 있었다. 다행이 당시 이리역 구내에 사람을 실은 여객차량은 없었으니 그나마 불행 중 다행한 일이었다.

응급조치

그날 그 시각, 황인성(黃仁性) 전라북도 지사는 서울에서 내려온 중앙정부 고위 관리들과 저녁식사를 함께 하고 지사 공관으로 돌아와 옷을 벗으려는 순간이었다고 한다. 전화벨이 울리더니 허재송 민방위국장의 다급한 목소리가 울려나왔다.

"지사님, 큰일 났습니다"
"무슨 일이오?"
"방금 전에 이리에서 큰 폭발사고가 났습니다. 원인은 아직 모르겠으나 이리역 쪽에서 큰 폭탄이 터진 것 같은데 전 시가지가 모두 파괴되고 암흑 속의 수라장이 되었습니다."

"도대체 무슨 소리를 하는 거요?"

허 국장의 보고를 처음 들은 황 지사는 그 말을 믿을 수가 없어 순간적으로 "혹시 북괴의 폭격이 아닌가"라는 생각을 했다는 것이다. 여하튼 상황을 정확히 파악하기 위해 급히 작업복으로 갈아입고 이리시로 출발하려는데, 이리시장의 전화가 걸려와 다급한 목소리로 "이리역에서 화약수송열차가 폭발하여 이리시내 전 지역이 전쟁터와 같이 파괴되었습니다"라는 것이었다. 황 지사는 "내가 곧 가리다. 그 전에 우선 시장이 할 수 있는 응급조치를 최대한 신속하게 취해 주시오"라고 했다. 그 지시를 내리면서 황 지사의 머리를 순간적으로 스쳐가는 생각이 있었다. 화약열차가 역 구내에서 폭발했다면 역 구내에 있던 여객열차를 비롯하여 역전, 상가 등에서 엄청난 사상자가 발생했을 것이다. 그렇다면 부상자들의 생명을 구하는 것이 무엇보다도 화급한 일이다. 그러나 이리 시내에 있는 병원들은 부서졌거나 제 기능을 못하고 있을 것이므로 전주·군산·김제 등 인근의 병원을 비상소집하고 부상자들을 수용해야 할 것이다. 그는 우선 보사국장을 전화로 불렀다.

이리시에 엄청난 폭발사고가 난 모양인데 전주·군산·김제 등 인근의 모든 병원들을 총동원하여 병실과 병상을 최대한 확보해서 수송되어 오는 환자는 무조건 받아들여 응급조치토록 하고, 즉시 전 병원의 구급차를 이리로 보내어 환자를 급히 후송하고 입원 조치를 하도록 지시해 주시오. 모든 부담은 정부에서 책임질 것입니다.

다음으로 운수를 담당하는 상공운수국장을 불렀다.

방송을 통해 이리·전주·군산·김제의 시내에 있는 택시·승용차·트 럭 등 모든 차량을 이리로 가도록 하여 사고 현장에서 발견된 부상 자는 누구든 인근 병원으로 수송토록 비상조치를 취해 주시오.

전화로 우선 다급한 몇 가지 지시를 해 놓고 지프를 타고 이리 로 향했다. 마침 전주~이리~군산 간 준고속화도로(번영로)가 준공 된 지 얼마 되지 않아서였다. 보통 때 같으면 20분이면 충분히 도달 할 수 있는 길이었는데 부상자를 실은 차량, 우왕좌왕하는 행인들 때문에 자동차는 한없이 느렸다. 9시 45분, 이리시에 가까이 이르렀 는데도 불빛 하나 보이지 않았다. 온 시내가 참혹한 암흑의 도시로 변해 있었다. 어떻게 이 참화를 수습할 것인가 생각하니 실로 암담 할 뿐이었다.

이리역 앞으로 가니 주변 거리는 전쟁으로 폭격을 당한 도시처 럼 건물들이 파괴되어 있었고 사방에서 부상자들의 신음소리와 살 려달라는 절규가 들려왔다. 역사도 폭탄 세례를 받은 그대로 처참하 게 부서져 있었다. 역장이 허둥거리며 나와서 황 지사를 맞았다.

"어떻게 된거요?"
"화약차량이 폭발했습니다."

역장의 안내로 황 지사는 화약열차가 폭파된 지점의 깊이 파인 현장을 돌아보았다. 폭파된 현장에는 육중한 화물열차의 차체가 산 산이 부서져 나뒹굴고 있었고 레일은 엿가락처럼 휘어져 있었다. 폭 발지점에는 깊이 15m 직경 30m에 이르는 거대한 웅덩이가 분화구처 럼 뚫어져 있었다. 기관차와 화차의 동체는 크게 부서졌고 열차 바 퀴도 갈라진 채로 현장에서 100m 떨어진 지점까지 날아가 있었다.

이리 역전에 있던 목조건물들은 흔적도 없이 날아가 버린 상태였다. 좀 큰 건물은 폭삭 내려앉았고 역 앞의 홍등가와 음식점 등 낮은 판자 집들은 산산이 부서져 시멘트 블록과 판자 조각이 어두운 길거리를 뒤덮고 있었다. 순식간에 집이 날아간 이재민들은 어둠 속을 서성대며 흙더미 속에서 이불과 옷가지를 찾으며 울부짖고 있었다. 역전 중앙통의 번화가에 있던 상점과 금은방의 유리창이 폭음에 박살이 나고 진열대가 길 밖으로 튀어나와 길바닥은 유리조각으로 덮여 있었다.

황 지사는 우선 종합적인 상황을 파악하고 수습 대책을 세워야 했다. 파괴된 시가지를 살핀 뒤 경찰서장실로 갔더니 도 경찰국장 송동섭(宋東燮)도 와 있었다. 경찰서도 유리창은 모두 깨지고 자가발전으로 전깃불만 간신히 켜놓은 상태였다. 경찰서장과 시장의 보고를 종합하여 내무부 장관에게 사건 개요를 보고했다. 그리고 급히 달려온 몇몇 단위기관장들과 함께 이리시장실로 자리를 옮겨 그곳에 대책본부를 설치했다. 시장실도 유리창이 모두 깨져 찬바람이 사정없이 몰아치고 있었다. 비닐로 바람을 막고 비상발전기를 돌려 전깃불을 켰다. 경찰국장·안전기획부 지부장·지역 사단장·공수부대 여단장 등 군과 공안기관의 책임자들이 모두 모인 가운데 긴급조치가 논의되었고 다음과 같은 조치가 합의되었다.

첫째, 민심을 안정시키는 일이었다. 어둡고 추운 거리에는 한순간에 집을 잃고 거리로 나앉아 추위와 배고픔에 떨고 있는 사람들이 많을 것이었다. 우선 그들에게 따뜻한 음식을 제공하는 일이 급했다. 새마을 부녀회를 동원하여 역전과 중요 거리에 큰 솥을 걸고 이리 소재 라면공장에서 라면을 지원받아 따뜻한 음식을 끓여 대접하게 했다.

둘째, 날이 밝기 전에 거리를 청소하기로 했다. 이것도 민심을 안정시키기 위한 작업의 일환이었다. 폭발사고 자체는 이미 알고 있는 일이지만 시민들이 그 처참한 잔해가 깔려 있는 거리를 오가며 불안해 하거나 막대한 피해 상황에 재건의 의지를 잃지 않도록 도로에 뒤덮인 유리 파편과 어지럽게 나뒹굴고 있는 콘크리트 조각들을 밤중으로 말끔히 청소하도록 했다. 이 일은 군대가 맡았다. 예비군과 공수여단의 병력과 군의 장비를 동원하여 밤을 새워 주요 거리를 말끔히 청소하고 온 거리에 흩어져 있는 잔해들은 군 장비를 이용하여 시 외곽으로 실어내도록 했다.

셋째, 보사국장으로 하여금 사망자와 부상자의 명단 및 상태를 신속하고 정확하게 파악하여 다음날 아침까지 보고하도록 했다.

넷째, 군부대에서 사용 가능한 천막을 최대한 동원하여 학교 교정이나 공터에 설치하고, 집을 잃은 이재민들이 우선 찬바람을 피해 가족들이 모여서 거처할 수 있는 시설로 이용하도록 했다.

다섯째, 한전 책임자들로 하여금 모든 인력을 동원하여 최대한 빠른 시간 내에 시내 전기시설을 복구하여 전기를 켜도록 해 달라는 요청을 했다. 그들은 이미 복구작업에 착수하고 있었다.

사고의 원인과 피해

이리라는 이름의 고을

지금은 이리라는 지명이 없다. 1995년 5월 10일에 공포된 법률 제4948호 「경기도 평택시 등 5개 도농복합 형태의 시 설치 등에 관한 법률」로 그때까지의 이리시와 익산군을 통합하여 익산시가 설치되면서 이리시라는 지명이 없어졌고, 옛날 이름인 익산으로 환원되었다. 원래가 익산군 익산면이었고 1931년 4월 1일에 익산면이 읍으로 승격될 때도 익산읍이었는데, 그해 11월 1일에 이리읍으로 변경되어 어언 64년간이나 이리라는 이름으로 불려왔던 것이다. 여하튼 64년간이나 불려온 이름을 버리고 익산으로 복귀한 데는 이리라는 지명에 일제 강점의 흔적이 배어 있다는 시민감정이 흐르고 있기 때문이었다.

원래 이리라는 지명은 "만경강변 갈대 우거진 속에 가물거리면서 보이는 속마을"에서 유래되었다고 하며, 호남선·군산선 철도가 부설되기 전인 구한 말만 하더라도 지금의 주현동·인화동 쪽으로 올라오는 언덕바지에 겨우 10여 가구를 헤아릴 만한 한적한 마을이었다고 한다. 그렇게 한적한 마을이 갑자기 각광을 받은 것은 그곳이 호남선·군산선·전주선 등 3개 철도의 분기점이 되었고 그 결과로 김제·만경평야 농산물의 집산지, 농업 연구의 중심지가 되었기 때문이다. 호남선 대전 방면이 기공된 때는 1910년 10월 1일이었고 1912년 3월 6일에 대전~이리 간, 이리~군산 간이 개통되었다. 대전~이리~목포를 연결하는 호남선 철도가 완전 개통된 때는 1914년 1월 11일이었고 이리~전주 간 경편(輕便)철도가 개통된 때는 같은 해 11월 17일이었다.

익산군 남일면 이리라는 곳이 이렇게 교통의 요충이 되면서 이곳에는 김제·만경평야를 배경으로 하는 각종 농업시설들이 들어서게 된다. 오오하시·모로도·우콩 등 일본인 대지주의 농장, 백인기(白寅基)니 박기순(朴基順)이니 하는 조선인의 농장들이 모두 본거지를 이곳에 두게 되었고, 이리농림학교·농사시험장·축산시험장 등이 이곳에 입지하게 되었다.

이리시내에 일본인이 최초로 입주한 것은 1906년이었으나 철도 개통과 더불어 그 수가 점점 늘어나 1911년에 66호 224명, 1912년에는 270호 946명, 1925년 말에는 887호 3,947명이 집계되었다. 이렇게 일본인 인구가 늘어나면서 부근의 관공서를 옮겨 오는 운동이 벌어져 1911년 8월에 익산군청이 이곳에 옮겨 왔고 이어 우편소, 헌병분대(경찰서의 전신)가 옮겨 왔으며, 전주지방법원 이리출장소가 1916년 12월에 개청되었고 전북 곡물검사소 이리지소(1917년 6월), 전매국 이리출장소(1922년 4월), 이리토목출장소(호남국토건설청의 전신, 1925년 4월), 익산군 농회(1926년 3월)등이 입지하였다. 교육기관으로는 각종 초등학교 외에 이리농림학교, 이리고등여학교, 사립 광희여학교 등이 세워졌고, 금융기관으로는 조선식산은행 지점, 삼남은행 지점, 전북상사(주), 익산금융조합 등이 세워졌다.

이렇게 지방세가 신장되어 가자 구역이 넓어지고 지위도 바뀌어 1914년 대대적인 행정구역 개편 때 함열현·용안현·익산군이 합쳐져 익산군이 된 데 이어 익산군청 소재지가 남일면 이리로 옮겨왔고, 이어 남일면·동일면이 합하여 익산면이 되었다. 1917년 6월 9일자 조선총독부 제령 제1호로 면제(面制)를 실시할 때 익산은 전 조선내 23개 지정면 중에 들어가 도청 소재지였던 전주·광주·청주·공주 등과 더불어 지정면이 되었다. 그리고 이른바 문화정치 실현 방안의 하나로 도·부·면에 자치제 실시, 읍제도 실시 등에 관한 지방제도 개정이 1931년 4월 1일에 실시되었다. 1930년 12월 29일자 조선총독부령 제103호 읍면 및 읍면에 관한 규정으로 그때까지 모두 41개였던 지정면이 1931년 4월 1일자로 모두 읍이 된 것이다. 이때 익산면도 수원·청주·충주·대전·강경·전주·정읍·광주·여수·제주 등과 더

붙어 읍으로 승격한다.

그러나 익산면의 중심부, 이리역전·익산군청·익산면사무소를 끼고 있는 중심부 일대에 거주하고 있던 일본인들에게는 익산이라는 지명이 마땅치 못했고 이리라는 역 이름이 더 친근하였다. 이리역을 중심으로 한 일대의 지역은 바로 그들 일본인 식민자들이 마련하고 개척했다는 자부심이 있었다. 1931년에 실시된 읍회의원 선거에서 일본인들 다수가 당선되었다. 12명의 의원 중 7명이 일본인이었다. 그들은 읍의 이름을 익산이라는 옛 이름 대신 이리라는 새 이름으로 바꿔 부를 것을 의결한다. 역시 일본인들이 득세하고 있던 전라북도 당국이 굳이 반대할 이유가 없었다. 그래서 그해(1931년) 11월 1일부로 이리읍이 되었다. 익산읍이 이리읍이 되면서 정동(町洞)의 이름도 조선식 이름에서 일본식 이름으로 바뀌게 된다. 호남동을 사카에마치 1정목으로, 신흥동은 동 2정목으로, 상신동은 교마치로, 화선동·동인동은 혼마치 1정목 및 2정목으로, 갈산동은 아사히마치, 주현동은 아케보노마치로 바뀌었다.

교통의 요충지, 전북평야의 중심지, 전군(全群) 가로의 중간위치 등으로 개발·발전된 이리읍의 비중은 광복이 된 후에도 전혀 바뀌지 않았다. 그리하여 1947년에 부(府)로 승격함으로써 익산군 관할에서 독립해 버린다.

1945년 9월에 시작하여 1948년 8월 14일까지 계속된 미군정은 한국인에 의한 정부가 수립될 때까지라는 한시성 때문에 무능할 수밖에 없는 정권이었다. 그들의 3년 지배 당시 뚜렷하게 한 일이 있다면, ① 한국인이 굶어 죽지 않을 정도의 식량 원조, ② 북쪽으로부터의 최소한의 안정 보장 등 두 가지뿐이었다. 그런 무능한 정부였음에도 불구하고 전혀 아무런 발자취도 남겨 놓지 않은 것은 아니었다.

지방행정의 측면에서도 몇 가지 발자취를 남겨 놓았는데, 그중 한 가지가 청주·춘천·이리 등 3개 읍의 부 승격이다. 청주·춘천은 도청 소재지였다. 1946년 5월 당시 도청 소재지로서 부가 안 된 고을은 청주·춘천 단 두 개뿐이었다. 1946년 5월 13일자 군정법령 제84호로 부로 승격되고, 1년이 지난 1947년 5월 27일자 남조선 과도정부 법률 제3호로 이리읍이 부로 승격되었다. 그리고 부 승격 5개월 후인 1947년 10월 29일자 법령 제152호 「이리부 구역 확장에 관한 건」에 의하여 익산군 북일면 모인리 전역과 오산면 송학리 및 목천리의 각 일부를 편입하여 그 구역이 크게 확장되었다.

일제시대에도 정미·기와 제조 등의 공업과 함께 조선면화라는 규모가 큰 공장이 있었다. 조선총독부의 면화장려책에 호응한 공장이었지만 광복 후에는 쇠퇴되었다. 1958년에 이리시가 발간한 『시세일람』에 의하면 당시의 시내에는 섬유공장 7개, 화학공장 9개, 기계공장 7개, 기타 11개의 공장이 있었고 그 종업원 합계가 1,183명이라 소개되고 있으나, 그 규모는 하잘 것 없는 소규모 공업에 불과하였다.

이리시가 수출자유지역으로 지정되고 이리수출공단이 조성된 것은 1973년부터의 일이었다. 1973년 10월 17일에 정일권 국무총리 임석하에 거시적인 기공식이 거행되었다. 귀금속단지 1만 평을 포함하여 모두 10만 6,000평에 달하는 수출자유지역 건설이 거의 마무리되고 입주 희망 업체가 하나씩 둘씩 입주하고 있던 중에 가스 폭발 사고가 터진 것이었다. 다행히 수출자유지역은 폭발 현장에서 어느 정도의 거리가 있어 직접적인 피해는 보고되지 않았지만 그것이 끼친 충격만은 엄청나게 큰 것이었다.

집계된 피해

군 병력까지 투입되어 우선 전 시내에 흩어진 유리조각을 쓸어내면서 흩어진 시체를 수습했다. 역 구내가 가장 처참했다. 당시 역 구내에서 근무 중에 있던 직원들은 폭풍에 날려 시체조차 수습할 수 없었다. 그 다음으로 피해가 컸던 곳은 역 광장 왼쪽에 있는 창인동 지역과 역 뒤쪽 모현동 지역이었다. 창인동 일대는 쑥밭이 되었고 모현동 284번지 근처는 한 동네 60여 가구가 흔적도 없이 날아가 버렸다. 20개 트럭분의 유리조각을 쓸어내면서 피해 결과도 집계되기 시작했다. 그러나 피해 정도는 시시각각으로 늘어났고 15일경이 되어서야 최종 집계되었다. 전라북도가 최종적으로 집계한 바에 따르면, 사망자 59명, 중상자 185명, 경상자 1,158명, 인명피해 계 1,402명에 역 구내 사고지점을 중심으로 반경 500m권에 들어 있던 가옥들이 전파되었으며, 고층 건물은 기둥만 앙상하게 남았다. 또 반경 1km 이내의 가옥은 반파되었고 4km 이내의 가옥은 창문이 떨어져 나갔으며, 반경 8km 안에 있던 건물도 유리창이 박살났다. 피해 가옥의 동 수는 전파가 811동, 반파가 780동, 소파가 6,042동, 공공시설물을 포함한 재산 피해 총액은 61억 원에 달했다. 이재민 총수는 1,674가구 7,373명으로 집계되었다.

하춘화 쇼가 벌어졌던 삼남극장은 천장과 2층 관람석이 통째로 내려앉아 극장 주인이 즉사하고 관람객 10여 명도 죽었다. 또 관객들은 불이 나간 극장 안에서 서로 먼저 탈출하려고 아수라장을 이루어 다섯 명이 현장에서 깔려 죽었다. 하춘화는 한동안 행방불명이었다가 13일경에야 그 안위가 보도되었다. 1부 공연을 마치고 2부 공연을 준비하기 위해 분장실에 있던 그녀는 내려앉는 천장에 깔려 오른쪽 어깨뼈가 부러지고 오른손에 상처를 입는 등 전치 7주의 중상을 입고 군산 도립병원에 입원 가료 중임이 밝혀진 것이다. 하춘화를 업고 병원까지 간 사람은 이주일이었다. 훗날 개그계의 왕자가 되는 이주일은 이 쇼에서 사회를 봤다고 한다. 그러나 하춘화의 피해는 약과였다. 일가족이 몰살된 이야기, 신혼여행 귀갓길에 단꿈을 자던 부부가 그대로 죽었다는 등의 비보가 이어져 전국을 숙연하게 했다.

사고의 원인

그렇다면 왜 이런 사고가 일어났던가. 30톤이 넘는 화약을 실은 문제의 열차가 광주를 향해 인천역을 떠난 때는 사고 이틀 전인 11월 9일 9시 30분이었다. 인천에 공장이 있던 한국화약(주)에서 제조된 화약류를 광주에 있는 영업소로 옮기는 작업이었다.

이 열차는 영등포역에서 하룻밤을 대기하고 10일 아침 9시 31분에야 영등포역을 출발할 수 있었고, 그날 밤 11시 31분에 15량의 다른 화차와 함께 이리역에 도착하여 1605호 화물열차에 중계되어 목적지인 광주로 출발하기 위해 4번 입환(入換) 대기선에 머물러 있었다. 당시의 철도운송규정 제46조에 따르면 화약약품의 운송은 되도록 도착역까지 직통되는 열차를 이용하여 운송할 것을 규정하고 있지만, 문제의 열차는 시발역인 인천에서 이리역까지 운송되어 오는 데만도 22시간이 걸렸고, 광주로의 연계 운송을 위해 무려 22시간여 동안 하루 178회나 여객열차가 통과하는 이리역 구내에서 대기하고 있었던 것이다.

한국화약(주)의 호송원 신무일(申茂一, 38세)이란 사람이 화차 안에 타고 있었다. 그는 화약류 직송 원칙을 무시하고 수송을 늦추고 있는 이리역 측에 항의를 했으나 묵살되자 이리역전 모 식당에서 두 홉들이 소주 한 병을 곁들인 식사를 한 뒤 다시 2차로 역전의 한 술집에 들러 막걸리를 사 마시고 얼큰한 취기에 초겨울의 한기 속에 비틀거리면서 문제의 화차에 들어갔다는 것이다.

그러나 화차 속은 캄캄했다. 그는 논산역에서 구입했다는 양초를 찾았고, 불을 붙여 화약 상자 위에 세워놓은 뒤 취기에 한기가 엄습해 오자 침낭 속에 몸을 묻고 잠에 빠져들었다. 신무일은 잠결에도 매캐한 냄새와 열기를 느꼈다고 한다. 미처 끄지 않고 잠이 든 촛불이 화약상자에 옮겨 붙은 것이다. 깜짝 놀란 신무일은 벌떡 일어나 불길을 잡아보려고 했으나, 이미 번져 버린 불길을 잡을 길이 없었고 휘두른 침낭에까지 불길이 옮겨 붙는 등 사태가 심각한 것을 직감하자 침낭을 밖에 내던지고 화차에서 뛰쳐나왔고 자신도 모르게 화약열차에 불이 붙었다고 고래고래 소리를 지르며 도망쳤다는 것이다.

뒷날 밝혀진 바이지만 화약열차 호송원이던 신무일은 폭발물 취급 자격이 없을 뿐만 아니라 화약류 직송 원칙을 무시한 수송 관계자 전원의 무사안일하고 만성적인 타성이 그렇게 엄청난 대참사의 원인이었던 것이다. 그 후 신무일은, ① 과실폭발물 파열, ② 업무상 과실 기차 파괴, ③ 업무상 과실치사상 등의 죄목으로 전북지방검찰청 군산지청에 넘겨져 10여 년의 징역형을 선고받았다는 것이다(이상 『이리시사』 1989년 판, 558~559쪽).

이리역 폭발사고 현장에 도착한 박 대통령(1977.11.12.)

구호와 복구

대사고 소식이 전해지자 이리시·전라북도는 물론이고 서울 및 타 지방 각 도에서도 온정의 물결이 쏟아진다. 중앙재해대책본부, 전라북도와 이리시의 재해대책본부가 가동되기 시작했고, 국회에서는 여야 총무가 만나 대책을 협의했다. "정부도 최대한 지원할 터이니

전 국민의 성원이 있기를 호소한다"는 최규하 국무총리의 담화가 발표된 때는 12일 새벽녘이었다.

　박정희 대통령이 김치열 내무부 장관, 신형식 건설부 장관, 신현확 보사부 장관을 대동하고 헬기로 현지를 찾은 때는 사고 발생 14시간이 지난 12일 오전 11시 정각이었다. 대통령은 우선 공중에서 사고 현장을 살피고 착륙한 뒤에는 황 지사와 함께 현장을 돌아본 후 이리시청 상황실에서 사고 현황 보고를 받는다. 사망자 유족 및 이재민·부상자 대책 등에 이어 "한 가구당 월 8만 원 수입이 될 수 있도록 취로사업을 실시하고 …… 우선 이재민을 수용할 천막촌을 건립하되 (장기 대책으로는) 이재민 아파트를 건립하여 이재민에게 분양토록 할 것이며 …… "라고 지시한다. 이 지시가 이재민이 주저앉지 않고 일어서게 된 분수령이 되었다. 사망자 유족 및 부상자 보상, 합동 장례, 전국 각지에서의 구호품 답지, 신시가지 조성 등, 폭발사고의 사후 대책은 복잡다기하여 충분히 한 권의 책이 될 수 있다. 그러나 그중에서도 단기 대책으로는 8일 만에 완성한 877개의 천막촌 건설, 장기 대책으로는 이재민 아파트 건설사업이 가장 특색 있고 돋보이는 사업이었다.

천막촌 건설

　혈육을 잃고 살 집을 날려버린 이재민에게 제일 급했던 것은 찬이슬을 피할 수 있는 보금자리를 마련해 주는 일이었다. 천막촌 건설 공사는 정부 방침에 의해 군 당국의 장비와 인력이 동원되었다. 1977년 11월 13일 소라산 속과 배산 밑에는 땅을 고르는 페이로더의 굉음이 요란했다. 낮에도 밤에도 쉴 새 없이 계속되었다. 소라산 속의 울퉁불퉁했던 1만 평의 야산이 이내 평지로 바뀌었다. 배산 밑의 5,000평 불모지도 가지런히 다듬어졌다. 부지 위에 배수로가 쳐지고 하수구가 마련됐다. 5m 폭의 도로가 뚫리고 길 좌우의 땅이 두부모처럼 반듯하게 나누어졌다. 나눠진 땅 위에 기둥이 세워지고 기둥 위에는 푸른빛의 천막이 뒤덮였다.

천막에는 중앙 재해대책본부라는 흰 글씨가 쓰여 있었다. 육군 5382부대 공병대대 장병들은 전쟁터에서 땅을 다듬어 막사를 짓듯 천막촌을 세웠다. 11월 13일부터 시작해서 20일까지 8일 동안 불철주야 작업한 강행군의 소산이었다. 철조망이 세워지기까지 약 3만 명의 인원이 투입되었고 714대의 중장비가 동원되었다. 각목으로 골격을 세웠고 그 위에 합판을 붙였으며 바닥은 두꺼운 합판으로 평상처럼 되어 있었다. 또한 지면으로부터 올라오는 습기를 방지하기 위해 바닥에 비닐을 깔고 천막 내의 습도 조절을 위해 보온용 연탄난로를 설치하였으며, 이에 따른 가스중독을 방지하기 위해 환기시설도 설치하였다.

천막촌 건설을 위한 자재들(목재 17만 재, 합판 1만 8,350매, 보도블럭 9만 3,000매, 전기용품 972동분 등)은 모두 독지가의 성품이었다. 특히 합판은 군산의 한국합판(주)에서 지원해 준 것이었다. 전북 기계공고 전기과 학생 120명은 소라산과 모현동 집단 천막촌에 나가 비가 내려 질척거리는 황톳길을 오르내리면서도 오로지 극진한 동포애로 전깃줄을 끌어다가 소켓을 연결하고 전구를 끼우는 작업을 마쳤다. 이 같은 사실을 전해 들은 시민들은 칭찬을 아끼지 않았다. 천막촌이 완전 건립되고 내부시설도 완성되어 이재민을 맞을 채비가 완료되었다. 사고 후 8일이 지난 19일 저녁이었다. 모두 867가구 4,387명이 천막촌에서 겨울을 보냈다. 천막촌 건립에 동원된 인원은 군인 2만 9,900명, 예비군 1만 7,000명, 학생 2,600명 합계 4만 9,500명이었다.

아파트 건립

사고 발생 14시간 후인 12일 오전 11시에 이리시에 도착하여 피해 지역을 시찰하던 박 대통령이 이리역 주변에 3~4층 정도의 아파트를 여러 동 지어서 이재민들에게 유리한 조건으로 분양해 주도록 지시했으며, 동석한 관계자들에게 아파트의 배열 형태까지 소상히 지시하고 있다. 이와 같은 지시에 따라 동년 12월 5일 대한주택공사에 의해 모현동지구에 1,150가구분 아파트 24개 동 건설 공사가 발주되었다. 또한 1978년 3월 30일 호남선 복선 공사 준공식에 참석했다가 피해 지역에 들른 박 대통령은 신체장애자를 위한 아파트도 추가로 건립하라고 지시하였다. 이에 따라 또다시 30가구분 아파트 2개 동이 추가 건립되었다. 이에 용기와 자극을 받게 된 이리시는 재개발지구 정리작업도 적극적으로 추진할 것을 다짐하면서 창인지구에 현대식 상가아파트를 건립할 것을 자체 사업으로 계획하게 되었다.

아파트 건립은 부지 확보와 정지작업으로 시작되었는데, 모현동 이재민아파트 부지 확보는 재개발지구로 고시된 1만 8,770평을 대상으로 신속히 전개되었다. 1만 8,770평의 대상용지는 국·공유지 5,790평과 사유지 1만 2,980평으로 이루어져 있으며, 반·소파가옥 167동이 철거 대상으로 남아 있었다. 이리시는 "국·공유지 무상양수, 사유지 매수"라는 원칙을 세우고 1977년 12월 초 착공을 목표로 11월 22일 매수와 철거 승낙을 얻은 1만 5,000평의 용지에 대해 지가 감정을 의뢰하는 한편, 공병단의 중장비 여섯 대와 장병 100여 명을 동원하여 정지작업에 들어갔으며, 토지 소유자에 대한 감정가액 지급과 전파가옥 피해자 우대를 조건으로 용지 매수와 가옥 철거 종용에 나섰다. 그러나 가옥 및 토지에 대한 감정가격이 저렴하다는 이유로 철거에 불응하자 이리시 관계자들은 매일 아침 여덟 시부터 밤 열두 시까지 가옥주를 순방하거나 주민총회를 개최하면서 매수와 철거에 응하도록 설득하였으며, 철거 응낙 주민들로 하여금 불응낙 주민을 설득하도록 종용하고 아파트가 완공되면 저렴하게 분양하겠다는 조건으로 설득을 계속하여 부지 문제를 해결하였다. 이러한 진통을 겪은 뒤 철거와 매수 동의를 얻어 12월 5일 비로소 착공되었고 12월 6일에는 국유지 양여를 정식으로 접수하였으며, 12월 7일부터는 사유지와 철거 가옥에 대한 보상이 실시되었다.

아파트 건립을 담당한 대한주택공사는 공사 기간을 12월 5일부터 1978년 6월 30일까지로 정하고 최단시일 완공을 목표로 월동공사를 시행하여 공사를 완료하였으며, 착공 200여 일 만인 1978년 7월 8일, 신형식 건설부 장관을 비롯한 각급 기관장·지방 유지·시민 다수가 참석한 가운데 감격 어린 입주식을 갖게 되었다. 이때 준공된 아파트는 13평형 26개 동 1,180가구분이었는데, 새마을회관, 어린이 놀이터, 관리사무소 등의 부대시설을 갖추고 있었다.

한편 창인동지구 재개발사업의 일환으로 창안하게 된 창인아파트는 이 지역이 이리시 중심부에 접한 상업지구인 동시에 미관지구라는 점을 감안하여 17평형의 중산층 아파트와 상가아파트를 건설할 계획으로 대상용지 5,789평에 대한 용지 매수 활동을 개시하였는데, 평당 평균가격이 시가의 50퍼센트에도 미치지 못한다는 토지주들의 반발이 있었으나 아파트를 토지 소유주에게 우선적으로 분양

준공을 앞둔 이리 재해지역 아파트 전경

한다는 원칙을 제시하고 도시개발에의 협조를 요청함으로써 부지문
제를 해결하여, 150가구분 주거용 아파트는 1978년 5월 5일에 발주
하여 상가아파트와 더불어 1978년 12월경에는 모두 완공되었다.

20년을 앞당긴 개발

새 이리 건설계획

1977년도 추가예산으로 50억 원, 1978년도 새해 예산에 80억 원,
합계 130억 원이 투입되는 새 이리 건설계획이 중앙정부에 의해 발
표된 때는 사고 8일 후인 11월 19일이었다. 마침 그날은 천막촌이
완성되어 가설 천막에서 이사를 가는 날이었다. 이날 거리에는 겨울

을 재촉하는 찬비가 내리고 있었다.

1977년 당시의 국민소득(GNP) 평균은 1,000달러였다. 담배 한 갑 (거북선) 300원, 19공탄 한 개 36원, 쌀 한 가마니(80Kg) 2만 2,000원, 시멘트 한 부대 도매가격이 8,000원 하던 당시의 130억 원이란 엄청 나게 큰 액수였다. 이 계획이 발표되기 이전의 이리시는 매년 공익 사업비 8억 원을 밑도는 빈약한 예산으로 겨우겨우 시정을 꾸려온 형편이었다. 그런 이리시민들에게 130억 원이라는 사업비는 상상을 초월한 기적 같은 지원이었다. 실로 박 대통령에 의한 획기적인 배 려였던 것이다. 아마 박 대통령 입장에서는 해도 해도 항상 따라다 니는 전라도 푸대접이란 인식에 종지부를 찍겠다는 생각이 있었을 지 모를 일이다. 그로부터 2년 후에 대통령 선거가 있을 줄은 그 누 구도 모를 때의 일이었던 것이다.

여하튼 그와 같은 거대한 지원으로 이리시는 절망을 딛고 일어 설 수 있는 용기와 자력으로도 이리시를 건설하겠다는 굳은 의지를 갖게 된 것이다. 130억 원이 투자된 이리시 건설 내용은 위에서 설명 한 아파트 건설 이외에, ① 중앙로·남북선·동서선 등 시내외 주요 가 로망이 종전의 8m에서 25m로 시원하게 뚫리게 되었으며, ② 이리역 주변 일대에 대담한 재개발사업이 실시되었고, ③ 새 이리역사 건립, ④ 77기념관 건립, ⑤ 시가지 상가 조성, ⑥ 시가지 조경, ⑦ 구획정리 사업, ⑧ 새 공업단지 조성 등으로 결실되었다. 20년이 걸려도 될까 말까 한 내용을 겨우 이삼 년 동안에 모두 완성한 것이었다. 13만 시민의 힘이 결집된 결과였고 채의석(蔡義錫) 시장을 중심으로 한 이 리시청 직원들의 노고도 매우 돋보았다. 그런데 이리시 사고 및 복 구 과정에서 가장 현저하게 드러난 것은 황인성 도지사였다. 그는 그 공로로 교통부 장관으로 발탁되었으며 그 후에도 농림수산부 장관, 국무총리 등의 요직을 맡게 된다. 황인성의 약력을 소개하면 다음과 같다.

　황인성은 1926년 1월 9일 전라북도 무주군 무풍면에서 태어났다. 그가 태어난 마을은 대덕산과 망덕산이 바라보이는 초라한 한촌이었다. 초등학교를 졸업한 뒤 대구로 나가서 미나카이라는 백화점의 말단 직원으로 근무하기도 했다. 광복 이듬해인 1946년 국방경비대에 입대하여 이등병으로 복무하다가 태릉 육군사관학교를 제4기에 수료했다. 그러나 그의 정규 교육 학력은 무풍초등학교 6년 과정뿐이었다.

　육사를 졸업한 당시는 보병 소위였으나 1947년 12월경부터 연대 지출관 등 경리 분야를 맡게 되었고, 1960년에 육군 경리감, 5·16 군사 쿠데타가 일어나자 조선전업(주) 사장이 되어 한국전력 3사 통합 작업에서 주역을 맡는다. 이어 육군본부 경리감실 경리감을 거쳐 1961년 8월에 정부에 조달청이라는 기구가 생기자 초대 조달청장, 1963년에 국방부 재정국장, 1968년에 육군 소장으로 예편했다. 1973년 3월에 국무총리 비서실장(당시 국무총리는 김종필이었다.), 그해(1973년) 10월 23일 전라북도 지사를 맡는다. 이리 사고는 전북 지사가 된 지 4년 만의 일이었다. 문자 그대로 불철주야의 분투로 사후 수습 및 이리 발전책 추진에 헌신한다. 이리 사고 이듬해 말, 즉 1978년 10월 23일에 교통부 장관에 취임하고 박 대통령 서거로 1979년 12월 교통부 장관을 사임한 다음에는 국제관광공사 사장을 지냈다. 1981년 제 11대 국회위원(무주·진안·장수), 1985년 농림수산부 장관과 제12대 국회위원(전국구), 1987년 농수산부 장관 사임 후에는 아시아나 항공 사장·회장 등을 역임했다. 1992년에 제14대 국회의원(지역구)을 지냈고, 1993년 2월에 제14대 김영삼 대통령이 취임하자 국무총리로 영입되어 만 10개월간 총리 자리에 있었다. 정규교육으로는 초등학교밖에 다니지 않은 사람으로서 국무총리가 된 이는 황인성뿐이었으니 정말 입지전적인 인물이다.

1995년 5월 10일자 법률 제4948호「경기도 평택시 등 5개 도농복합형태의 시 설치 등에 관한 법률」제4조에 의하여 이리시·익산군을 폐지하고 익산시가 탄생되었다. 시행일자도 5월 10일이었다. 그리고 4개월이 지난 그해 9월 1일자로 호남선 이리역이 익산역으로, 전라선 동이리역이 동익산역으로 바뀌었다. 호남선 철도에 이리라는 역명이 생긴 때가 1912년 3월 6일이었으니 이리라는 지명이 83년 만에 없어진 것이다. 아마 앞으로 한 10년이 더 경과하면 이리역 가스 폭발사고가 무슨 말인지, 무슨 사건인지를 모를 대학생들이 대부분이 될 것이다.

▩ ▩ ■ 참고문헌

이리시. 1989.『이리시사』.
전라북도. 1978.『총화의 기적 - 이리재해복구백서』.
조선총독부 철도국. 1929.『조선철도사』.
철도청. 1999.『한국철도 100년사』.
행정자치부. 2000.『지방행정구역요람』.
황인성. 2002.『나의 짧은 한국기행 - 증곡 황인성 회고록』. 황씨중앙종친회.
≪경향신문≫, ≪조선일보≫, ≪중앙일보≫ 등 사고 당시의 중앙지 신문들.

5공 정권의 3S 정책

2003년 현재의 한국 사회

세계가 놀란 월드컵 응원

2002년 월드컵대회 때 한국인이 보여준 열광의 나날을 '스포츠 내셔널리즘' 이라는 말로 표현하면 비난받을지도 모를 일이다. 그러나 한국인 개개인이 뭐라고 할지 모르지만 국제적으로는 엄연한 스포츠 내셔널리즘이었다. 광화문이 축구 응원 축제의 광장으로 떠오른 것은 이곳이 한국 현대사의 주요 사건이 일어난 중심지였다는 상징적 의미가 있는 데다가 동아일보·서울신문·조선일보 등 언론사들의 대형 전광판이 밀집해 있기 때문이었다.

2002년 5월 26일에 벌어진 한국과 프랑스의 평가전은 5월 31일부터 시작되는 월드컵 경기의 전주곡이었다. 이 평가전 때 광화문 네거리 구석구석에는 많은 군중이 모여들어 열띤 응원전을 펼쳤다.

거리를 가득 메운 월드컵 응원 군중(2002.6.25. 서울시청 앞 광장)

이때 모인 관중의 총수는 2만 명이었다. 이렇게 2만 명으로 시작된 것이 월드컵 첫 경기인 6월 4일의 한국 대 폴란드전 때는 15만 명으로 늘어났고, 6월 10일의 한국 대 미국전 때는 20만으로 불어나 있었다. 월드컵 16강 진출을 결정지은 14일의 대 포르투갈전 때에는 세종로 남북 방향만 남겨 놓은 채 인근 간선도로와 이면도로, 빌딩 등에 50만 명의 시민이 몰려들어 단일 사건의 군중 규모로는 국내 최대기록을 경신했다.

이에 이르러 광화문은 외국인 관광객들에게 하나의 명소가 되었다. 아일랜드인 제임스 보일러(50) 씨는 "1994년 미국 월드컵과 1998년 프랑스 월드컵도 관람했지만 이렇게 많은 사람이 모여 흥겹게 응원하는 건 처음 봤다"고 말하고 있다. 사와다가츠미(34) 마이니치신문 서울 특파원은 "다양한 계층과 정치적 입장을 달리 한 한국인들이 광화문에서 하나가 된다는 느낌"이라며, "광화문 축제는 한국인을 단합시키는 구심점"이라고 평가했다고 한다(이상 ≪조선일보≫ 2002년 6월 16일자 19면). 한편 광화문에서 겨우 200~300m 거리에 있는 서울시청 앞 광장에도 광화문 네거리 광장과 같은 규모의 군중이 모이고 있었다. 그리고 승리의 발자취가 거듭될 때마다 두 곳 군중의 경계가 점점 더 좁혀져서, 두 곳이 하나가 되어 가고 있었다. 두 곳이 하나가 된 군중의 열기가 최고조에 달한 것은 6월 18일에 있었던 이탈리아전이었다. 어떤 신문은 130만이라고 했고 다른 신문은 140만이라고 했다.

원래 한국에서 붉은색은 금기의 색이었다. 공산주의를 나타내는 색이었기 때문이다. 그러나 축구 응원 때는 달랐다. 응원단의 공식명칭이 붉은 악마였고 유니폼이 붉은 셔츠였으므로 온 거리가 붉은색으로 뒤덮여 버렸다. '대~한민국', '오~ 필승코리아' 등의 구호

(노래)가 온 시내에 울려 퍼졌다. 그날 도저히 이길 수 없다던 예상을 뒤엎고 한국이 2대 1로 역전승했을 때의 모습을 신문에서는 다음과 같이 보도하고 있다.

> 서울 광화문과 시청 앞에 모인 거리의 응원단 130만 명은 하늘 높이 번쩍 손을 뻗었다. 군중의 열기는 폭발할 것 같았다. 서로 부둥켜안은 채 마구 열광의 함성을 질러댔다. 승리가 확정되자 하늘에는 축포가 터졌다.
> 시청 앞 광장에서는 거대한 강강술래 원이 만들어졌다. 생면부지의 사람들이 서로 어깨를 걸고 강강술래 춤을 췄다. 처음에는 수줍어하던 소녀도, 민망하다며 물러섰던 넥타이 맨 중년의 신사도 승리의 기쁨을 나누는 군무에 스스럼없이 동참했다.

광화문 네거리~서울시청 광장을 잇는 세종로~태평로 일대에 120~140만 군중이 모인 것은 6월 22일의 스페인전, 6월 25일의 독일전(준결승전), 6월 29일의 터키전(3·4위전) 때까지 이어졌다. 그리고 그와 같은 붉은 악마들의 응원은 비단 광화문~서울시청 앞에서의 현상만이 아니었다. 잠실운동장에서도, 상암경기장에서도, 신촌 로터리에서도 똑같은 현상이 벌어졌다. 대구에서도 부산에서도 광주에서도 대전에서도, 그리고 설악산·지리산 밑에 있는 조그마한 초등학교 교정에서도 벌어진 현상이었다. 이탈리아전, 스페인전, 독일전 때 전국 각지의 수천~수만 명씩 모인 옥외 응원 장소는 모두 450여 곳을 넘었고, 거기에 모인 응원 군중은 언제나 700만 명을 넘었다고 한다.

월드컵 축구경기는 비단 한국에서만의 행사가 아니다. 축구경기에 열광하는 것은 브라질이니 아르헨티나니 하는 남미의 여러 나라들, 그리고 유럽의 여러 나라들 — 예컨대 영국·프랑스·스페인·이탈리아·터키 등 — 의 국민들이 열광하는 것으로 알려져 있다. 그런데 2002년 6월 한국의 여러 도시에서 전개된 응원 현상은 다른 나라들에서는 쉽게 볼 수 없는 정말 특수한 현상이었다. 세계 각국의 언론들이 그것을 대대적으로 보도한 것은 당연한 일이다.

왜 그런 현상이 일어난 것인가. 이 점에 관하여 어떤 논자는 1987년의 6월항쟁 때 페퍼포그와 최루탄 공세를 피해 싸우기 위해 시청 앞·세종로에 모였던 그 열정이 2002년 6월 이번에는 놀기 위해서 모였고, 그곳에서 그들은 신나게 논 것이라고 해석하고 있다. 또 다른 논자는 한국 사회에 커다란 문화적 변동이 일어난 결과라고 하고 그와 같은 변동의 시작은 "1993년 김영삼 정부가 들어서면서부터였다"라고 해석하고 있다. 그러나 일제강점기 이후, 1945년의 광복, 정부 수립(1948년), 6·25 전쟁(1950년), 4·19(1960년), 5·16(1961년), 10월 유신(1972년), 10·26, 12·12(1979년) 등을 비교적 냉정한 눈으로 보아온 필자는 2002년 6월에 온 나라가 붉은 악마의 응원장으로 변한 현상의 근원이 1981년부터 시작된 제5공화국 정권의 3S 정책에 기인한다고 해석한다.

나라를 덮은 러브호텔

2000년 가을에 서울에 인접해 있는 경기도 고양시에서 벌어진 반(反)러브호텔 운동 이후로 러브호텔에 관한 기사·평론·논문들을 도처에서 볼 수 있게 되었다. 그런데 그중에서 필자가 가장 재미있게 읽은 기사가 있다. 《조선일보》 2002년 8월 13일자 27면에 보도된 "불륜장사 전성시대"라는 기사였다. 그 내용의 일부를 소개하면 다음과 같다.

서울에서 불과 16km 떨어진 경기도 양주군 장흥면과 백석읍
일대, 장흥유원지-기산저수지에서 송추 방면 삼거리까지 15km의
지방도로 양쪽에 모두 85채의 러브호텔이 늘어서 있다. 그중 23
곳은 2000년 이후에 신축되었다. 러브호텔은 최근 2·3년간 도로
변뿐 아니라 산 속과 저수지 인근까지 파고들고 있다. 양주군청은
"IMF 시기에 건축 허가만 받아놓았던 러브호텔이 경기가 좋아지
면서 속속 공사를 진행해 문을 열고 있다"고 말했다.
　　러브호텔이 밀집하면서 업체마다 노골적인 손님 끌기에 나서
고 있다. 12일 이 지역 도로에는 "일본식 러브체어", "황홀한 사랑
의 찜질기", "성인 위성영화" 등의 문구가 적힌 현수막이 100여
장 내걸려 있었다.

　　숙박업 통계에 따르면 2000년 12월 현재 전국적으로 속칭 러브
호텔이라고 불릴 만한 시설은 B급 여관을 제외하고도 1만여 곳이 넘
는다고 한다. 언젠가 TV를 보았더니 경춘가도, 북한강 연안에도 수
없이 많은 러브호텔이 난립해 있다는 것이었다. 필자의 연구실에서
그렇게 먼 거리가 아닌 동대문구 장안동 장안로를 가 보면 음식점과
러브호텔 이외에는 별로 눈에 띄는 것이 없을 정도다. 도대체 우리
나라에서 러브호텔이란 낱말이 생긴 것이 언제부터의 일인가. 필자
가 가지고 있는 국어대사전과 영한·한영사전에서는 러브호텔이란
낱말을 찾을 수 없었다.
　　여기저기 자료를 찾아본 끝에 간신히 「러브호텔의 사회학」이란
글을 찾을 수 있었다. "사회적으로 인정받는 성관계를 가질 수 없는
사람들끼리 성행위를 갖는 곳"이 러브호텔이라고 정의하고 있다. 그
리고 러브호텔을 이용하는 집단의 첫째로 "성인이 되었어도 미혼인
상태인 남녀"를 들었고, 둘째로 "사회적으로 부적절한 관계를 맺고
있는 남녀들"이라 하고 그 예로 "직장 상사와 부하 여직원, 유부남과

유부녀 또는 매춘을 목적으로 하는 사람들"을 들고 있다.

그리고 러브호텔에서는 일반 호텔과는 다른 기구와 비치품들을 갖추고 있다고 한다. "예를 들어 침대가 원형이고 회전이 되기도 하며 거울이 벽과 천정에 붙어 있기도 하고 …… 창문은 밀폐되어 있으며 콘돔을 비치하고 있고 …… 비디오테이프를 비치하여 두는 점"들이라는 것이다. 이런 모양의 러브호텔은 일본에도 있다. 미국에도 있으며 유럽에도 있을 것이라고 생각한다. 그러나 일본의 경우 결코 한국만큼 그렇게 많지가 않다. 아마 밀도 면에서 따진다면 한국만큼 많은 나라는 지구상 어디에도 없을 것으로 생각한다. 그렇다면 외국인에 비해 한국인의 성욕이 특별히 강하다고 봐야 할 것인가. 필자가 여기서 이야기하고자 하는 것은 성욕이 강하다느니 그렇지 않다느니 하는 그런 내용이 아니다. 발생사적으로 그것을 허용 또는 묵인한 것이 언제부터인가라는 점이다.

1970년대에도 부적절한 성관계는 있었고 그것은 일반 호텔이나 여관에서 이루어지고 있었다. 그러나 결코 그것을 전용으로 하는 호텔은 없었다. 박정희 대통령은 강력한 독재자였고 싫어하는 것은 엄격히 규제하였다. 예를 들어 공직자가 도박을 한다든지 부동산 투자를 한다든지 하는 것은 허용되지 않았다. 공직자 중 축첩자(蓄妾者)는 일제히 추방해 버린 일도 있었다. 그런데 축첩은 허용하지 않았지만 이른바 '부적절한 성관계'에는 비교적 관대하여 그것이 널리 말썽거리만 되지 않으면 정보기관의 정보 보고로 올라와도 문제 삼지 않는 편이었다.

그러나 그렇다 할지라도 "부적절한 성의 전용 호텔" 같은 것은 절대로 허용하지 않았다. 대중적 비난의 표적이 되는 것은 결코 용납하지 않은 것이 박 대통령의 체질이었다. 필자는 러브호텔이라는 것이 허용되고 묵인된 것도 제5공화국 정권 수립 후의 '3S 정책'에 기인하고, 그 분기점이 '국풍 81'이었다고 생각한다. 즉, 이 나라에 러브호텔이란 것이 처음으로 나타나게 된 것은 '국풍 81' 이후의 일이고 그것이 오늘날처럼 난립된 것은 1991년 이후부터 지방자치가 실시되면서 지방재정 세입 늘리기에 혈안이 된 자치단체장들이 아무런 제동을 걸지 않게 된 이후부터의 일이라고 생각하고 있다.

5공 정권의 수립

대통령 교체라든가 헌법 개정 여부 같은 요인으로 제1공화국, 제2공화국 등으로 정체(政體)가 구분된다. 제1공화국은 초대 이승만 정권, 제2공화국은 장면 정권, 제3공화국은 5·16 쿠데타 이후의 박정희 정권, 제4공화국은 1972년 10월 17일 특별선언 이후의 이른바 유신 정권, 그리고 1979년 12·12 및 1980년 5월 17일 비상계엄 선포 이후의 전두환 정권을 제5공화국이라고 지칭한다. 물론 사람에 따라 위에서 제시한 각 공화국의 시점이 달라질 수 있다. 예컨대 제5공화국의 시점을 전두환이 대통령이 된 1980년 8월 27일부터라고 하는 견해도 있을 수 있을 것이나 대체적으로 봐서는 크게 다를 것이 없다.

박정희 정권은 이른바 영남 군벌 정권이었다. 정권의 실세를 군 출신이면서 동시에 경상남북도 출신들이 점하고 있었기 때문이었다. 경북 선산 출신의 박정희를 정점으로 경남 마산 출신의 박종규(朴鍾圭) 경호실장, 경남 울산 출신의 이후락(李厚洛) 비서실장·주일대사·중앙정보부장, 경북 청도 출신의 윤필용(尹必鏞) 수도경비사령관, 선산 출신의 김재규(金載圭) 제2군단장·중앙정보부장 등이 영남 군벌을 형성하고 있었다. 제3·4공화국은 그들 영남 군벌의 힘의 균형과 견제 위에서 20년 가까운 정권 유지가 가능했던 것이다. 박 대통령의 조카사위로서 5·16 쿠데타를 주도했으며, 중앙정보부를 창설하여 초대정보부장을 지냈고 1971년 6월부터 1975년 12월까지 국무총리를 지낸 김종필은 형식상은 제2인자였으나 충청남도 출신이라서 영남 군벌에 속하지 않았으며, 따라서 그는 박 대통령의 후계자가 될 수 없었던 것이다.

철통같은 단결이 이루어진 것으로 알려졌던 영남 군벌에 균열이 생긴 것은 윤필용 사건이 처음이었다. 육사 8기생으로서 박정희 사단장 밑에서 대대장·군수참모 등을 역임하였고 5·16 후에는 최고회의 의장 비서실장 대리, 방첩부대장, 월남 파견 맹호사단장 등을 거쳐 1970년에 수도경비사령관에 등용된 육군 소장 윤필용은, 종신 집권을 꿈꾸고 있던 박 대통령의 의중을 살피지 못하고 삼선 후 퇴임을 전제로 한 "정권 이양 후 박 대통령의 후견인이 되겠다"는 뜻을 밝힌 탓에 박 대통령의 분노를 사 군법회의에 회부되어 15년 징역형이 선고되었다. 평소에 윤필용과 가까웠다는 소문을 불식하고 대통령의 신임을 회복하기 위해 도쿄에서 김대중을 납치해 서울까지 데려온 사건 때문에 중앙정보부장으로 있던 이후락도 실각한다. 1973년 8월의 일이었다. 이듬해(1974년) 8월 15일에 대통령 영부인 육영수 여사가 시해된 사건으로 박종규 경호실장도 실각하였다. 1979년 10월 26일 밤에 궁정동 안가에서 일어난 박 대통령 시해 사건은 영남 군벌 제1세대로서 마지막으로 남은 김재규가 일으킨 사건이었다. 마침 사건 당시 보안사령관이 전두환이었다.

경상남도 협천군 율곡면 내천리, 전두환은 산골 작은 마을 가난한 농부의 5남으로 태어났다. 여덟 살 때 온 식구가 만주로 이주했으나 1년도 못 되어 돌아와 대구에서 살았다. 대구공고를 다닐 때부터 축구를 좋아해 축구부에 속했다고 한다. 6·25 전쟁이 한창이었던 1951년 12월에 육사 11기생으로 입학한다. 육사는 11기생부터 정규 4년제가 되었다. 훗날 전두환을 정점으로 영남군벌 제2세대를 형성하게 될 노태우·정호용·김복동 등이 모두 육사 11기 동기생이었다. 전두환은 육사의 졸업 석차는 중간쯤이었는데 스포츠 만능이었고 특히 유명한 골키퍼였다고 한다.

그는 아마 타고나기를 파벌 만들기와 그 두목이 되기를 좋아하는 듯, 육사 동기 대구 출신들과 처음에는 북극성회라는 모임을 만들었다가 오성회(五星會)·칠성회(七星會)로 발전하였고, 마침내 후배들까지 끌어들여 하나회를 형성하게 된다. 주로 영남 출신자로서 학업 성적 등이 우수하여 사관학교 재학 시절부터 두각을 나타낸 소장 장교들을 규합한 군대 내 사조직이었다. 원래 군대 내 사조직은 엄격히 금지된 것인데 유독 하나회는 그것이 처음 구성된 1960년대 전반기부터 박 대통령이 묵인했을 뿐 아니라 격려금을 하사하는 등으로 오히려 지원했다고 한다. 그리하여 그들(하나회 구성원들)은 군 보직 중 가장 알맹이에 해당하는 육군본부 진급과·보안사령부 내사과를 완전 장악하는 데 성공했으며, 그 결과로 청와대 경호실·중앙정보부·보안사령부·수도경비사령부 등의 요직을 돌려가며 맡으면서 이른바 정치군인의 출세가도를 달리게 된다.

전두환은 5·16 때 서울대학교 문리대 배속장교로 있으면서 육사생도 5·16 쿠데타 지지행진을 촉구한 공적으로 최고회의 의장실 민원비서관으로 발탁되었고, 1963년에 중앙정보부 인사과장, 육군본부 인사참모부 진급과장, 1966년에 제1공수특전단 부단장, 1967년에 수도경비사령부 제30대대장, 1970년에 주월 백마사단 제29연대장, 1971년에 제1공수특전단장, 1973년에 준장 진급과 동시에 대통령경호실 차장보, 1977년에 육군 소장, 1978년에 제1사단장, 1979년에 국군 보안사령관을 지냈다.

출세가도라는 말은 흔히 쓰이는 것이지만 전두환의 경우와 같은 완전히 보호된 상태하에서의 초고속 출세라는 것이 있어도 괜찮은 것인가. 군대 내 하나회라는 사조직이 얼마나 독버섯 같은 존재였는지를 실감케 해 주는 이력이다.

박 대통령이 시해되자 즉각 계엄령이 선포되었고 계엄사령관에 육군 참모총장 정승화(鄭昇和)가 임명되었다. 계엄사령관이 입법·행정·사법 등 삼권을 사실상 장악하게 되었고 보안사령관 전두환이 계엄하에서 맡은 것은 박 대통령 시해 사건 합동수사본부장이라는 직책이었다. 그런데 수사본부장을 맡은 전두환의 행동은 실로 과감하고도 기민한 것이었다. 대통령 시해범인 김재규와 그 일당을 체포하고 수사한 것은 당연한 일이었지만 그는 동시에 김재규가 장으로 있었던 중앙정보부 자체를 일거에 제압하고 점거해 버린다. 수사권과 더불어 일체의 정보망도 완전 장악해 버린 것이다. 그리고 12월 12일에는 수도경비사령관·특전사령관 등을 서대문구 연희동 모 비밀 요정에 유인하여 이목이 완전히 가려진 상태에 두게 하고, 직속상관이면서 삼권을 장악하고 있던 정승화를 대통령 시해사건 관련자로 몰아 체포·감금해 버린다. 이어 수도경비사령관 장태완, 특전사령관 정병주도 체포하거나 추방해 버렸으며, 그 후임에 육사 동기생이면서 북극성회에서 하나회까지의 맹우인 노태우·정호용 등을 앉혀 버린다. 이른바 12·12 사태라는 이름의 쿠데타였다. 보안사령관 전두환이 중앙정보부장 서리를 맡은 때는 1980년 4월 14일이었고 사실상의 정권 장악이었다. 1979년 12월 21일 이래로 대통령 자리에 있던 최규하는 유명무실한 존재로 전락한다.

김종필·이후락 등이 부정 축재 혐의로, 김대중·문익환 등이 소요 조종 혐의로 계엄사령부에 연행된 때는 1980년 5월 17일이었고 다음날 광주민주항쟁이 일어났다. 계엄령 철폐와 전두환 퇴진, 김대중 석방 등을 요구하며 전개된 이 항쟁이 1,000명 이상의 사상자를 내고 막을 내린 때는 5월 27일이었다. 그리고 3일이 지난 5월 30일에 국가보위비상대책위원회라는 것이 발족되었으며, 전두환이 상임위원장에 취임했다. 신군부독재가 시작된 것이다.

공무원 6,000여 명, 국영기업체 임직원 등 3,000여 명의 숙정·추방, 170여 개 정기간행물의 폐간 등 언론기관 통폐합, 폭력·사기·밀수·마약 등 사회악 일소를 위한 특별조치, 폭력배 등 6만여 명의 검거와 삼청교육대 입소, 대학입시제도 개혁과 과외 공부 금지 등 하루가 멀다 하고 연이어 발표·실시된 국보위 통치를 돌이켜 한마디로 요약하면, 그것은 '공포정치'였다. 그리고 그 공포의 정점에 보안사령부 서빙고 분실이 있었으며, 누구든지 이 분실에 불려 갔다 오면 육체적·정신적인 지옥을 경험한다는 이야기였다. 어떤 기록은 "1980년은 한국 언론 100년의 역사에 있어 가장 잔인한 탄압, 가장 본질적인 변혁이 강요된 해로 기록될 것이다"라고 기술하고 있는데, 그와 같은 탄압은 국민 생활의 여러 측면에서 일어난 것이었고 결코 언론만의 현상은 아니었을 것이다.

실권 없는 대통령 최규하가 전두환 위원장에게 대장 계급장을 달아준 때는 1980년 8월 5일이었고, 대통령직에서 사임한 때는 8월 16일이었다. 그리고 전두환이 8월 27일에 치러진 (통일주체국민회의) 장충단 선거에서 당선되어 제11대 대통령에 취임한 때는 그해 9월

제12대 전두환 대통령 취임식(1981.3.3.)

1일이었다. 부랴부랴 새 헌법이라는 것이 만들어졌고 국민투표에 붙여져 가결되었으며, 새 헌법에 의한 입법회의라는 것도 생겨나고 새 대통령을 선출할 선거인단 선거도 치러졌다. 형식상 미국식을 닮은 선거인단 선거에 의해 전두환이 임기 7년이 보장된 제12대 대통령에 당선된 때는 1981년 2월 25일이었고, 3월 3일에 취임식이 거행되었다.

지금까지 전두환이 정권을 잡아 제5공화국이 성립된 과정을 고찰하였으나 그것은 어디까지나 형식이었을 뿐이고, 그 실질에 있어서는 박 대통령 서거에 교묘하게 편승한 정권 찬탈 행위였다. 하기야 제3공화국도 제4공화국도 그 본질은 정권 탈취 행위였고 제5공화국과 별로 다를 것이 없었다. 그러나 제5공화국이 성립되었을 때는 제3·제4공화국 때보다 국민들의 정치의식, 민주화에 대한 욕구가 훨씬 높아져 있었을 뿐 아니라 이번에는 광주·전남, 나아가 수도권

일원에 이르기까지 광주항쟁 진압에 관한 뿌리 깊은 증오와 원한이
있었다. 그것이 새 정권의 정통성·도덕성 시비로 발전한 것은 당연
한 일이었다.

3S 정책

그 기점은 언제인가

Sports·Screen·Sex를 장려 또는 묵인하여 정치에만 쏠려 있는 국
민의 관심을 향락 면으로 돌리는 탈정치·우민화 정책을 3S 정책이라
고 한다. 역사상 3S 정책을 처음 실시한 것은 미국이 필리핀 통치를
할 때였다고 한다. 그런데 1898년에 시작하여 1946년까지 계속되는
미국 필리핀 통치의 어느 시기에 어떻게 그러한 정책들이 실시된 것
인지 찾아보았으나 끝내 찾을 수가 없었다. 아마 우민화 정책의 상
세를 역사상에 남겨 놓지 않기 위한 기록 말살 정책도 철저히 실시
된 것으로 추측된다.

이는 5공의 정책에서도 마찬가지였다. 우선 그 최초의 제안자가
누구였는가를 찾을 수 없었다. 흔히 5공 정권 최대의 실권자는 허화
평(許和平)·허삼수(許三洙)의 두 허였고 그 이론적 뒷받침은 허문도(許
文道)가 한 것으로 전해지고 있으니, 3S 정책 제안자도 그 언저리에서
찾아야겠지만 끝내 찾을 수가 없었다.

다음은 그 기점이 언제인가이다. 논자에 따라서는 1980년 7월
8일에 개최된 제29회 미스유니버스대회 때부터라고 하는데 그것은
이미 3·4년 전부터 맺어져 있던 국제간 협약이 시행된 결과였지 3S

정책의 기점이 되지는 않는다고 봐야 할 것이다. 또 컬러 TV 방송이 시작된 1980년 12월(KBS 12.1., MBC 12.22.)이 기점이라는 논자도 있으나 그것도 아닌 것 같다. 이미 컬러 TV 판매가 시작된 1980년 8월 현재 150개 UN 회원국 중 102개 국가가 컬러 TV 방송을 하고 있었고 한국에서도 1977년부터 시작하여 1980년 8월경에는 모든 준비가 갖추어져 있어, 예정된 일정이 진행된 것에 불과하다고 봐야 할 것이다.

결국 3S 정책의 기점은 1981년 5월 28일부터 시작한 '국풍 81'이었다고 봐야 할 것이나, 국고보조금, 예산 책정 등으로 그것이 태동된 때는 역시 1980년 8·9월경으로 거슬러 올라가야 할 것이니 결국 제11대 대통령 취임식이 거행된 1980년 9월 1일을 3S 정책의 기점으로 봐야 할 것 같다.

'국풍 81', 예술의 전당, 야간 통행금지 해제

제5공화국의 출범과 함께 국민적 대화합을 이룩하고 아울러 민족문화의 선양과 국민 사기의 진작을 위하여 1981년 5월 28일부터 6월 1일까지 5일 동안 서울 여의도 광장에서 베풀어졌던 잔치판이 '국풍 81'이었다. 한국신문협회 주최 한국방송공사(KBS) 주관, 고려대학교 민족문화연구소 후원으로 개최되었다. 서울신문사장 문태갑·고려대 민족문화연구소장 홍일식·KBS 사장 이원홍 등의 조직위원과 국악인 김기수·무용인 김백봉·교향악 지휘자 김희조·민속학자 최상수 등 15명의 자문위원, 전국 각 신문사 발행인으로 된 협의위원이 협력하였다. 그 밖의 집행위원 11명을 비롯하여 모두 30여 개 부문으로 나누어 각 책임자와 위원을 배치한 방대한 조직으로 운영되었다. '국풍 81'이라는 주제 외에 전국 대학생 민속·국악 큰잔치라는 부제를 내걸었던 이 행사의 내용은, 개막행사로 ① 장승백이 지신밟기, ② 팔도 미락정(八道味樂亭) 개관식, ③ 팔도 명물시장 개관식, ④ 국풍 행렬, ⑤ 축하 비행, ⑥ 풍년기원제, ⑦ 전야제가 벌어졌고, 이어 본행사로 민속제·전통예술제·젊은이 가요제·연극제·국풍장사 씨름판·팔도굿·남사당놀이·젊음의 대합창·시민 참가 행사·재주 겨루기·학술제 등이 치러졌다.

여의도 대광장에서 5일 동안 야간 통행금지까지 해제된 상태에서 벌어진 이 행사의 본질은 "자 모든 것을 잊어버리고 한판 거나하게 놀자. 술과 안주는 얼마든지 있다. 팔도의 맛도 다 모였고 명물과 재주꾼도 다 모였다. 노래도 부르고 씨름판도 벌이자. 그리하여 1979, 1980년에 있었던 정권 찬탈극이라든가 광주에서의 민중학살 같은 것은 모두 잊어버리고 한판 거나하게 마시고 놀자"는 대대적인 관제 행사였다. 이 행사에 언론 통폐합 과정에서 살아남았을 뿐 아니라 오히려 비대해지고 경영 상태가 튼튼해진 각 언론사들이 아낌없이 박수치고 협조한 것이다. 이 행사를 치르기 위해 여의도 광장에는 제1무대(59평), 제2무대(63평), 제3무대(60평)와 진행 본부(91평)가 설치되었고, "새 역사를 창조하는 것은 청년의 열과 의지와 힘이다"라는 표어가 쓰인 가로 200m, 세로 16m의 초대형 입간판과 "뜨겁게 힘차게 아름답게 새 시대 민족문화를 꽃피우자"라는 표어와 국풍 상징 마크가 새겨진 대형 현수막 세 개가 광장을 압도하였다. 그 밖에 600여 개의 축등과 30여 개의 애드벌룬이 장식 효과를 더하였다. 행사기간 중 동원된 인원은 5,000명, 참관인원은 500만 명에 달했다고 한다.

제5공화국만큼 문화라는 말을 좋아한 정권은 그 이전에는 없었다. 우선 5공 정권은 그 근거로 마련한 헌법의 전문(前文)을 "유구한

민족사, 빛나는 문화"라는 말로 시작하고 있다. 그리고 헌법 제1장 총강 제8조에서 "국가는 전통문화의 계승·발전과 민족문화의 창달에 노력하여야 한다"라고 규정한다. 과거의 헌법에는 없던 문장이었다. 그리고 대통령 취임선서에도 "나는 헌법을 준수하고 국가를 보위하며"의 다음에 "민족문화의 발전 및 국민의 자유와 복리의 증진에 노력하고 ……"라는 글귀가 들어 있다. 물론 측근 중의 누군가가 연출한 것이겠지만 전두환 스스로도 문화대통령이기를 희망 또는 자인했을 것이다.

예술의 전당은 '국풍 81'과 같은 잔치판에는 휩쓸리지 못하는 계층의 문화인들을 위한 시설이었다. 『실록 제5공화국』에 의하면 전 대통령은 정부 수립 후 얼마 안 지나서 "프랑스의 퐁피두센터나 영국의 바비칸센터와 같은 문화예술시설의 건립을 관련자에게 검토하게" 했다고 한다(제4권, 251쪽). 문화예술의 종합 센터를 건립한다는 기본 방향 아래 서울 강남구 서초동 130번지 일대 우면산 기슭의 부지 7만 2,000여 평을 확정한 때는 1983년 7월 13일이었고, 1984년 11월 14일에 기공식을 거행했다. 서초동 예술의 전당 부지 내에 국립국악당 건립 기공식을 거행한 것도 1984년 11월 14일이었다. 그리고 과천시 막계리 청계산 기슭에 국립현대미술관 건립 부지를 확정한 것은 1982년 9월이었고 1984년 5월 1일에 기공식을 거행했다.

그런 모든 것을 연출한 누군가가 있어 국민의 관심을 정치에서 멀어지게 되기를 희망한 결과의 산물이라 생각되지만, 예술의 전당의 경우 전당이라는 이름이 지니는 고압적 자세가 극히 비예술적이었고, 과천 현대미술관의 경우 그것이 위치한 자리가 국민 일반의 친(親)미술성을 멀리했다고 판단된다. 필자의 『서울 도시계획이야기』(제4권, 174쪽)에서는 현대미술관이 과천시 막계리에 위치한 점을 다음과 같이 비판하고 있다.

한국인이 미술작품을 자주 대하지 않게 된 원인, 즉 한국인이 미술을 사랑하는 마음을 잃어버리게 된 원인을 제공한 사람들이 누구냐. 그것은 국립현대미술관을 과천땅 막계리에 짓도록 입지 선정을 한 당사자들, 대통령 전두환, 문화공보부 장관 이진희, 서울특별시장 김성배 등이라고 한다면 나의 지나친 편견이라고 할 것인가?

광복 후의 야간 통행금지제도는 38선 이남에 군정을 실시하기 위해 미군이 진주해 온 1945년 9월 8일, 미 제24군 사령관이 경성·인천 두 지역에 저녁 8시~아침 5시까지 일반인의 통행을 금지한다는 일반명령을 발한 것이 처음이며, 이어 9월 29일에는 일반명령을 개정한 야간 통행금지령이 발포되어 "미국 육군이 점령한 조선지역 내 인민에게 22시부터 04시까지의 야간 통행금지"가 포고되었다. 이 군정법령이 대한민국 건국 후에도 계승되어 그때마다의 치안 상태에 따라 시간이 밤 11시부터로 단축되기도 하고 경우에 따라서는 연장되기도 하면서 지켜져 왔다. 통행금지제도가 우리나라 법령에서 제도화된 것은 1954년 4월 1일자 「경범죄처벌법」 제1조의 43에 "전시·천재지변 기타 사회에 위험이 발생할 우려가 있는 때 내무부 장관이 정하는 야간 통행제한에 위반한 자"라고 규정되어 야간 통행금지 위반자가 구류 또는 과료에 처하게 되었을 때부터였다.

이 법령이 뚜렷한 근거법령 없이 근 40년간이나 존속되어 온 것은 휴전선을 사이에 두고 항상 준전시 상태에 있다는 암묵의 양해가 국민간에 있었기 때문이었다. 그러므로 이 제도는, ① 어떤 사회 불안 요인이나 정변이 있을 때에는 통행제한 시간이 연장되고, ② 성탄

절이나 연말연시와 같이 야간 통행이 빈번해질 때는 일시 해제되기도 했으며, ③ 경주·제주도·충청북도 등지에는 순차적으로 전면 해제되면서 1981년까지 존속되어 온 것이었다.

이 제도의 전면 해제 건의안이 국회 내무위원회에서 가결된 때는 1981년 12월 10일이었고, 이듬해인 1982년 1월 5일의 국무회의에서 경기·강원 양 도 내의 휴전선 접적지역(接敵地域)과 해안선을 낀 면부(面部)들을 제외한 전국 일원의 야간 통행금지가 해제되었다. 1982년 1월 6일부터 시행된 야간 통행금지 해제 조치는 사람들의 생활상을 완전히 바꾸어 놓았다. 통행금지 시간에 쫓겨 귀가를 서두르는 사람들도 없어졌고, 여기저기서 볼 수 있었던 바리케이드와 텅 빈 밤거리 모습도 찾아볼 수 없게 되었다. 심야극장이 성황을 이루고 3차·4차로 이어지는 새로운 음주문화도 생겨났다. 각종 강력범죄가 늘어나는 등 부작용이 있기는 했지만 야간 통행금지 해제 조치야말로 5공 3S 정책의 핵이 되는 시책이었다.

프로야구, 민속씨름, 프로축구 ······

한국 야구위원회 초대 사무총장을 지낸 이용일씨의 『백구와 함께 한 60년』에 의하면, 청와대 측의 요구로 「한국 프로야구 창립계획서」를 작성해 올린 때는 1981년 8월경이었고 당시 청와대 담당자는 교육문화 수석비서관 이상주(李相周)였다.

MBC·OB·삼성·롯데·해태·삼미 등 6개 팀이 확정되고 서종철(徐鍾哲) 전 국방부 장관이 총재를 맡기로 한 프로야구 최초의 구단주회의가 1981년 12월 11일에 롯데호텔에서 열렸다. 야구위원회 초대 총재로 취임한 서종철은 육사 1기생으로서 육군 참모총장·대통령 안보

전두환 대통령 프로야구 시구(1982.3.27.)

담당 특별보좌관·국방부 장관을 역임한 한국 육군의 대들보와 같은 존재였다. 그가 참모총장으로 있을 당시 전속부관이 전두환이었고 전두환의 후임이 노태우였다고 한다.

　　서종철 총재와 6개 구단주가 청와대로 가서 전 대통령을 만난 때는 1982년 1월 20일이었고, 이규호 문교부 장관·이상주 수석비서관이 배석했다. 이 자리에서 전 대통령은 해박한 국내외 스포츠 지식을 피력한데 이어, ① 프로야구 선수들은 각 구단 연고 소재지에 거주케 할 것, ② TV에서 매일 드라마만 방영하지 말고 프로야구 중계도 많이 방송하도록 문화공보부 장관에게 전달할 것, ③ 그 밖에 문공·내무·재무·국방 등 각 장관에게 연락해서 문교부와 문화공보부는 각 언론기관을 통해 대대적인 홍보를 할 것, 각 구단이 흑자가 될 때까지 면세조치할 것, 선수들의 방위병 근무를 몇 년간 분할해서 복무하는 방법을 연구해볼 것 등이 지시되었다. 그리고 각 구단주들에게는 "전력이 평준화될 수 있도록 훈련을 철저히 하라.", "지방 유지들이 관심을 갖도록 지역적 특색이 있는 응원을 하라.", "고교야구 팬들을 프로야구 팬으로 끌어들이도록 하라.", "스타를 만들어라. 그것이 프로야구가 발전하는 길이다.", "운동선수도 부자가 될 수 있어야 한다." 등이 지시되었다고 한다.

전 대통령의 시구로 프로야구 개막전이 치러진 것은 1982년 3월 27일 오후 1시 20분이었고 장소는 동대문운동장이었다. MBC 청룡 대 삼성 라이온즈 간 개막전에서 전 대통령의 시구는 일반적인 시구나 시축 장면과 달리 스트라이크 존에 정확히 들어가는 강속구였다고 한다. 개막전은 장장 4시간 15분에 걸친 불꽃 튀는 타격전이었다. 청룡은 이날 잇따른 실책으로 2회에 이미 5점이라는 대량 실점을 당해 패색이 짙었으나 6회말 백인천의 홈런, 7회말 4번 유승안의 3점 홈런으로 7대 7 동점을 만들었다. 그 후 양 팀은 결승점을 내지 못하고 연장전에 들어갔는데, 연장 1회말 만루의 찬스에서 청룡의 6번 이종도가 왼쪽 펜스를 넘기는 만루홈런을 쳐 개막전 치고는 더할 나위 없이 멋진 게임으로 2만 5,000 관중을 매료시키기에 부족함이 없었다. MBC 청룡이 서울, 삼성 라이온즈가 대구, 롯데 자이언츠가 부산, 해태 타이거즈가 광주를 대표하는 지역연고제가 지역감정을 부추기게 되는 것 아닌가라는 의구심은 처음부터 있었으나, 지역연고제가 아니었으면 프로야구 자체가 정착되지 않았을 것이다.

프로야구 초기 그것을 정착·발전케 한 팀이 해태 타이거즈였다. 광주에서의 경기는 물론이고 서울·부산·인천·대전·대구에서도 항상 만원 관중을 동원하였다. 인천 같은 경우 해태 타이거즈와의 시합이 벌어지는 날이면 인천 거주 호남인들 다수가 해태 응원차 운동장으로 가기 때문에 이발관·음식점 등 대중영업장이 모두 문을 닫는 현상이 연출되었다. 호남 푸대접·광주항쟁 등으로 쌓이고 쌓인 감정을 타이거즈 응원으로 풀 수 있었으니 라이온즈전, 롯데전 때는 광적이라 할 만큼 열을 올렸고, 1987년 대선을 앞두고는 운집한 호남 관중들이 김대중을 연호하는 해프닝이 일어나기도 했었다. 팬들의 광적이라 할 만한 열띤 응원을 배경으로 해태 타이거즈는 승리에 승리를 거듭하였다. 그래서 1982~1997년까지 16시즌 중에서 아홉 차례 우승이라는 위업을 달성할 수 있었으며, 선동렬·김봉연·김성한·한대화 같은 대형 스타를 낳을 수 있었다.

1982년 4월에 출범한 민속씨름위원회가 KBS와 공동주최하는 제1회 천하장사 씨름대회를 장충체육관에서 개최한 때는 1983년 4월 11일이었다. ① 이전까지는 야외 모래판에서 실시하던 것을 실내의 매트에서 하게 된 점, ② 그때까지는 뉴스로만 취급해 온 것을 경기가 열리는 3일간 KBS에서 중계방송한 점, ③ 체급제를 도입하여 그 명칭을 국내 명산의 이름을 따서 금강급·한라급·백두급으로 나누는 한편 체급의 제한이 없는 천하장사전을 도입한 점 등이 특징이었다. 그리고 천하장사에게는 쌀 한 가마에 4만 원 정도 하던 당시로 봐서는 엄청난 거금인 1,500만 원이 수여되어 이만기라는 슈퍼스타를 낳는 등 각광을 받았다. 그러나 민속씨름이라는 이름 그대로 그것이 지닌 전통성 때문에 국제화·세계화의 요구와는 거리가 멀 뿐 아니라 개최 시기와 장소가 일정하지 않아 젊은 층의 광범한 호응을 얻지 못한 채 오늘에 이르고 있다.

프로축구 K리그는 1983년에 두 개의 프로팀과 세 개의 실업팀이 참가한 슈퍼리그 형식으로 시작하였다. 그러나 국내 축구팬들의 열성적인 지원과 국제적인 축구 열기, 4년마다 개최되는 월드컵의 영향으로 발전을 거듭한 결과 현재는 12개 팀 480명의 선수로 확대되었다. 일본의 J리그가 한국보다 10년이 늦은 1993년에 출범한 것과 비교하면 한국의 축구 열기가 얼마나 대단한 것이었는지 알 수 있다.

1982년에 프로야구, 1983년에 민속씨름과 프로축구가 시작되자 대한농구협회는 농구대잔치라는 호화 이벤트로 정부 시책에 호응하였다. 역시 1983년에 시작한 농구대잔치는 비록 그것이 아마추어 리그였기는 하나 대회 기간이 연말에서 연초로 이어지는 겨울 스포츠로 정착되었으며, 점차 농구 프로화의 기틀을 마련하는 대회로 자리 잡았다. 대회 출범 첫해에는 161경기를 치르는 동안 20만 명이 넘는 관중이 입장하였고, 절정을 이룬 1994~1995년 시즌에는 206경기를 치르는 동안 40여 만 명이 입장하는 등 폭발적인 인기를 얻었다. KBL(한국프로농구협회)이 구성되어 남자 농구의 프로화가 시작된 것은 1997년부터의 일이며, 현재 열 개의 농구단이 가입되어 있다. 또 별도로 여자 농구도 1998년부터는 프로화되어 현재 여섯 개 팀이 다투고 있다.

그러나 한국보다 인구 규모가 세 배, 면적이 네 배, 경제 규모는 열 배도 넘는 일본에서 아직 프로농구 같은 것은 생각도 하지 않고 있는 현실과 비교할 때, 관객 규모가 그렇게 많지 않은 농구에 이르기까지 굳이 프로화해야 했는가에 관해서 필자는 비판적인 입장에 있다.

<애마부인>, <어우동>, <변강쇠>로 이어진 성애영화

1980년 말부터 대두된 컬러 TV 시대를 맞아 1981년 신정 연휴의 극장가는 1980년 같은 기간에 비해 20퍼센트 이상의 관객이 감소했다. 국산영화 <사람의 아들>은 개봉 10일 만에 간판을 내렸고 <강변부인> 또한 같은 상황이었다. 업계는 검열의 가위질과 컬러 TV 와의 경쟁으로 한국 영화계는 얼마 안 가서 멸망해 버린다고 아우성을 질렀다. 검열을 완화해 달라는 건의서가 되풀이 접수되었고 영화인대회도 개최되었다. 장기불황에서 벗어나려면 성(性) 묘사의 농도를 짙게 해야 한다는 것으로 업계의 의견은 일치되고 있었다.

이변은 1982년 2월 초에 나타났다. 안소영이라는 신인이 육감적 연기를 보여 노출도가 짙었던 새 영화 <애마부인>이 문화공보부 검열 과정을 거의 가위질 없이 통과한 것이었다. 이때 검열에서 문제된 것은 "말을 사랑한다"는 제목뿐이었고 愛馬를 愛麻로 바꾸는 것 외에 내용 면에서는 거의 가위질을 당하지 않았다. "앞으로 성애영화에는 관대하게 대하겠다"는 정부의 의지가 확인되는 계기가 된 것이었다.

<애마부인>이 2월 초순에 공개되자 서울을 비롯한 전국의 극장가에 관람객이 모여들었다. 노출도 짙은 성애영화 전성시대를 더 부추긴 것은 심야영화 상영이 허용되고 난 뒤의 일이었다. <애마부인>이 상영된 지 40여 일이 지난 1982년 3월 13일, 서울의 스카라극장에서 나이트 쇼라는 이름의 시사회가 밤 11시 30분부터 열리고 2,000명의 관객이 몰려 일대 혼잡을 이룬 것이 시초였다. 이어서 그 달 27일부터 서울극장이 매주 토요일 밤 12시부터 미드나이트 시어터라는 것을 개설하여 <애마부인>을 상영한다. 심야 향락문화가

영화 <애마부인>의 한 장면

밤거리를 메웠다. "부도덕한 정권이 섹스문화를 전파하기 위해 실로 교묘한 정책을 쓰고 있다"는 비판도 있기는 했으나 그런 비판은 결코 표면화될 수 없는 그런 시대였고, 또 설령 표면화되었던들 이미 짙은 노출도에 취해 버린 관객들의 취향을 바꾸어 놓을 수도 없게 되어 있었다. <애마부인>은 32만 명에 달하는 관객을 모아 1982년도 영화흥행 단연 제1위를 기록했을 뿐 아니라 <애마부인> 시리즈가 계속 만들어지면서 1980년대에서 1990년대로 연대가 바뀌어도 계속되다가, 감독도 바꾸고 출연진도 바꾸어 가면서 마침내 <애마부인 10>에 이어 <애마부인의 딸>까지 모두 11편이 제작되었다.

　　<애마부인>의 흥행이 성공하자 원작으로도 말썽이 많았던 <반노(叛奴)> 1편과 2편이 제작되었고, <애마부인>과 경쟁·병행하는 모양으로 <빨간 앵두> 시리즈가 1편에서 8편까지 제작되었다.

이렇게 성애영화가 줄을 이어 제작된 데는 일정한 최소한의 관객층을 동원할 수 있다는 점과 비교적 제작비가 적게 든다는 안이함도 크게 작용했다. 그와 같은 안이함이 애로물의 대량생산을 유발하였으니, 예컨대 1985년의 경우 모두 80편의 국산 영화가 제작·상영되었는데 그중 거의 80퍼센트를 성애영화가 차지했다. 그중에서도 신한영화(주)가 제작한 <서울에서 마지막 탱고>와 <빨간앵두> 2편은 거의 포르노 수준의 노출도를 보여주었으나 흥행적으로는 크게 성공하지 못한다. 이렇게 성공하지 못한 성애물이 있는가 하면 같은 해 태영영화사가 제작한 <어우동>은 조선왕조 성종 때 있었던 실화를 영화로 만든 시대물로서 대담한 성애영화였음에도 불구하고 작품성도 평가받아 단성사에서 상영일 수 133일, 48만 명의 관객을 동원하여 그해 흥행 성적 제2위의 자리를 차지한다. 1985년 어우동의 흥행 성공은 1986년에 <변강쇠>를 제작하게 한다. 조선시대 어우동이 여자 성행위의 대표주자였다면 변강쇠는 남자 정력가의 대표주자처럼 되어 있었다. 그때까지 성애영화는 주로 여자의 육체미가 중심 소재였는데 영화 <변강쇠>는 성애영화가 결코 여자의 육체미만이 전부가 아님을 입증해 보인다. 영화연감에 소개된 줄거리를 보면 허황된 내용의 오락물이었는데 그래도 그해 흥행 성적 제7위를 차지하고 있다. 그 후에도 <매춘> 시리즈 등 적잖게 많은 성애영화가 제작·상영되었고, 1992년에는 외화 <원초적 본능>이 100만의 관객을 모으는 기록을 세워 성애영화의 절정을 이루었다.

　<애마부인> 이후 20년의 세월이 흐르면서 한국 영화계도 커다란 변화를 경험한다. 검열제가 심사제로 바뀌었고 등급제가 되었다. 현재는 포르노 수준 영화의 제작도 허용되고 그 정도가 일본의 수준을 넘어 거의 구미 각국 수준에 도달한 것으로 알려지고 있다. 한편

으로 1993년의 <서편제> 이후 성 묘사와는 관계가 없는 국산 영화도 적잖게 생산되어, 국내뿐만 아니라 국제적으로도 평가되고 상업적 성공도 거두고 있다.

3S 정책과 대중소비시대

1980년대 초 5공 정권이 전개한 3S 정책은 한국의 대중소비시대와 맞물려 엄청난 파급효과를 낳는다.

대중사회(mass society)라는 말은 나치스 독일에서 탈출하여 영국에 망명해 있던 칼 만하임(Karl Mannheim)이 1934년 3월 7일 런던대학교에서 한 강연에서 처음 사용했다고 한다. 대중이란 "넓은 범위에 흩어져 있는 조직되지 않은 다수의 사람들"이라는 뜻이며, 그 특징으로 획일성(畫一性), 동조성(同調性), 수동성(受動性), 정치적 무관심 등을 들 수 있다. 대중사회가 되기 위해서는 굶주리는 사람이 없어야 하고 모든 사람이 자유로워야 하며 모든 물품이 골고루 소유되어야 한다.

미국이 대중사회가 된 때는 1930년대였고 그것을 촉구한 것은 자동차의 보급이었다고 한다. 일본은 1960년대 후반기에 대중사회가 되었다. 필자가 1966년에 일본에 간 적이 있는데, 그때 1가구 1전화운동이 전개되고 있었다. 한국 사회는 1966년까지 굶주리는 사람이 있었고 보릿고개니 춘궁기니 하는 것이 있었다. 박정희 정권 때는 1970년대 말까지도 장발 단속이 있었고 미니스커트는 허용되지 않았다.

1979년 현재 가구 수는 800만에 달하고 있었는데 전국의 자동차 대수는 49만 5,000대였고 전화 가입 가구 수는 23만 7,000가구뿐이었다. 그런데 3S 정책이 전국을 휩쓸었던 1980년대가 다 지나간 1989년 말 현재 자동차 대수는 266만 대, 전화 가입 가구 수는 967만 가구가 되어 있었다. 당시의 전국 가구 수는 1,100만이었다. 1가구 1전화 시대는 거의 달성되어 있었고 1가구 1자동차 시대도 바로 눈앞까지 와 있었다. 장발족 단속, 미니스커트 단속은 이미 옛 이야기가 되어 있었고 일부러 찢어낸 청바지에다 배꼽티라는 것이 거리를 누비고 있었다. 조용필의 음반이 날개 돋힌 듯 팔렸고 고스톱이라는 화투판이 전국을 휩쓸고 있었다. 성의 표현에도 여러 가지 형태가 있다는 것을 알게 되었고 과거에는 들어보지도 못했던 '성희롱'이라는 말이 일반화되고 있었다.

1980년대는 바로 한국에 대중소비사회가 실현되는 시대였다. 그렇게 되는 데는 '86 아시안게임'과 '88 하계올림픽'이라는 양대 행사가 커다란 비중을 차지했지만, 1985년부터 일어난 경제의 3저 현상이 결정적인 계기가 되었다. 국제경제에서 그 누구도 예측하지 못했던 기적이 일어난 것이다. 국제 기름값의 하락, 국제 금리의 하락, 엔고원저 현상이었다. 이른바 3저 현상이라는 것이다.

1980년 말 한국인 일인당 소득수준은 1,592달러였다. 1989년 말에는 4,968달러, 1991년 말에는 6,518달러로 계상되었다. 1981~1991년의 11년간에 국민경제 규모가 네 배 이상 신장된 것이었으니(1985년 불변가격) 실로 엄청난 성장이었고, 한국이 대중소비시대로 들어가는 데에 결정적 계기가 된 것이었다. 그렇지만 제5공화국 정권이 기도한 대로 3S 정책 때문에 한국은 과연 탈정치화되었는가, 한국 국민의 정치적 성향이 감퇴되었는가에 관해서는 아직 결론을 내릴 수가 없다. 한국 국민의 투표율은 좀처럼 내려갈 기미를 보이지 않을 뿐 아니라 대다수 성인들의 화제에서는 아직 정치 문제가 대화의 주종을 이루고 있다.

■ ■ ■ 참고문헌

경향신문사. 1988.『실록 제5공화국 1~6』.

김종원·정준헌. 2001.『우리영화 100년』. 현암사.

김충남. 1998.『성공한 대통령 실패한 대통령』. 둥지.

대한재향군인회, 1997.『12·12, 5·18 실록』.

영화진흥공사.『한국영화연감 1981~1995』.

영화진흥공사 편. 1989.『한국영화 70년 대표작 200선』. 집문당.

요미우리신문 20세기 취재반 편. 2002.『20세기 대중사회』. 중앙공론사.

조병희.「러브호텔의 사회학」. ≪사회비평≫, 2001년 11월호.

주선미·한인숙.「공론장과 지방자치-고양시 러브호텔 건립저지사례를 중심으로」
        ≪한국행정학보≫, 2002년 봄.

지동욱. 2002.『한국대통령열전(중공신서 1650)』. 中央公論(日本).

천금성, 1981.『황강에서 북악까지(전두환 전기)』. 동서문화사.

한국대통령평가위원회. 2002.『한국의 대통령평가』. 조선일보사.

이용일. "백구와 함께 60년 1~22", ≪중앙일보≫, 2003년 4월 1일~30일까지 연재분

각종 연감, 경제 백서, 신문, 인터넷 기사 등.

과천시의 탄생

정부 제2청사와 과천시의 탄생

개발되기 이전의 과천

20세기 후반기 우리나라에는 여러 개의 신도시가 출현하였다. 안산·여천·창원·과천 등이 그것이다. 그런데 그 몇 개의 신도시 중 과천만은 다른 신도시들과 그 성격을 달리한다. 안산·여천·창원이 모두 대규모 공업단지를 그 모체로 하고 있는 데 비해 과천시만은 정부 제2청사가 모체라는 점이 특징적이다.

서울시 관악구 사당동에서 남태령고개를 넘으면 경기도 시흥군 과천면이었다. 서북쪽 일대에 관악산을 등지고 동쪽에 청계산, 남으로 인덕원 고개에 둘러싸인 아늑한 분지의 땅이 과천이다.

고구려시대에는 율목군(栗木郡)이었다가 신라 경덕왕 때 노량진 일대까지 포함되어 율진군(栗津郡)으로 개명되었고 고려시대에는 과주(果州)로 불렸다고 한다. 고려시대 말에 온 나라 안에 큰 고을 주(州)자를 쓰는 고을이 너무나 많아 조선 건국 초기인 태종 13년(1413)에, "군현의 이름 중 종2품 부윤(府尹)의 고을, 정3품 목사(牧使)의 고을이 아닌 고을로서 주자를 딴 것은 모두 산(山)자, 천(川)자로 고치라. 영주(寧州)는 영산으로, 금주(衿州)는 금천으로 고치는 예와 같다"라고 하는 이른바 주자 사용 제한령에 의해 과주라는 이름도 과천으로 고쳐진다.

그러나 과천이 비록 목이 아니고 도호부사의 임지도 아니었지만 조선시대에도 지리적으로는 엄연한 서울의 위성도시였다. 남대문을 나와 충청도나 전라도로 갈려면 노량진을 지나 남태령~과천을 지나는 길과 금천~시흥을 지나는 두 길이 있었으니 사당리~남태령~과천~인덕원 길은 매우 중요한 통로였다. 거꾸로 과천에서 한양까지는 하룻길이었기 때문에 삼남(三南)에서 한양에 올라가기 전 마지막으로 묵어가는 곳이 인덕원 아니면 과천이었다. 그러므로 조선시대 후기에는 꽤 번성한 고을이었으며 한 덩어리의 주막 마을이 형성되어 있었다. 정조(正祖)가 화성을 내왕하는 능행길에도 과천길이 이용되었고 행궁(行宮)이 놓여지기도 했다.

양재역과 더불어 과천에도 역이 놓여진 것은 정조 13년 이후라고 하는데 조선왕조 후기 과천역은 양재역과 더불어 서울 남교(南郊)의 두 거점이었다. 양재역에는 찰방(察訪)이 있어 그중요성이 강조되지만 과천은 고을 원이 있던 읍내라서 그중요성에 조금도 손색이 없었다. 참고로 『호구총수(戶口總數)』에 의하여 정조 13년(1789) 당시 과천 현내면(縣內面) 호구 수를 찾았더니 호수 620에 인구는 2,778명으로, 당시로 봐서는 결코 작지 않은 중규모의 지방도시였음을 알 수 있다. 같은 시기 광주군 언주면 양재리(말죽거리)의 호수는 723, 인구는 3,348명이었다.

1914년의 행정구역 개편 때 과천군은 시흥군에 흡수되어 시흥군 과천면이 되었다. 일제강점기의 과천은 조용한 농촌 마을이었으며, 1930년의 인구는 4,010명, 1940년에는 겨우 393명이 늘어 4,403명에 불과하였다. 이때까지는 아직 서울(京城)의 영향이 전혀 미치지 않았음을 알 수 있다.

대한민국 정부가 수립된 다음 해(1949)에 실시된 전국 총인구조사 결과로 밝혀진 과천면의 인구는 5,304명에 불과하였다. 그리고 그 후 11년이 경과된 1960년의 인구는 6,147명으로, 11년 동안 843명이 증가한 데 불과하였다. 이는 그때까지의 과천면이 전형적인 농촌지역으로 인구의 자연증가만큼 늘어나고 있었음을 알려주고 있다. 그와 같은 낮은 증가율은 그 후에도 계속되다가 1970년부터 기지개를 펴기 시작하여, 1975년에는 1만 3,468명, 1980년에 1만 6,083명으로 겨우 작은 도시 규모를 형성하고 있음을 알 수가 있다. 아마도 1970년 이후는 서울의 강남권 개발의 영향을 적잖게 받고 있었을 것이다.

정부 제2청사 건립

박정희 대통령이 과천 분지에 남다른 관심을 가진 것은 언제부터였을까? 육군이 남태령고개 지하 부분을 굴착하여 본격적인 지하 진지를 구축하기 시작한 때가 1960년대 후반기에 들어서부터였으니, 아마 박 대통령도 그 당시쯤부터 남태령과 그에 이웃한 과천 분지에 관심을 가지기 시작했을 것이다.

라오스·캄보디아·베트남 3국으로 형성되는 인도차이나 반도에서 이른바 공산화의 도미노 현상이 일어난 것은 1975년 4월중이었다. 1950년 이래 공산주의 정권이 집권해 오던 라오스에 이어 캄보디아에서 친미적이었던 론·놀 정권이 무너지고 좌익 세력이 권력을 잡은 때는 1975년 4월 17일이었고, 그로부터 2주일도 채 안 된 4월 30일에는 남베트남(越南) 정권이 붕괴되어 수도 사이공이 함락되고 있다. 한나라가 공산화되면 이웃 나라들도 하나씩 하나씩 공산화된다는 이른바 도미노 현상이었다. 박 대통령은 사이공이 함락되기 전날인 4월 29일에 특별담화를 발표했고, 5월 7일에는 종교·경제·문화계 등 38개 단체의 대표를 규합하여 총력안보 국민협의회를 창설하고 있다. 서울시민 200만 명이 여의도 5·16 광장에 모여 안보 궐기대회를 개최한 때가 5월 10일이었다.

북한이 사정거리가 대단히 길어 서울은 물론이고 대전 근처까지도 공격할 수 있는 장거리포를 개발했고 이미 휴전선 일대에 배치를 완료했다는 풍문이 들려온 것도 바로 그 무렵이었다. 당시 박 대통령이 가장 염려한 것은 북한의 김일성이 사태를 잘못 판단하여 남침을 감행해 올지 모른다는 점과 남침이 장거리포로 서울의 중심부, 그것도 세종로에 집중되어 있는 정부 청사를 기습 공격하는 것으로 시작하게 될 가능성이 크다는 점이었다. 그렇게 되면 대한민국 정부가 지닌 기획 기능이 일시에 마비될 수도 있다는 점이었다. 필자의 기억이 틀림없다면 2월 18일에 있었던 1976년의 서울시 연두순시 때 박 대통령은 분명히 "대외적으로 공표될 내용은 아니지만"이라는 전제를 달고, 북한의 장거리포에 의한 기습 공격 가능성, 중앙정부가 지닌 기획 기능의 마비 가능성에 대해 언급했다. 아마 틀림없을 것이다(그것이 1977년 연두순시가 아닌 이유는, 1977년 순시 때는 임시 행정수도에 관한 지시가 있었기 때문이다).

시흥군 과천면 문원리 일대는 해발 629m 높이의 관악산 기슭으

과천 신도시 개발 이전의 모습

로, 포물선을 그리며 날아오는 적의 장거리포탄을 막아낼 수 있다는
것이 여러 가지로 검증되었을 것이다. 과천면 문원리에 정부 제2청
사를 짓고 그 일대에 신도시를 건설한다는 결심은 1977년 중에 세워
졌으며 정부 청사를 관리하는 총무처 장관과 신도시 건설 업무를 관
장하는 건설부 장관에게 지시되었다. 그와 같은 결심과 지시는 모두
대통령 스스로에 의한 것이었다.

　　제2 종합 청사 건립 후보지로 과천면 문원리 산 148번지 주변
약 34만 평을 기준지가 고시지역으로 지정·공고한 때는 1978년 1월
7일이었다. 그리고 두 달 반이 지난 1978년 3월 26일에 제2 종합 청
사 설계경기 일정이 발표되었다. 설계 기간은 4월 28일~7월 28일까
지 3개월간이고 경기 방법은 지명 및 공개를 겸했는데, 지명된 이는
김수근·김정철·박춘명·엄덕문·이승우 등 다섯 명으로 모두 지난날

과천 정부 제2 종합 청사 신축 기공식(1979.4.10.)

저명 건축물 설계 경기에 당선된 작가들이었다. 그리고 이때 제시된 조건은, 대지 5만 평(16만 5,000m²)에 연건평 3만 5,000평(11만 5,500m²)의 규모에 그곳에 약 15개의 중앙행정기관이 입주하며, 7,000명의 상주 인원과 하루 약 2,600명으로 상정된 방문객 수였다.

　　7월 28일의 마감일까지 모두 13개 안이 제출되었다. 정부 제2 청사라는 것이 지니는 무게 때문에 지명된 다섯 명 전원이 응모했을 정도로 많은 건축가들이 호응했다. 각 대학을 대표하는 유명 건축 교수들인 김희춘(서울대)·강명구(중앙대)·김정수(연세대)·나상기(홍익대)·이정덕(고려대)·송민구(건축학회 부회장) 등이 심사위원으로 위촉되어 10월 6일에 그 결과가 발표되었는데, 엄덕문·이희태 안이 최우수작으로 선정되었다. 엄덕문(嚴德紋)은 세종문화회관 설계경기 당선작가였으며, 이희태(李喜泰)는 유명한 절두산교회 설계작가였다.

　　제2청사 건설기공식은 1979년 4월 10일에 거행되었고 1982년 6

월부터 입주가 시작되었다. 현재 제2청사에 입주하고 있는 부서는 재정경제부·법무부·농림부·산업자원부·보건복지부·환경부·노동부·건설교통부 등 8개 부처이며, 법무부를 제외하면 모두 속칭 경제부처에 속한다. 참고로 박정희 대통령은 제2청사 기공식이 거행된 지 6개월 반 밖에 되지 않은 1979년 10월 26일에 비명에 갔으므로, 제2청사의 준공과 입주는 보지 못하고 말았다.

과천 신도시 조성

과천 신도시 조성의 목적에 관하여 신도시 조성 당시의 유인물, 예컨대 「과천도시개발기본설계(79)」라든가 「과천신도시개발사(84)」 등을 보면, 수도 서울이 과밀화하여 그것을 완화할 목적으로 "중앙 행정부 기능의 일부를 가진 신도시를 조성했다"라고 설명되어 있다. 그러나 그와 같은 설명은 의도된 거짓말이었거나 참된 이유를 알지 못했거나 두 가지 중 하나였을 것이다. 여하튼 정부 제2청사 건설의 참된 이유는 정부의 기획 기능 중 상당 부분을 가상 적(假想敵)의 집중 기습 포화에서 벗어나게 할 목적이었다. 그리고 달랑 제2청사만을 둘 수 없으니 그 주변 일대에 조그마한 규모의 신도시를 하나 조성하여 제2청사 근무자들에게 주거를 제공하는 동시에, 되도록이면 수도 서울이 지닌 과밀화도 약간은 완화할 수 있는 그런 부수 효과도 노린 것이었다.

제2청사가 주목적이었으니 가장 먼저 시작한 것은 청사 부지 마련이었다. 1978년 1월 7일에 과천면 문원리 산 148번지 일대 34만 평을 기준지가 고시 대상지역으로 지정하고 있다. 정부 제2청사를 지을 터이니 현재의 선에서 땅값을 묶어 놓겠다는 의사 표시였다.

그리고 1주일이 지난 1월 13일에는 제2청사 주변 일대의 땅 약 76만 평을 도시계획상 생산녹지로 지정한다. 주택 등 일체의 건축 행위를 금지하는 조치였다.

건설부는 그로부터 약 8개월이 지난 그해(1978년) 9월 25일에 신도시 개발의 대체적인 구상을 그려 대통령의 재가를 받는다. 이때 대통령 재가를 받은 내용의 첫째가 신도시 조성 방법을 대규모 공업단지 조성과 동일한 대상지역 일괄 매수, 일괄 계획의 방법으로 하겠다는 것이었으며, 둘째가 사업의 시행 주체를 대한주택공사로 한다는 것이었다. 주택공사 본사 사무실에 과천신도시 건설본부를 설치한 때는 1978년 11월 29일이었다.

건설부에서 과천신도시 기본계획안을 마련한 때는 1979년 1월 13일이었다. 그 내용은 다음과 같다.

> 첫째, 신도시가 들어설 대상지역은 정부 제2청사 주변인 과천면 문원리·관문리 일대 89만 6,000평이다(청사 부지 20만 평 포함).
> 둘째, 신도시 조성 방법은 대규모 공업단지 조성과 동일한 대상지 일괄 매수, 일괄 계획의 방법으로 한다.
> 셋째, 사업 기간은 1979년에서 1983년까지의 5개년간, 사업비는 3,369억 원이 소요될 것이다.
> 넷째, 가구 규모 1만 3,000, 인구수 4만 5,000 규모의 완전 인공 전원도시를 조성한다.

그와 같은 기본계획안 아래 설계 용역계약이 체결되었다. 용역을 맡은 것은 대지종합(大地綜合)이었고 설계의 기본 지침은 홍익대학교 박병주 교수가 세웠다. 이때 박 교수가 내린 기본 지침은 다음과 같은 것이었다.

① 인구 1만 명당 초등학교 1개씩 배치되는 근린주구 방식을 채택 할 것이며,
② 간선가로변에는 상가를 일체 배치하지 않으며,
③ 주구 내에서의 왕래를 위해 보행자 및 자전거 전용도로를 설치할 것이며,
④ 전 지역에 공동구(共同溝) 및 분류(分流) 하수관로를 설치하며,
⑤ 가구당 대지 면적은 230m^2(70평)로 하며 담장이 없고 번지도 서구식으로 한다.

신도시 조성지구의 기준지가는 1979년 4월 30일자 건설부고시 제137호에 고시되었으며(5월 4일자 관보 게재), 지가 산정 기준일은 계획이 처음 발표될 당시인 1978년 8월 21일이었다. 그리고 (기준지가 고시일) 다음 날인 5월 1일자로 경기도 지사 직속의 과천지구 지원사업소가 설치되었고(경기도 조례 제958호), 과천면의 행정 기능은 사실상 중지되었다.

기본계획 설계 용역이 완료된 때는 그해(1979년) 6월 25일이었고 대통령 재가는 약 3개월 반 정도가 지난 10월 2일에 났다. 그로부터 20여 일이 지난 10월 26일에 박 대통령이 사망했다. 신도시 조성용지 매수에 착수한 때가 1979년 12월 3일부터였고 그것이 어느 정도 진행된 1980년 3월 14일에 과천 현지사무소에서 건설공사 사무소 현판식 및 기공식을 거행했다.

1단지 건축 공사가 시작된 때는 1981년 5월 1일이었고 1984년 8월 22일에 마지막 12단지 입주가 시작되었다. 총 1만 3,522가구분의 주택이 건설 완료된 것이다. 그러나 그에 이르는 과정은 결코 쉬운 것이 아니었다. 반 강제로 철거 이전되는 기존 주민들의 저항이 결코 만만치 않았다. 그와 같은 사정을 당시의 현지 건설본부장이

과천 신도시 개발 후 전경

었던 임문호(林文鎬)가 건설 후기로 남겼는데 그중 일부를 소개하기
로 한다.

　　10월 25일에 임시사무소 두 동을 짓고 현장에 나와 맨 먼저 돼지
　　머리를 놓고 관악산을 향하여 무사히 건설을 끝맺을 수 있도록
　　빌었는데, 사업을 시작하면서부터 기존 주택 철거 시마다 몽둥이
　　와 칼을 들고 설쳐대는 철거민이 수없이 많았지만, 2차지구 철거
　　당시 흥분한 100여 명의 주민에게 둘러싸여 폭행당한 일과, 철거
　　를 못하도록 지붕 위에 올라가 오물을 뿌리고 염산을 들고 설치던
　　철거민을 설득하던 일, 송유관의 위치를 잘못 측정하고 파일 향타
　　를 하여 위험스런 경우를 당한 일, 10여 일 동안 계속된 11월 장마
　　로 도로 포장공사를 못하여 잡석 포설 상태에서 입주시켰던 일,

부도난 건설회사로 인하여 노임 지급을 요청하는 인부들에게 둘러싸여 곤욕을 당하던 일 ……(『과천신도시 개발사』 말미 부분).

과천지구 지원사업소가 과천출장소가 된 때는 1982년 6월 10일이었고 1986년 1월 1일자로 안산·여천 등과 더불어 과천시로 승격했다(법률 제3798호). 과천시의 인구수는 출장소 시대인 1985년 센서스에서 6만 5,128, 시 승격 후인 1990년 센서스에서 7만 2,353이었는데 1990년을 정점으로 그 후는 점점 감소되는 경향에 있다. 즉, 1995년에 6만 8,077, 2000년에는 6만 6,706으로 집계되고 있다. 이렇게 약간씩 그 인구수가 줄고 있다는 점에 완전 인공 전원도시 과천시의 실태가 부각되어 있는 것이라고 생각한다.

서울대공원 건설

청계산 서북쪽 허리 136만 평의 땅

5·16 군사 쿠데타를 일으킨 주도세력들은 육군사관학교 제5기 및 제8기 출신자들이었고, 5기를 대표한 사람이 김재춘(金在春), 8기의 대표가 김종필이었다. 5기 대 8기의 잦은 대립에서 헤게모니를 잡은 것은 주로 8기 쪽이었고, 5기는 밀리는 편이 많았다. 양자간의 그런 대립 관계도 1965년 8월의 한일 국교 정상화 국회 비준을 둘러싼 반대투쟁이 마지막이었다. 이때 김재춘은 이른바 조국수호국민협의회라는 이름 아래 국회 비준 반대투쟁의 최선봉에 있었고, 그때 발표한 호소문의 내용 일부가 문제되어 서대문 형무소에 수감되었다. 그러나 김재춘의 반정부 행위는 그것을 끝으로 그 후에는 나타

나지 않는다. 아마 그가 교도소에 수감되어 있던 약 2개월 동안에
옛 동지들에 의한 설득·무마·회유작업이 있었으며, 그 결과 김종필
과의 화해, 박 대통령에 대한 충성 서약이 있었던 것으로 추측된다.

김재춘이 아산농원이라는 이름의 주식회사를 설립한 때는 1966
년이었다. 1960년대 후반 아산농원의 규모는 대단한 것이었다. 강서
구 등촌동에 있었던 사료공장은 대지 9,949평에 건물이 1,508평으로,
아마 당시 국내 최대 규모였을 것이다. 그리고 그의 향리인 경기도
김포군 고촌면에 있던 목장은 대지 6,428평에 건물이 1,146평, 그 밖
에 전·답·잡종지 및 임야가 3만 4,000평이나 되는 대규모였다. 직업
군인 출신인 그가 그만한 것을 마련한 데는 물론 유산도 있었겠지만
박 대통령에 의한 재정 원조도 적잖게 있었을 것으로 추측된다.

그가 시흥군 과천면 막계리 일대의 임야를 매수하기 시작한 것
은 1967년 하반기부터였다. 그 넓이가 136만 평이나 되는 엄청난 것
이었다. 왜 그렇게 넓은 땅을 구입했느냐, 왜 군이 과천이었느냐에
관해서는 훗날(1980년) 그가 국가보위비상대책위원회 상임위원장 전
두환에게 제출한 진정서에 어느 정도 언급되어 있다. 즉, 1967년 어
느 날 박정희 대통령이 김재춘을 불러 "한국 안보를 둘러싸고 미국
과의 관계가 미묘하게 되어 가고 있다. 우리가 자주국방을 제대로
하기 위해서는 미국에만 의존하는 관계에서 벗어나 핵무기를 비롯
한 신무기를 독자적으로 연구·발전시켜야 할 단계에 도달했다. 그런
문제를 연구하는 전쟁과학연구소 설치를 위하여 과천면의 청계산
서북쪽 산허리 약 200만 평을 시급히 구입해야 하겠다. 그런데 이것
을 정부를 시켜 구입하면 미국 정보기관 등이 눈치를 채서 기밀이
누설될 우려가 있으니 김 장군이 자기 농장을 확장하는 것으로 위장
하여 비밀리에 땅을 구입하시오"라고 하명했다. 토지 구입 자금은

박 대통령이 제일은행에 연락하여 주선하였다. 즉, 김재춘이 과천면 막계리 일대의 땅 136만 평을 구입한 것은 박 대통령 지시에 따른 것이었고, 박 대통령이 그것을 지시한 것은 ① 한국이 진정한 자주국방 국가가 되려면 조만간에 미국의 핵우산 아래에서 벗어나 독자적인 핵무기 보유국가가 되어야 하며, ② 국방과학연구소를 확장하고 그 기능을 보강하여 핵무기 개발에 관한 일을 전담케 할 것인데 국방과학연구소가 들어가서 그 일을 추진할 장소로 과천면의 청계산 서북쪽 산허리를 선택한 것이었다.

김재춘이 청계산 허리의 토지를 구입한 때는 1967년 하반기에서 1968년 상반기에 걸쳐서였다. 그런데 처음에는 적지(適地)로 알았던 이 장소가 국방과학연구소장 심문택과 그 밖에 미국에서 초청해 온 과학자들이 현지답사를 해 본 결과 적지가 아니라는 결론이 내려졌다. 그 자리가 적이 개발·보유 중인 장거리포의 유효 사정거리 내에 있다는 것이 그 이유였다. 신무기 연구·생산기지는 대전 근처로 옮겨갔다. 박 대통령 집권 말기에 대전 교외에 신무기 연구·생산 기지가 있었다는 사실, 그리고 제5공화국이 수립되면서 미국의 압력에 의하여 이 기지는 사실상 없어졌고, 구미 각국에서 초청해 온 한국인 과학자들은 뿔뿔이 흩어졌다고 하는 등의 사실은 일부 식자들 사이에는 널리 알려져 있는 공공연한 비밀사항이었다. 신무기 생산을 위한 단지조성이 대전 근교로 결정되자 입장이 난처해진 것은 김재춘이었다. 거액의 자금을 들여서 구입해 둔 136만 평이나 되는 땅을 어떻게 활용할 것인가가 큰 문제였다. 설상가상으로 그 일대가 개발제한구역으로 묶여 버렸으니 눈앞이 캄캄한 일이었다. 김재춘의 은행 부채는 매일 이자를 더해 가서 눈덩이처럼 불어나고 있었으니 박 대통령 또한 방관만 할 수는 없게 되었다.

박 대통령이 김재춘을 데리고 과천면 청계산 허리를 찾은 정확한 날짜는 알 수가 없다. 1973년 가을의 어느 날이었을 것이다. 김재춘의 진정서에 의하면 이 시찰에는 김정렴 비서실장, 박종규 경호실장, 정소영 농수산부 장관, 김용환 경제 제1수석비서관이 수행했다고 한다. 김재춘에 의하면 박 대통령은 이 현지시찰에서 "국민소득이 높아지고 생활수준도 향상되었으니 이제 국민을 위한 대규모 휴식처도 필요해졌다. 이곳을 서울시민을 위한 대공원으로 개발하도록 하라"고 지시했다는 것이다. 이 지시가 있자 김재춘은 평소에 잘 알고 지내던 정일건축(대표 송기덕)에 대공원 건설계획안 수립을 의뢰하는 한편 바로 일본으로 건너가 그곳 관계 회사들과 대규모 위락시설의 합작 건설 및 운영에 관한 일을 상의하고 있다.

그러나 1973년에서 1974년에 걸쳐 김재춘의 경제 사정은 엉망이 되었다. 그는 자신의 사업이 파산 상태에 이르게 된 직접적인 원인이 환율 인상과 제1차 석유파동이었다고 설명하고 있다. 김재춘은 원래가 직업군인이었지 경영자가 아니었다. 인산농원-김재춘의 은행 부채는 눈덩이처럼 불어났고, 등촌동 사료공장, 김포군의 농장, 과천의 136만 평 임야뿐만 아니라 용산구 후암동의 주택까지 모두 담보로 제공되어도 부족할 지경에 이른 것이었다. 1974년 7월경에 인산농원(주)은 부도를 내고 도산했다. 박 대통령이 김종필 총리를 불러 김재춘을 도와주라고 하명한 때는 1974년 3월이었다. 결국 김재춘의 은행 부채에 대한민국 정부가 개입하게 되었고, 서울대공원이 정상 운영될 때까지 김재춘이 제일은행을 비롯하여 5개 시중은행에 지고 있던 부채(원리금) 상환을 일체 동결하기로 경정(更正)하였다.

남서울대공원 기공식

한편 1970년대 중반에는 서울시에서도 대공원 건설의 필요성을 절감하고 있었다. 창경원의 동·식물원이 한계에 도달하여 대규모의 새 동·식물원 건설이 불가피한 실정이었던 것이다.

창경궁은 조선왕조시대 5대 궁궐 가운데 하나였다. 세종이 부왕인 태종의 거처로 지어 수강궁으로 명명한 것이 기원이었다. 태종 서거 후 쇠락해진 건물을 성종이 중수하여 그때까지 생존해 있던 세 분 대비의 거처로 했다. 이것이 1483년의 일이었고 이름도 창경궁으로 바뀌었다. 임진왜란 등의 이유로 후대에도 여러 번 전각 일부가 소실되었으나 그때마다 중건하여 왕조 말까지 궁궐로 이어지고 있었다. 보호국이라는 이름하에 조선을 자기네들의 식민지로 한 일제가 순종의 오락장으로 한다는 명분으로 이 궁궐 안에 동·식물원을 설치하고 그 이름도 궁(宮)에서 원(苑)으로 격하시킨 때가 1907년(융희 1년)이었다. 조선왕조의 궁궐 모두를 격하시키려는 속셈이었다. 창경원이 동·식물원으로서 일반에게 공개된 때는 1909년 11월 1일이었다. 여하튼 창경원은 그로부터 75년간 서울시민뿐만 아니라 온 국민의 애호를 받아왔다.

창경원 동·식물원이 너무나 협소하고 시설이 낡았을 뿐 아니라 자동차의 배기가스, 소음 등으로 환경도 나빠 동·식물원의 위치로 부적당하니 이를 옮겨야 한다는 논의는 1960년대 말부터 일어나고 있었다. 또한 동·식물원의 관리를 문화공보부 산하의 문화재관리국에서 담당해 오고 있다는 점도 다른 나라에서는 그 예를 찾아볼 수 없는 일이므로 서울시에서 적당한 위치를 물색하여 빨리 이전·확장해야 한다는 여론도 비등하고 있었다. 창경궁을 원래의 모습으로 복

원해야 한다는 여론도 강하게 대두되고 있었다. 그러나 그동안 서울
시는 도로·교량 및 상하수도 시설, 택지 조성 등의 건설 업무로 인해
동·식물원의 이전 확장에까지 행정과 재정이 미치지 못했으며, 시
행정구역 내에 적당한 장소를 물색하는 것 또한 어려운 실정이었다.

구자춘이 서울특별시장으로 부임한 때가 1974년 9월 4일이었
다. 그는 5·16 쿠데타 주체들 중에서도 김종필 총리에게 가장 가까
운 심복이었으며, 동시에 박 대통령으로부터도 남다른 총애를 받고
있었다. 1976년 5월 16일 저녁에 '재단법인 5·16 민족상' 이사 초청
간담회가 있었다. 박 대통령·김종필 총리를 비롯해 5·16 쿠데타 동
지들이 거의 참석한 자리였다. 이 자리에서 구자춘 서울시장이 박
대통령에게 "과천에 건설키로 되어 있는 서울대공원을 서울시가 건
설하여 운영하는 것이 좋지 않겠습니까?"라고 건의했다. 박 대통령
의 입장에서는 반가운 건의였다. 개발제한구역(그린벨트)의 보존·관
리에 철저를 기하고 있던 박 대통령의 입장에서는, 그린벨트에 묶여
있는 136만 평이나 되는 넓은 땅을 한 개인에 불과한 김재춘에게
'대공원 건설'을 이유로 해제해 준다는 것이 대의명분상 껄끄러운
일이라고 생각해 오고 있었을 것이다.

구 시장의 건의를 듣자 박 대통령은 그 자리에 있던 김종필 총
리와 김재춘을 불러 의견을 물었다. "김재춘의 과천 토지를 서울시
에 기부채납 형식으로 인도한다. 서울시는 그 대가로 김재춘의 부채
를 상환해 주고 대공원 운영권 중 일부를 김재춘에게 양도하면 어떻
겠느냐?"라는 것이었다. 구자춘 시장도 "형님이 억울하지 않도록 조
치하겠으니 서울시에 양도해 달라"고 했다는 것이다. 은행 부채를
모두 상환해 주고 거기다가 대공원 운영권의 일부까지 양도해 준다
는 조건인데 김재춘이 싫다고 할 이유가 없었다. 그는 즉석에서 "각

하의 말씀에 따르겠습니다"라고 대답했다.

　구 시장이 서울대공원 건설계획을 박 대통령에게 보고하여 그 재가를 받은 때는 1977년 1월 5일이었다. 서울시가 '남서울대공원 건설계획'을 대대적으로 발표한 때는 재가를 받은 후 5일이 지난 1977년 1월 10일이었다. 서울시에 의한 대공원 건설 발표가 있은 후 1년 반 이상의 세월이 흘렀다. 그동안 서울시에서는 대공원 건설의 준비 작업, 계획 수립 등의 일에 골몰하고 있었다. 서울시 자료에 의하면 김재춘이 과천면 막계리 일대 136만 평의 땅을 기부채납할 테니 대공원 개원 후 운영권의 일부를 이양해 달라고 요구해 온 것은 1978년 2월 15일과 7월 26일의 두 차례였다고 한다. 정식 문서로 요청해 온 것인지 구자춘 시장과의 전화 연락 정도였는지는 알 수가 없다. 김재춘의 입장에서는 하루 빨리 기부채납해 버리고 하루가 다르게 쌓여만 가는 금융 부채에서 해방되고 싶었을 것이다. 이 시점에서 김재춘의 입장은 '은행에 저당이 잡혀 있는 상태에서의 기부채납, 그리고 대공원 운영권 30퍼센트 안팎의 양수'였던 것이다.

　대공원 부지에 관한 서울시 방침이 결정된 시기는 1978년 10월 7일이었다. 그 내용은 다음과 같다.

　① 김재춘은 경기도 시흥군 막계리 일대의 소유 토지(대지·임야 136만 평) 일체를 서울시에 기부채납한다.
　② 서울시는 위 토지 기부채납의 대가로 민자사업 총액 30퍼센트 내외의 운영권을 30년 기한으로 김재춘에게 부여한다.
　③ 김재춘이 위의 조건에 불응할 때에는 공원시설구역 내에 들어가는 27만 평만을 강제수용한다.
　④ 위 부지 내에 현재 지어져 있는 목장관리용 건물 대금과 농작물 대금은 서울시가 김재춘에게 지불한다.

그런데 서울시 방침의 제1항은 주의를 요했다. 이 방침을 기안하여 결재를 받은 서울시 담무자가 생각한 막계리 일대 김재춘 소유 부지 136만 평은 근저당이 전혀 설정되어 있지 않은 깨끗한 상태의 부지였다. 그런데 김재춘이 생각한 막계리 일대 소유 토지 일체의 기부채납은 근저당이 설정되어 있는 상태의 기부채납이었던 것이다. 김재춘이 그렇게 해석했을 것으로 추측하는 데는 이유가 있다. 김재춘은 그 시점에서 이미 막계리 토지를 담보로 농협중앙회에서 5억 원, 제일은행에서 3억 원의 부채를 지고 있었고 일부 토지는 가압류되어 있었다. 그리고 그 당시 김재춘의 능력으로는 은행 부채(원금·이자)를 변제하고 설정된 저당권을 해제할 능력이 없었다. 서울시에 의한 1978년 10월 7일의 방침에 대한 양자간의 해석상의 차이가 훗날 소송사건으로까지 발전해 가는 원인이 된다.

여하튼 김재춘에게 이런 시 방침이 전달된 때가 10월 10일이었다. 그리고 공원구역 내에 자라고 있는 농작물 보상금 129만 원이 지급된 때는 10월 19일이었다. 작물 보상금이 지급된 이틀날, 즉 1978년 10월 20일에 김재춘의 인감증명이 첨부된 토지 사용 승낙서가 서울시에 접수되었다. 그리고 10월 30일(월요일) 오전 10시에 막계리 현장에서 서울대공원 기공식이 화려하게 치러졌다. 최규하 국무총리가 참석한 이 기공식 단상에는 미소 띤 김재춘도 참석했다. 그는 국무총리, 구자춘 시장과 더불어 기공식 버튼을 눌렀다.

그 후의 경과

구자춘 시장이 내무부 장관으로 임명되어 서울시를 떠난 때는 기공식을 거행한 지 50여 일이 지난 그해 12월 22일이었다. 후임 시장으로는 정상천이 부임했다. 당황한 것은 김재춘이었다. 주로 경찰에서 잔뼈가 굵어 치안국장, 내무부 차관, 청와대 정무 제2수석비서관 등을 역임한 정상천과 전혀 모르는 사이는 아니었지만 그래도 구자춘과는 판이한 인물이었기 때문이다. 구자춘은 (쿠데타) 동지였지만 정상천은 아니었다.

대공원 공사는 기공식이 거행되기보다 5개월이나 앞선 1978년 6월 1일부터 시작되고 있었다. 그런데 김재춘의 입장에서는 아무것도 해결된 것이 없었다. 토지의 기부채납도 안 되었고 운영권 문제도 확정되지 않았다. 공사는 하루가 다르게 진행되고 있는데 서울시장이 바뀌어 버렸으니 답답할 수밖에 없었다. 박 대통령은 1979년 10월 26일에 서거했다. 박 대통령의 서거로 김재춘은 사실상 모든 것을 잃어버렸다. 기댈 언덕이 없어진 것이다.

한편 대공원 건설을 진행 중이던 서울시의 입장에서도 김재춘의 땅문제를 언제까지나 미해결 상태로 끌고 갈 수는 없는 일이었다. 그것은 중앙정부의 입장에서도 마찬가지였다. 김종필 총리의 강압적인 지시로 김재춘의 은행 부채는 1974년 11월 1일부터 동결 상태에 있었지만 이자는 매일매일 늘어가고 있었다. 1974년 11월 1일 현재의 은행 부채는 14억 원이었지만 1980년 당시에는 이자액이 원금 14억 원을 넘어서고 있었다. 당시 우리나라 시중은행의 대주주는 바로 대한민국 정부였다. 하루하루 이자가 늘어가고 있는데 원금·이자가 전혀 지불되지 않고 있다는 사실은 곧 대한민국 정부가 그만큼 손실을 보고 있다는 것이었다.

1979년 하반기에서 1980년에 걸쳐서 김재춘의 대리인이 서울시에 요구한 것은 다음과 같다.

① 청계산 일대를 포함한 각종 부동산이 담보로 제공되어 있는 은행 부채에 대해서는, 1974년 10월 31일까지의 원리금 14억 원은 물론 1974년 11월 1일 이후 현재까지의 이자 및 연체 이자 18억 원을 합한 약 32억 원을 전액 서울시에서 해결해 달라.
② 그 이외의 신용대부 및 사채 원리금 합계 약 7억 원도 서울시에서 해결해 달라.

위와 같은 요구에 대해 서울시는 다음과 같은 세 가지 방안을 수립하였다.

제1안: 김재춘이 소유하고 있는 부동산 중 대공원시설 구역 내에 들어간 막계리 소재 27만 1,614평만 감정가격(5억 6,772만 5,000원)으로 수용한다. 이때 발생하는 부족 금액은 김재춘 본인이 부담한다.

제2안: 위의 부동산 중 대공원 시설지역 및 대공원에서 보이는 지역 일대의 땅 106만 평을 감정가격(11억 6,600만 원)으로 수용한다. 이때에 발생하는 부족 금액은 김재춘 본인이 부담한다.

제3안: 대공원 시설에 포함되는 지역, 포함되지 않는 지역을 막론하고 청계산 일대 김재춘의 토지 136만여 평 모두를 감정가격(14억 8,221만 4,000원)으로 서울시가 매입한다. 서울시는 1980년 12월 말일까지 위 토지가격 14억 8,000여 만원을 간사은행인 제일은행에 지불한다. 그 대신 김재춘 측도 역시 12월 말까지 등기 이전에 필요한 서류 일체를 서울시에 제출한다.

세 가지 안 중 1안과 2안은 처음부터 들러리였다. 국무총리 행정조정실이 주관하여 재무부·농수산부·은행감독원·각 은행 간에 사전 조정이 되어 있었다. 국무회의에서도 여러 번 논의가 되었다. 결론은 다음과 같다.

- 서울시가 막계리 일대의 부지대금 조로 1974년 10월 30일까지의 김씨 부채 14억여 원을 김씨 대신에 금융기관에 납부한다.
- 이 14억 원을 나누어 가진 각 금융기관은 1974년 11월 1일 이후 1980년 12월까지 누적된 이자 및 연체 이자 18억 원은 탕감 조치한다.
- 14억 원을 나누어 가지고 18억 원 이자를 탕감 조치한 각 금융기관은 그때까지 은행에 저당되어 있던 김씨 소유의 전 부동산, 즉 청계산 막계리 일대의 임야 136만여 평, 용산구 후암동의 김 씨 자택, 강서구 등촌동 인산농원 터, 김포군 고촌면 인산농원 터, 도봉구 도봉동의 임야 및 대지 등에 설정되어 있던 각 은행의 저당권은 모두 해제한다. 결국 김씨는 청계산 막계리 일대의 토지소유권을 서울시에 양도함으로써 후암동 자택, 등촌동과 김포군 내 인산농원 터에 설정되어 있던 저당권을 모두 해제한다.
- 그러나 은행에서 신용 대부로 빌린 부채와 사채 등을 합한 약 7억 원이 넘는 부채까지 대한민국 정부가 책임질 수는 없다. 그 부채는 어디까지나 김씨 개인의 문제이니 김씨 소유의 재산을 처분해서 해결하도록 하라.

이상이 중앙정부와 서울시가 도달한 결론이었다. 그러나 그와 같은 결정이 실무자들만의 합의로 이루어질 수는 없었다. 서울특별시장이 기안하여 농수산부 장관(농협의 감독관청)·재무부 장관·경제기획원 장관(부총리)의 협조를 얻은 후 국무총리를 거쳐 대통령의 재가까지 받아야 이른바 '중앙정부 방침'으로 확정되는 것이었다. 대통령의 최종 재가가 난 때는 1980년 10월 24일이었다. 참고로 이 정부 방침이 확정된 당시의 서울특별시장은 박영수(朴永秀)였고 경제기획원 장관 겸 부총리는 신병현(申秉鉉), 국무총리는 남덕우(南悳祐), 대통령은 전두환이었다.

서울시가 김재춘의 대리인으로부터 소유권 이전등기에 필요한 서류(인감증명·인감도장·등기 서류·위임장 등) 일체를 넘겨받아 소유권 이전등기를 마친 때가 1980년 12월 30일이었다. 이 소유권 이전등기 직후 서울시는 14억 8,594만 6,608원을 금융기관 간사은행인 제일은행에 변제한다. 위와 같은 정부 방침이 수립되고 제일은행이 서울시로부터 14억 8,600만 원의 돈을 받고 하는 것이 일일이 김재춘의 협의하에 김재춘의 승낙을 얻어 이루어진 것은 아니었다고 한다. 김재춘을 소외시킨 상태에서 이루어진 일이었다는 것이다.

여하튼 김재춘은 담보에 들어가 있던 모든 부동산 가운데 청계산 막계리 136만 평을 제외한 나머지 부동산은 저당권이 해제된 채 흠 없는 자기 땅으로 되돌아왔다. 김재춘은 나머지 부동산 — 강서구 등촌동의 대지 9,949평, 김포군 고촌면 소재의 목장·대지·전답, 도봉구 도봉동의 임야 및 대지, 후암동에 가지고 있던 대지 267평 건평 199평의 주택 — 도 처분하여 신용 대부로 빌린 은행 부채와 사채를 모두 변제했다고 한다.

서울시가 14억 원을 지불하여 청계산 막계리 일대 136만 평의 토지를 인수하고, 5개 금융기관은 원금 14억 원을 나누어 가지는 대신 18억 원에 달하는 이자를 탕감하고, 김재춘은 5개 금융기관에 지고 있던 부채에서 해방되고 …… 박정희·김종필·김재춘·구자춘 등 5·16 군사 쿠데타 주역들이 얽힌 과천 서울대공원 토지 사건으로 이득을 본 측은 누구며 손해를 본 측은 누구인가?

계획에서 준공까지

현재 우리나라에 있는 여러 시설들 중에서 과천의 서울대공원
만큼 계획이 여러 번 번복된 시설은 없었을 것이다.

서울대공원은 우선 1974년에 김재춘 주관으로 정일건축에서
실시된 계획이 첫 번째 것으로 전해 오고 있다. 이 계획의 대상 면
적은 1,000만m²(약 300만 평)에 달하는 방대한 것이었고 그 부지의 아
랫부분, 낮은 지역에 자연동물원·어린이 위락장·스키장·골프장(18
홀) 등 여러 시설들이 무질서하게 배치되어 있다. 다음의 계획은
1977년에 수립된 것이고 구자춘 서울시장이 홍익대학교 교수 박병
주·나상기·강건희 등에게 의뢰하여 계획한 것이다. 이 계획을 끝내
기에 앞서 계획진은 구미 각국 및 일본의 여러 레저 시설 및 유명
동물원을 고루 시찰했다. 그러나 위의 1974년 계획이 그러했듯이
1977년 계획에서도 레저 시설이 주였고 동물원은 부수적인 시설로
계획되어 있다.

30대의 젊은 총수가 이끈 율산재벌은 1970년대 후반기에만 존
재하여 비록 그 존립 기간이 짧기는 했으나 그 존재는 매우 화려하
였다. 율산건설의 방계회사로 (주)율산 엔지니어링이 설립된 때가
1977년 12월이었다. 신선호(申善浩)는 구자춘 시장에게 율산엔지니어
링이 기존의 기술용역회사와는 비교가 안 될 정도로 참신하고 과학
적임을 자랑했다. 구 시장은 서울대공원 기본계획안을 율산엔지니
어링에 위탁한다. 이 위탁을 받자 신선호는 그것을 율산엔지니어링
의 일로 하지 않고 미국의 용역회사 PRC(Planning Research Co.)에서 11
명의 미국인 기술자를 높은 보수로 영입해 와서 한국 PRC라는 회사
를 새로 설립했다. 한국 PRC를 수립했을 때 신선호는 기본계획·기

본설계뿐만 아니라 장차 대공원의 건설 공사까지도 율산이 전담할 생각을 했다는 것이다.

(주)한국 PRC가 서울시와 대공원 기본계획·기본설계 계약을 체결한 때는 1978년 3월 16일이었다. 3억 원이라는, 당시로서는 정말 파격적인 금액의 용역이었다. 신선호는 이 계약을 체결하자 바로 부사장 민경현과 건축담당 우경국을 구미 각국에 파견했다. 미국·유럽의 유명 공원·동물원을 시찰하고 오라는 것이었다. 그리고 미국 샌디에이고 야생동물원 원장인 돌랜 박사(Dr. James M. Dolan)를 동물원 계획의 자문역으로 위촉했다. PRC의 계획이 홍대 팀의 계획과 근본적으로 다른 점은 동물원이 주가 되고 레저 시설이 부가 되었다는 점이다. 주와 부가 달라졌으니 그 위치도 바뀔 수밖에 없었다. 언덕의 오른편 막계 1리의 넓은 공간이 동물원 지구가 되고, 언덕의 왼편 막계 2리의 좁은 공간이 레저 시설 지구가 되었다. 동·식물원 시설면적이 31만 평, 주변의 자연보존림까지 합하면 약 87만 평이나 되었다. 대외적으로는 능히 평양동물원(80만 1,000평)보다 더 큰 규모라고 자랑할 수 있게 된 것이다. 반대로 레저 지구는 막계 2리의 10만 평 땅이 배치되었다. 주와 부가 바뀌었을 뿐 아니라 그 차이가 뚜렷이 구분된 것이었다. 대공원의 주가 동물원이 되었으니 동물의 평온을 저해하는 시설이 없어지는 것은 당연한 일이었다. 김재춘 시대의 계획, 홍대 팀의 계획에서 존재했던, 모노레일을 비롯한 기타 잡다한 시설들이 적잖게 제거되었다.

한국 PRC에 의한 용역보고서 「서울대공원 기본계획·기본설계」가 납품된 때는 그해 10월이었다. 그리고 신선호가 「외환관리법」 위반 및 업무상 횡령 혐의로 구속된 때는 1979년 4월 3일이었다. 한국 PRC가 해체되고 난 뒤 서울대공원의 실시설계 등은 대림엔지니어링이 맡아서 마무리했다. 그러나 오늘날 서울대공원에는 한국 PRC의 기본설계가 큰 역할을 했다고 보아야 한다.

'남서울대공원 건설사업소 설치 조례'가 공포된 것은 1978년 5월 30일자 서울시조례 제659호였다. 태평로 1가, 지금의 서울시의회 건물에 간판을 걸고 건설사업소가 일을 시작한 때가 6월 1일이었다. 그로부터 장장 6년이라는 세월이 흘렀다. 구자춘 시장 때에 시작하여 정상천·박영수·김성배·염보현으로 다섯 명의 시장을 거쳤다.

서울시가 다루는 거의 모든 공사가 시멘트와 철강인 데 비해 대공원이 다룬 동물과 식물은 생명체였다. 다정하고 섬세한 손길이 아니면 죽어 버리는 것이었다. 서울시의 다른 공사들이 거의 역학인 데 비해 대공원의 공사는 사랑이었다. 1985년 5월 1일 개원을 기념하여 서울시내 각 구 대항 가장행렬·씨름대회가 열렸고 가요무대·불꽃놀이 등이 화려하게 전개되었다.

국립현대미술관

현대의 미술 작품을 수집·보존·전시하는 기능을 가진 국립현대미술관이 처음 설립된 때는 1969년 10월 20일이었고, 그 위치는 경복궁 뒷구석에 있는 허름한 건물이었다. 이는 1938년에 이왕가박물관으로 세워진 건물이었다. 그 장소가 적합하지 않을 뿐 아니라 건물도 낡고 협소하여 덕수궁 석조전으로 옮겨 간 때가 1973년 9월이었다. 덕수궁도 협소하기는 했지만 옮겨 갈 장소도 마땅치 않았고 재정 사정도 좋지 않아 10년 이상이나 그 자리를 지킨다.

중앙정부가 독립된 현대미술관을 빨리 지어야 한다는 필요성을 강하게 느낀 것은 '86 아시안게임', '88 하계올림픽' 유치가 결정된 직후의 일이다. 두 개의 스포츠 행사에 많은 관람객이 오고 그중에는 문화 애호가도 다수 섞여 있을 것인데, 변변한 박물관·미술관 하나도 갖추지 못한 나라라는 인상을 심어줄 수는 없는 일이었다. "단시일 내에 국제수준의 문화시설을 조성한다"라는 정부 방침이 세워졌다. "중앙청(구 조선총독부)을 수리해서 국립박물관으로 한다. 국립현대미술관과 예술의 전당을 새로 건립한다"라는 내용이었다. 예나 지금이나 그런 결정은 대통령의 지시사항으로 해야 권위가 있는 법이고, 또 국민에게 '문화 창달에 깊은 관심을 가진 대통령'이라는 인식을 심어줄 수도 있는 것이었다. 어느 시대에도 그런 생각을 짜내고 윗분에게 건의하는 충신은 있는 법이다.

1980년 10월 2일 오전 9시 30분에 제29회 국전(國展)이 개막되었고 전두환 대통령 내외가 개막 테이프를 끊었다. 국전을 둘러본 뒤 전 대통령은 수행한 문화공보부 장관에게 "야외 조각장을 겸비한 현대미술관을 빠른 시일 내에 건립하라"고 지시한다. 미리 짜여진 각본이었다. '86 아시안게임'이 개막되기 이전에 국립현대미술관을 새로 지어야 한다는 정부 방침이 수립되었다. 장소를 어디로 하고, 건립비용은 얼마나 들 것인가? 장소가 정해져야 설계에 들어갈 수가 있다. 국·공유지에 짓게 되면 그만큼 건립비용이 적게 들 수 있다. 문화공보부가 가장 바랐던 장소는 지난날 서울고등학교 교사로 썼던 신문로의 경희궁 터였다. 그러나 그것은 이미 현대건설(주)에 불하되어 종합사옥 예정지가 되어 있었다(이 땅을 불하가격의 다섯 배나 되는 금액으로 서울시가 되찾게 되는 경위에 대해서는 『서울 도시계획이야기』 제2권, 「한강 종합개발, 만원 서울을 해결하는 첫 단계」의 끝부분에 상세히 소개되어 있다).

장영자·이철희 사건이 터진 때는 1982년 5월이었다. 장영자·이철희 부부가 대화산업(주)이라는 기업체를 차려 공영토건·일신제강·태양금속 등 당시 국내 유수의 대기업체를 상대로 7,000억 원이 넘는 천문학적 액수의 어음 사기를 벌인 사건이었다. 이 사건의 여파로 유창순 내각이 총사퇴하고 대폭 개각이 이루어진 때는 1982년 5월 21일이었다. 이 개각에서 문화방송(MBC) 사장으로 있던 이진희(李振羲)가 문화공보부 장관으로 기용되었다. 서울대 법대를 나와 동아일보 기자, 서울신문 정치부장, 국회의원(유정회), 서울신문 사장, 문화방송 사장 등을 역임하고 50세의 젊은 나이에 문화공보부 장관이 된 이진희는 경력 그대로 진취적이고 능력 있는 장관이었다. 그는 당시 문화공보부 현안 사업이었던 예술의 전당, 국립현대미술관 건립을 강하게 밀고 나간다.

서울대공원의 동물원과 유희 시설(서울랜드) 사이에는 언덕이 있었다. 막계리 58번지에 위치한 이 언덕은 바로 막계 1·2리의 경계가 되는 지점이었다. 야외 조각장을 겸비한 현대미술관이 되게 하려면 적어도 2만 평의 공간이 필요하였다. 도심부 또는 도심부 가까이에서 2만 평의 공지를 확보하기가 사실상 어렵다는 것을 알게 된 문화공보부 당무자는 일찌감치 과천 대공원 부지 내에 예정되어 있는 문화시설 지구에 착안하고 그곳을 할애해 줄 것을 타진하고 있었다. 서울시는 장차 자연사박물관 건립 예정지라는 이유로 거절하고 있었다. 그러나 이진희 장관은 서울시 실무진의 반대 정도로 단념할 위인이 아니었다. 직접 청와대로 가서 현대미술관 위치를 과천 대공원 부지 내로 하겠다고 보고한 시기가 부임 4개월 뒤인 9월 30일이었다고 한다. '86 아시안게임' 개막 전에 개원을 해야 한다는 것이 전 대통령의 지시였다. 반대해 봤자 도리가 없다고 판단한 김성배 서울특별시장(재임기간 1982.4.28~1983.10.15)이 받아들인다는 결정을 내린다. 위치 및 건립 계획이 확정되어 이 장관이 대통령 재가를 받은 때가 1983년 4월 7일이었다.

건립부지가 결정되었으니 다음은 설계 작업이었다. 건물의 성격상 당연히 현상설계에 붙여야 할 건물이었다. 현대미술관과 같은 시기에 준공된 독립기념관·예술의 전당·아시아 선수촌 등은 모두 현상설계를 통하여 그 설계가 결정된 것이었다. 그러나 현대미술관만은 부지 선정이 늦어 현상 공모할 시간이 없었다.

김수근이 운영하는 공간 건축연구소가 설계 프로그램을 내놓고 있었다. "저희들에게 설계를 맡기면 대략 이렇게 설계하겠습니다"라는 설계 개요였다. 김수근은 잠실대운동장 때도 그와 같은 제안을 한 결과로 주경기장(메인 스타디움) 설계를 맡은 바 있다. 당시의 한국 건축계에서 김수근이 대표로 있는 공간건축연구소는 가히 독보적인 존재였다. 서초동 법원 청사 현상설계도 공간이 뽑혔고 청주박물관과 진주박물관도 공간에서 설계했다.

한정된 시일 내에 공간(김수근)의 설계 개요보다 앞설 만한 구상을 내놓을 만한 건축가를 구한다는 것은 결코 쉬운 일이 아니었다. 그러나 문화공보부 장관 단독으로 설계자를 결정할 성격도 아니었다. 몇몇 건축가, 조경·도시계획 분야의 전문가들로 현대미술관 건축 자문위원회를 구성해서, 공간에서 제안해 온 설계 개요를 놓고 심의를 했다. 그런데 자문위원회의 입장에서도 한 개 작품만 놓고 가타부타를 심의·결정할 수는 없었다. 아무리 시일이 촉박하더라도 국내외 건축가들에게 연락해서 한두 개의 구상만 더 얻어보자는 결론을 내렸다. 기간은 20일 이내로 한정하였다.

재미건축가 김태수(金泰修)에게 긴급 연락이 갔다. 김태수는 1959

년에 서울대학교 공대 건축과, 1961년에 동 대학원을 마치고 도미하여 예일대학 대학원에서 석사를 한 후 하드포트 디자인 그룹을 창설하여 주로 미국 동부지역에서 활발한 설계 활동을 전개하면서 높은 평가를 받고 있는 인물이었다. 그에게 연락을 한 주체는 문화공보부가 아니고 그를 좋아하는 몇몇 후배들이었다고 한다.

김태수가 설계 개요 작업을 한 것은 불과 10일 정도밖에 안 되었다고 한다. 아무리 설계 개요라고 하나 혼자서 할 수 있는 작업은 아니었다. 당시 서울대학교 환경대학원 부설 환경계획연구소에서 근무했던 강홍빈(康泓彬) 등이 보조 역할을 했다고 한다. 김태수가 그 작업을 하면서 가장 역점을 두었던 것은 청계산을 배경으로 한 건립 위치의 지형과 최대한의 조화를 기한다는 점이었다고 한다.

공간(김수근)과 김태수, 이렇게 두 개의 설계 개요가 자문위원회에 제시되었다. 공간의 제안은 두 번째 보는 것이라 진부해 보였고 김태수의 안은 처음 보는 것이라서 참신해 보였다. 자문위원 절대 다수의 찬성으로 김태수가 현대미술관 설계자로 선정되었다.

1984년 3월 29일에 미술관 공사가 착공되었다. 본 설계가 진행 중에 있었는데 기초공사가 시작된 것이다. 정식 기공식은 그로부터 한 달이 더 지난 5월 1일에 거행되었다. 서울대공원 개원 행사에 참석한 전두환 대통령 내외가 이 기공식에 참석할 수 있도록 하기 위해서였다. 야외 조각장 3만 3,000m²(1만 평) 포함, 7만 3,361m²(약 2만 2,192평)의 부지 위에 건물 연면적 3만 4,006m²(1만 287평), 지하 1층 지상 3층의 미술관이 준공·개관한 때는 1986년 8월 25일 오후 3시였다. 이원홍 문화공보부 장관, 염보현 서울시장 그리고 예술계 인사 1,000여 명이 참석했다. 8월 15일에 독립기념관 개관, 8월 21일에 국립박물관 개관, 8월 25일에 현대미술관 개관, 9월 20일에 아시안게임 개막으로 이어졌으니 1986년이란 한 해는 정말 분주하면서도 뿌듯한 해였다.

그러나 한국인이 미술 작품을 자주 대하지 않게 된 원인, 즉 한국인이 미술을 사랑하는 마음을 잃어버리게 된 원인을 제공한 사람들은 누구인가? 그것은 국립현대미술관을 서울시민 다수가 쉽게 접근할 수 있는 위치에 두지 않고 시내에서 멀리 떨어진 과천땅 막계리에 짓도록 입지 선정을 한 당사자들, 대통령 전두환, 문화공보부 장관 이진희, 서울특별시장 김성배 등이라고 한다면 필자의 지나친 편견이라고 핀잔받을 것인가?

과천 경마장

뚝섬 경마장까지의 과정

우리나라에서 근대적인 경마대회가 최초로 열린 때는 1914년 4월 3일로서, 월간 잡지 조선공론사 주최의 조선 경마대회가 용산의 구일본군 연병장에서 개최된 것이 최초라고 한다. 그 후에도 일본군 간부, 경성 주재 외국 공관 직원들, 민병석이니 윤덕영이니 하는 제1급 친일 귀족들이 합세한 경마대회가 용산 연병장을 비롯한 여러 장소에서 간간히 개최되어, 입장권을 팔았을 뿐 아니라 승마 투표, 상품권 수여 등으로 점차 경마의 형태를 갖추어 갔다고 한다.

경성승마구락부라는 단체가 결성된 때가 1914년 5월이었고, 8년 뒤인 1922년 5월에 조선총독부의 인가를 받은 사단법인 조선경마구락부라는 것이 설립되었다. 이때 자금을 출자하고 이사가 된 자들은 모두가 일본인이었고, 그중 아라이라는 자가 대표자였다. 조선경마구락부가 발족한 뒤부터 마권을 매매하는 이른바 경마라는 것이 일반화되는데, 당시의 경마는 을지로 6가의 훈련원 광장(현 동대문운동장), 지금은 없어진 용산 동부이촌동의 한강 백사장 등으로 옮겨 가면서 개최되었고, 서울뿐만 아니라 인천·대구·부산·평양·원산·신의주·군산 등지에서도 경마구락부가 구성되었고 경마가 실시되었다.

서울의 경마장이 한 곳에 정착된 때는 1920년대의 말이었고 장소는 오늘날의 동대문구 신설동, 당시는 경기도 고양군 숭인면 신설리 85번지 소재 5만여 평의 땅이었다. 이곳을 경마장으로 택한 이유는, ① 우선 강변이 아니라서 수해 우려가 없었으며, ② 시가지와 이어져 있어 교통이 편리하고, ③ 토지의 대부분이 동양척식(주) 소유여서 부지 확보가 용이하였기 때문이다. 경마장 부지 중 동척 소유였던 5만여 평은 1927년 4월부터 1937년 3월까지 10년간 동척과 임대차계약을 체결하여, 부지를 확보하는 데는 큰 어려움이 없었다. 경마장 운영에 필요한 여러 가지 시설을 갖추어 관민 유지 200여 명을 초청하여 낙성식을 거행한 때는 1928년 9월 20일 오후 2시였고, 이 자리에서 이름을 경성경마장이라고 명명하였다.

신설동 경마장은 1930년대 말까지는 순조롭게 운영되었다. 그러나 1940년대에 들어가 태평양전쟁이 일어나고부터는 여러 가지 어려움을 겪는다. 첫째, 경쟁마가 일본군에 징발되었고, 둘째, 기수들이 징병·징용 등으로 전쟁터로 끌려 나갔다. 드디어 1944년 12월 17일, 일본 각의(우리의 국무회의에 해당—지은이)에서는 경마 개최의 일시 정지를 의결하게 된다.

경마는 1945년 광복 이후에 부활되었다. 지난날의 조선마사회는 한국인의 손에 인계되었고, 마침 미군정 당국도 경마에는 남다른 관심이 있어 다시 지난날의 상황을 되찾게 되었다. 1950년 6월 25일, 한국전쟁이 일어났던 날도 신설동 경마장에서는 일요일 경마를 시행하고 있었고 그날은 마침 신익희 국회의장상 수여 경마가 있는 날이어서 다른 날보다 더 많은 입장객으로 붐볐다고 한다.

부산에 피난 가 있던 마사회가 복귀해서 보니 신설동 경마장은 미군에 징발되어 비행장으로 사용되고 있었고 그것이 쉽사리 해제될 것 같지도 않았다. 그리하여 한국 마사회는 일제하인 1937년부터 마련해 놓았던 뚝섬에 새 경마장을 마련할 것을 결정하고 준비에 들어가게 된다. 그러나 문제는 경비 마련이었다. 정지공사비·가건물 신축비·각종 시설비 등도 엄청난 금액인데다가, 경주마 구입비, 경마 시행 준비금 등 막대한 비용을 마련할 방도가 막연한 것이었다. 한국 마사회가 한국 상공은행에서 산업자금 200만 환을 융자받은 것에 용기를 얻어 경마장 시설에 착수한 때가 1954년 1월이었고, 그해 5월 8일에 대망의 개장을 본다. 6·25 전쟁 발발 이래 3년 11개월 만에 다시 명맥을 잇게 되고 뚝섬시대의 새 장을 열었던 것이다.

그러나 뚝섬시대는 그렇게 오래 갈 수가 없었다. 1960년대~1970년대로 이어진 인구의 수도 집중으로 시가화가 급격히 진행됨에 따라 뚝섬 주변도 하루가 다르게 시가화되었다. 그리하여 자녀교육상에도 별로 좋은 시설이 아닌데다가 주말이면 으레 겪어야 할 교통 혼잡과 입장객의 함성에 의한 소음 또한 적잖은 문제가 되었다.

과천 경마시설 결정 과정

바덴바덴 IOC 총회에서 제24회 하계올림픽대회의 서울 개최가 확정되고 '86아시안게임' 유치 교섭이 한창이던 1981년 11월, 올림픽 지원 계획을 제출하라는 국무총리실 지시에 따라 한국 마사회는 승마경기 분야에 대한 지원 계획을 제출하였다. 마사회가 최초로 제출한 지원 계획은 7년간(1982~1988) 마권세 등 경마에 관한 제세를 면제해 주면 연간 약 46억 원씩 도합 322억 원을 적립하여 올림픽 승마경기 시설을 지원한다는 단순한 계획이었다. 그 후 1982년 2월 서울 올림픽 조직위원회(이하 조직위)의 요청으로 마사회가 다시 올림픽 지원 계획을 제출하면서 비로소 경마 관계 시설과 연계된 승마경기장 건설안을 제출하게 되었다.

그러나 2차 계획에서도 과천이 구체적으로 제시된 것은 아니었고, 막연히 서울 강동구 일대, 경기도 광주군 서부면 일대, 과천 서울대공원 근처 등지에 약 30만 평 안팎의 토지를 확보하여 올림픽 승마경기장을 건설하고 올림픽 후에는 제2경마장 또는 조교장으로 활용하며, 건설 재원은 6년간(1983~1988) 마권세 전액 면제로 조달한다는 안이었다.

그러나 마사회의 안이 관심을 끌기 시작한 것이 이때부터였으며, 마사회는 그 후 조직위의 권유에 따라 과천 서울대공원 근처를 집중적으로 답사하게 되었다. 조직위는 각 종목별 경기장의 건설 후보지를 물색하면서 서울대공원 측의 귀띔으로 승마경기장은 과천 서울대공원 인접지에 민자로 건설한다는 기본 지침을 세워두고 먼저 대한승마협회에 이를 제시하였으며, 뒤이어 마사회에도 알려 구체적인 시설계획안을 제출하도록 요청하였다.

마사회는 이 권유에 따라 서울대공원에 인접한, 당시 시흥군 과천면의 막계리·주암리·하리 일대와 정부 종합 청사 맞은편의 갈현리 등지를 조직위 또는 승마협회 관계자와 함께 수차례에 걸쳐 면밀히 답사하였다. 그 결과 1982년 5월, 제3차로 과천을 후보지로 한 올림픽 승마경기장 건설 기본계획을 작성하여 농수산부와 조직위에 제출하였다. 이 안은 과천면 막계리 일대에 38만 평 규모의 부지를 확보하여 승마경기장을 건설하고, 올림픽 이후는 경마장과 승마장으로 활용하며 건설비는 마권세와 법인세의 시한부 면세와 마사회 자체 자금 및 차입금으로 충당한다는 것이었다. 마사회가 이곳을 승마경기장과 경마장의 적지라고 판단한 근거는 다음과 같은 점들이었다.

- 올림픽 주단지(잠실)와 12km, 서울 도심과 15km의 근거리에 있으며,
- 장차 사당, 양재 방면과의 전철 연결을 비롯한 도로망의 발달로 교통이 편리하고,
- 그린벨트로서 천혜의 자연경관이 고스란히 보존되어 있을 뿐 아니라 대기오염, 소음공해가 없으며,
- 임야와 평야가 적절히 조화를 이루어 광활한 용지를 확보할 수 있으며,
- 임야구성비가 높고 암괴가 적은 완만한 구릉지로서 공사비가 절감되고 지역 안에 보상 대상물이 적어 보상비도 적게 들고,
- 서울대공원과 이웃하여 종합 레저타운으로 발전할 수 있다.

한편 대한승마협회는 마사회보다 앞서 경기도 남양주군 와부면 팔당지역을 올림픽경기장 후보지로 제출해 놓고 있었다. 승마협회는 이미 국제마술연맹(FEI) 기술자의 자문까지 거쳐 FEI의 강력한 지원하에 팔당을 경기장 후보지로 추천하고 있었는데, 올림픽이 끝나면 그 일대를 골프장으로 조성한다는 것이 승마협회의 안이었다.

조직위는 과천을 후보지로 한 마사회 안과 팔당을 후보지로 한

승마협회 안을 놓고 정부 각 부처 관계자와 비교·검토하는 한편 FEI 관계자를 초청하여 2차에 걸쳐 현장답사를 실시하였다. 현장답사는 과천, 팔당 이외에 광명시 일대까지 실시되었는데, 그 결과 FEI 관계자들은 과천이 경마장으로는 적지이지만 승마경기장으로는 부적하며, 팔당은 진입도로 확장 등의 부담이 따르기는 하나 승마경기장으로서 적지라고 승마협회 안을 지지하였다.

그러나 팔당은 FEI 관계자들의 강력한 지지에도 불구하고 수도권 1,400만 주민의 식수를 공급하는 상수도 수원보호지역으로서 개발제한구역이라는 결정적인 약점을 안고 있었다. 이 때문에 팔당은 건설부 등 관계 부처의 강력한 반대에 부딪치고 과천과의 비교 검토가 계속되다가, 국무총리실에서 1983년 2월 25일 결국 과천을 승마경기장 건설지로, 한국 마사회를 민자업체로 확정하였다. 과천은 종합마술 지구력경기 코스에 다소 난점이 있기는 하나 이는 추후에 다시 협의하여 결정키로 하고, 그 밖의 모든 여건이 적지라고 판단될 뿐 아니라 올림픽 이후의 시설 활용도 제고 면을 높이 평가하여 과천으로 결론을 내렸다. 마사회 안은 경마장 이전과 연계된 시설계획 안이어서 뚝섬경마장이 과천으로 이전할 경우 도심인구 소산 등 부수적인 효과도 크다고 평가받은 것이다.

이로서 과천과 팔당 사이에 약 1년간 유치 경합을 벌여온 올림픽 승마경기장은 끝내 과천으로 낙찰되었다. 그런데 국무총리실은 결정에 앞서 건설비 재원 확보를 위한 협의 과정에서 뚝섬경마장을 서울시에 무상 양여하여 체육공원으로 조성토록 조정하였다. 즉, 승마경기장 건설비 514억 원(추정)의 재원은, ① 마사회가 납부하는 마권세(지방세)와 법인세(국세) 감면분, ② 마사회 자체 자금, ③ 차입금으로 마련하되 마권세 50퍼센트를 시한부로 감면하는 대신 뚝섬경마장을 서울시에 무상 양여토록 한 것이다.

'88 하계올림픽' 승마경기장 건설 계획은 1983년 5월 13일에 대통령 재가로 최종 확정되었다. 승마경기장의 부지 규모는 당초 38만 평으로 인가되었으나 개발제한구역 내 행위의 허가·심사 과정에서 농경지와 민간 피해를 극소화한다는 방침에 따라 6만여 평이 축소 조정되어, 경계측량이 끝난 1983년 12월 매입 대상 토지는 106만 4,251m²(32만 1,900여 평)로 확정되었다. 그 후 올림픽 승마경기장의 부지 규모는 1986년 12월 임야 10만 9,874m²(3만 3,000평)를 추가로 매입함으로써 총 규모는 117만 4,125m²(35만 1,800여 평)가 되었다.

홍콩·독일·영국·캐나다·일본 등 선진 승마·경마국의 경기장 견학, 해외 전문가 초빙 등으로 기본계획·실시설계를 마쳐 각계 인사·주민 등 500여 명이 참가한 가운데 성대한 기공식이 거행된 때는 1984년 5월 6일이었다. '86 아시안게임'에 대비한 대회 본부(마사회 본관), 보조경기장과 관람대 및 노천 스탠드 등 승마경기 관계 시설은 1986년 4월까지 준공시켜 아시안게임 승마 경기를 아무 부족함 없이 치를 수 있었다. 또한 주경기장과 관람대 등 나머지 시설은 1988년 7월까지 준공시켜 제24회 올림픽 승마경기장으로써 역사적인 사명을 완수하였다.

오늘날 과천의 승마·경마 시설은 거의 국내 유일의 시설일 뿐 아니라 한국 마(馬)문화의 총본산으로서의 지위를 굳건히 지켜나가고 있다.

■■■ 참고문헌

건설부·대한주택공사. 1979. 「과천도시개발 기본설계」.
과천문화원 편. 1993. 『과천향토사(상·하)』.
대한주택공사 편. 1984. 『과천신도시개발사』.
서울특별시. 1977. 「남서울대공원기본계획」.
_____ . 1978. 「서울대공원기본계획·기본설계」.
세종대학교 박물관·과천시. 2000. 『과천시의 역사와 문화유적』.
손정목. 2003. 『서울 도시계획이야기(4)』. 한울.
오창영 편. 1993. 『한국동물원 80년사』. 서울특별시.
한국 마사회 편. 1984. 『한국경마 60년사』.
_____ . 1993. 『한국 마사회 반세기사』.
서울대공원관련 서울시 보관 서류.
연표·연감·신문 등

도시개발로 국제 망신한 사례들

한국전쟁 휴전협정이 체결된 1953년 당시 서울의 인구수는 50만도 안 되었다. 그것이 '86 아시안게임'과 '88 올림픽'을 치르면서 인구 1,000만 명이 넘는 거대도시가 되었다. 이렇게 극히 짧은 시일 내에 거대도시가 된 서울은 좋은 면에서나 나쁜 면에서나 초고속 성장도시의 표본으로 오랫동안 기록될 것이다. 그렇게 초고속 성장을 한 것은 비단 서울만이 아니었다. 부산·대구·인천 등의 대도시도 정도의 차이는 있지만 모두가 초고속 성장을 했다. 이를 뒤집어 생각하면 초졸속 성장을 했다는 것으로 해석될 수도 있다.

초졸속 성장을 계속해 온 지난 50년의 역사에서는 지워버릴 수만 있으면 지워버리고 싶은 그런 일들이 적잖게 있었다. 그러한 국제적 망신거리 가운데 그중 대표적인 것 몇 개만 들면 다음과 같다.

성수대교 붕괴사건

성수대교는 성동구 성수동과 강남구 압구정동을 연결하는 너비 19.4m에 길이 1,160m의 4차선으로서, 2등교인 DB18(건설 당시는 1등교임)로 설계된 교량이었다. 구자춘 시장 재임 시기인 1977년 4월 9일에 착공된 이 다리는 대한컨설턴트가 설계하고 동아건설이 시공을 맡아 2년 6개월만인 1979년 10월 15일에 준공되었다. 성수대교는 한강에 열한 번째로 건설된 장대교량으로서 종래의 기능 위주의 교량과는 달리 미관을 최대한 살리고 주변 환경과 조화를 이룰 수 있도록 조형미 면에서 다각적인 연구를 기울인 국내 최초의 거버트러스(gerber truss) 교량으로, 양 측의 접속도로 연결부는 단순 합성 플레이트 거더(plate girder)로 설계되었다.

성수대교는 개통 후부터 반포대교·잠실대교·영동대교·한남대교 등과 더불어 강 남북의 도심과 부도심 간을 잇는 주요 교통축으로서 중추적인 역할을 담당하였으며, 1980년대 말부터 시작된 상계 아파트단지와 분당 신도시의 개발과 함께 이 교량을 이용하는 차량이 기하급수적으로 늘어나기 시작하여, 1990년대에 들어서는 강남 측에서 강북 측으로 6만 대, 강북 측에서 강남 측으로 4만 5,000대 등 하루에 10만 5,000대의 교통량을 처리해 오고 있고, 인근에 위치한 삼표레미콘 공장의 골재차량 등 많은 중차량이 통행하고 있었다. 또한 교량의 외모가 수려하여 사진작가들이 한강을 촬영할 때는 의례히 이 교량을 선택하는 것이 관례가 되어 있었다.

1994년 10월 21일 아침 7시 40분이 약간 지난 시각, 서울 전역에 가랑비가 내리고 있는 가운데 아침 출근과 등교를 서두르는 직장인과 학생을 태운 버스와 승용차들이 빗길을 조심스럽게 달리고 있던

성수대교 붕괴(1994)

성수대교의 중간 지점이 갑자기 푹 꺼지면서 한강으로 내려앉았다. 때마침 빗길이라 차량들이 평균시속 40km 정도로 느리게 운행하고 있었고 약간은 이른 시각이라 차량들이 그다지 많지 않았던 것이 불행 중 다행이었다. 무너져 내린 지점은 강북에서 보아 다섯 번째와 여섯 번째 교각 사이, 120m 가운데 중앙 48m의 현수 트러스였다. 이로서 시원하게 넓은 경간(徑間), 트러스 구조 및 입체 교차로의 날씬한 곡선미로 15년간 많은 사진작가들의 작품 대상으로 애호되어 온 성수대교의 명성은 한순간에 한강 물속으로 내려앉고 말았다.

　이 사고로 붕괴 부분에서 달리던 봉고차 한 대와 승용차 두 대가 한강으로 떨어졌고, 붕괴 경계지점에 있던 승용차 두 대는 부재와 같이 떨어지다가 한강 물속으로 빠져 버렸다. 특히 이날 남단에서 북단으로 달리던 한성운수 16번 버스(서울대공원~번동)가 경계지점에 걸쳐 있다가 뒤집힌 채 떨어지면서 물속에 미리 떨어져 있던 상판과 강하게 충돌하여 차체가 완전히 찌그러져, 이 버스로 등교하던 무학여중·고교생 아홉 명이 사망하는 등 총 32명의 사망자가 발생하는 비극적인 사태가 발생하였다. 이 시각은 간발의 차이로 생과 사가 갈라지는 운명의 순간이었으며, 죽은 자의 원성과 산 자의 탄식이 어우러지는 순간이기도 했다. 모두 여섯 대의 자동차가 한강으로 추락한 이 사고로 한강에 추락된 사람은 총 49명이었으며, 이 중 필리핀인 한 명을 포함한 32명이 사망하였고 17명은 구조되었으며, 그중에 중상자는 3명이고 나머지 14명은 경상이었다.

이 교량을 가설했던 1977년 당시의 서울시내 차량 수 합계는 12만 3,000대였던 것에 비해 사고가 난 1994년의 시내 차량 총수는 190만 대를 넘어 200만 대에 육박하고 있었다. 이 사고는 수직재와 상현재를 잇는 부위의 용접 불량 및 설계보다 과중한 하중이 지속됨으로 인한 피로 누적과 관리 소홀이 그 원인이었다. 원인이야 무엇이든 멀쩡하게 잘 다니던 주요 교량이 무너져 다수의 인명이 희생되었다는 것은 엄청난 일이었다. 희생자 대부분은 버스를 이용하여 출근 및 등교 중이던 시민과 학생들로서, 한꺼번에 여덟 명의 학생을 잃은 무학여고는 희생자에 대한 합동장례를 치러 보는 이들로 하여금 눈시울을 적시게 했다.

검찰은 30여 명의 검사를 투입하여 서울시 도로국장 등 전현직 서울시 관계자 12명, 동아건설 관계자 3명 등 모두 15명을 점검 및 관리 소홀 등의 혐의로 구속했으나, 이원종(李元鍾) 서울시장과 최원석 동아그룹 회장에 대해서는 무혐의 처분을 내림으로써 한 달여 만에 수사를 마무리했다.

정부는 사고의 책임을 물어 사고 당일에 이원종 시장의 사표를 수리하고 경상북도 지사로 있던 우명규(禹命圭)를 후임 시장으로 임명했으나, 우명규 역시 서울시 건설국 재직 당시 이 교량의 건설 및 유지관리 과정에 책임이 전무하다고 할 수 없다는 여론이 일어 부임 10일 만인 11월 2일에 국회의원 최병렬(崔秉烈)로 교체·임명해 버린다. 결국 우명규는 10일간의 단명 시장이 되었으니 당시의 시민 감정이 그만큼 차가웠던 것이다.

서울시는 사망자 32명의 유족들에게 라이프니츠식에 의해 산정된 손해배상액 38억여 원과 일인당 7,000만 원씩의 특별위로금을 지급했으며, 시공회사인 동아건설은 사고에 대한 도의적 책임으로 사망자 한 명당 8,000만 원씩의 위로금을 지급함으로써 사망자 한 명에 대해 평균 2억 5,000만 원이 지급되었다.

이 사고의 여파는 사회 전반에 이어져 대내적으로는 시설물 안전 관리에 관한 경각심을 불러 일으켜 그 후 한 달에 걸쳐 전국 교량의 안정 상태를 일제히 점검하고 「시설물안전관리에 관한 특별법」이 제정되는 계기가 되었다(1995.1.5. 법률 제4922호).

대외적으로는 일본·미국 등의 언론이 이 사고를 부실시공의 표본으로 크게 보도함으로써 건설 한국의 이미지에 먹칠을 했으며 그 결과 그 후 동남아시아·중동·아프리카 등지의 건설 수주에 적잖은 장애 요인이 되었다. 그러나 일본에서는 이 사건이 있은 지 약 3개월 뒤인 1995년 1월 17일 오전에 한신 대지진이 일어나 고속도로를 떠받치고 있던 교각 수백 개가 무너졌다. 이 사고로 인해 고베~오카야마 간 고속도로가 반년 동안이나 불통되는 바람에 성수대교 붕괴사고는 거의 묻혀 버렸다.

붕괴된 성수대교 복구공사는 현대건설에서 맡았고 붕괴 사건 후 33개월이 지난 1997년 7월 3일에 개통식을 가졌다. 영국 RPT 사가 감리를 맡아 꼼꼼히 전 과정을 점검한 새 교량은 통과 하중 43톤 이상인 왕복 4차로의 1등급 교량으로 둔탁하리만큼 튼튼해 보이는 것이 특징이다.

삼풍백화점 붕괴사건

사고의 발생

삼풍백화점은 서초구 서초동 법원 청사 맞은편의 삼풍아파트단지 내 부지 4,666평에 자리 잡고 있었다. 삼풍백화점은 삼풍건설산업(회장 이준)이 30억 원의 자본금을 들여 1987년 9월에 착공하여 1989년 12월 1일에 개장했다. 삼풍백화점의 규모는 지상 5층 지하 4층에 연면적 2만 2,386평(매장 면적 9,387평)의 크기로 연 매출액은 1992년 937억 원, 1993년 1,188억 원, 1994년 1,646억 원으로 전국 백화점 랭킹 제7위에 올라 있었다. 그러나 단일 매장 규모로는 서울 롯데백화점 본점에 이어 전국 2위였다. 백화점 내에는 556개의 점포(직영 438개, 임대 118개)가 있었으며, 평소 직영 종업원 700여 명과 입주업체 판촉사원 300여 명 등 모두 1,000여 명이 근무해 오고 있었다. 백화점 건물은 같은 크기의 두 개 동으로 나누어져 북쪽의 건물은 매장으로, 남쪽의 스포츠센터는 매장(1~3층)과 함께 레포츠 시설(4~5층)을 만들어 놓았다. 두 건물 가운데에는 유리로 만든 개선문 모양의 연결 건물이 있어 두 건물이 이어져 있었다.

삼풍백화점은 1987년 8월부터 이 회사의 계열사인 삼풍건설과 우성건설이 터파기와 골조공사를 각각 맡아 오다 공사비 마찰로

1989년 1월에 우성건설이 철수하면서, 삼풍건설이 직접 시공과 내장 공사, 구조 변경까지 마친 뒤 지상 5층, 지하 4층 연건평 2만 2,000여 평으로 1989년 11월에 완공되었다. 그런데 삼풍백화점은 설계 단계에서부터 건축 허가용 도면과 공사 시공용 도면을 따로 작성하여 공사를 끝낸 뒤 사후에 설계 변경을 승인받는 편법을 썼다고 한다.

삼풍백화점은 강남지역이 급속도로 번창한 1980년대 말에 설립되어 강북의 기존 백화점들과의 차별화를 시도해 왔다고 한다. 강남 부유층 주부를 대상으로 수입 의류, 호화 가구 등 고가 제품을 주로 취급했으며 그 때문에 '과소비 1번지'라는 비판도 받았다고 한다. 그와 같은 매장의 수요에 따라 건물의 구조를 무시한 과도한 매장면적 확장이 대형 사고의 유발 요인이 된 것이었다.

사고전날인 28일 밤 야간 경비를 서던 경비원 김 씨는 백화점 5층 식당가에 있는 전주비빔밥집 미전 바닥에서 너비 1m, 깊이 20cm 크기의 함몰 흔적을 발견하고 이튿날인 29일 아침 8시쯤 시설 관리 직원에게 보고했다. 김 씨가 함몰 흔적을 발견했을 당시 백화점 북쪽 건물(A동)과 엘리베이터 타워 사이의 벽 곳곳에는 이미 누구나 쉽게 알아볼 수 있을 정도의 큰 균열이 생긴 상태였다.

오전 8시 30분쯤 사고 현장을 확인한 시설 담당 직원은 이 같은 사실을 상부에 보고했다. 11시부터 정오 사이, 5층 우동집 현지와 냉면집 이전의 천장에서 물이 쏟아졌고 바닥이 꺼졌다. 이에 따라 백화점 측은 정오쯤 벽에 금이 가고 바닥이 함몰된 4층과 5층을 비우기로 하고 직원과 고객을 대피시킨 뒤 보수공사를 시작했다. 엎친 데 덮친 격으로 당시 백화점 지하에서는 주차장 확장공사가 벌어지고 있었다.

오후 2시쯤 회의가 열렸다. 이한상 사장은 3시쯤 미전으로 와서 "5층의 가스 밸브를 잠그고 칸막이를 친 뒤 신속히 보수공사를 끝내

삼풍백화점 붕괴(1995)

라"고 직원들을 다그쳤다. 5시 30분쯤 1층 잡화 매장과 2, 3층 의류 매장, 4층 학용품 매장에는 고객이 많지 않았지만, 지하 1층 슈퍼마켓 등에는 저녁 찬거리 마련을 위해 나온 주부들이 북적대고 있었다. 물론 680여 명에 이르는 직원들은 대부분 자리를 지키고 있었다. 5시 49분쯤 건물이 심하게 흔들렸다. 이어 5분쯤 지나 건물 안에서 비상 사이렌이 울렸고 사람들은 영문도 모른 채 뛰기 시작했다. 5시 54분쯤 A동 5층 북쪽 끝부터 건물이 무너지기 시작했다. 각 층에서 "빨리 피해", "뛰어"라는 아우성이 쏟아져 나왔다. 5층이 무너지기 시작하면서 건물은 전기가 끊겨 암흑천지가 되었다. 건물이 무너지며 내는 굉음과 공기가 빠지는 '슉' 소리가 동시에 들리면서 백화점은 흔적도 없이 사라졌다. 1995년 6월 29일, 하루가 저물어가던 오후 5시 55분경이었다. 분진과 석면 가루를 동반한 폭풍과 함께 서초동 삼풍백화점이 무너져 내려앉은 대참사가 발생하였다. 그것은 실로 전 세계적으로 유례를 찾아보기 힘든, 정말 망신스러운 사고였다.

사고 원인

사고가 나자 서울지방검찰청은 신광옥(辛光玉) 제2 차장검사를 검·경합동수사본부장으로 임명하고 제1·5부 및 제3부의 검사 27명으로 수사팀을 구성하였다. 그 아래에 서초경찰서 형사과 경찰관 38명이 배치되었다. 별도로 각 대학의 교수, 대한주택공사의 기술본부장 등 여덟 명의 기술자로 감정단이 구성되어 설계·시공·구조 및 재료 등에 관한 감정 업무를 수행하였다.

수사 결과 백화점 붕괴 사고의 원인은 잦은 무단 설계 변경, 건물 기둥과 슬래브의 부실시공, 상주 감리 부재 등으로 인한 총체적 부실과 건물 유지·관리 및 행정감독 소홀 등이 장기간 복합적으로 작용해 일어난 것임이 판명되었다. 또 5층 식당가와 옥상의 초과하중, 슬래브와 기둥 등 골조공사의 부실시공이 최초 붕괴의 원인인 것으로 드러났다.

구체적으로는 건축 허가 당시 삼풍 측이 구청에 제출한 허가 도면과 다른 시공 도면을 별도로 작성하여 시공했으며, 이 도면도 공사 착공 전에 완전히 확정되지 않은 상태였다는 것이 밝혀졌다. 공사 진행 중에 도면이 층별, 공정별로 수시로 작성되어 착공 전에 체계적이고 통일적인 시공 계획을 짜는 것이 불가능했다는 것이다. 또 기둥의 지름, 슬래브, 철근 배치 등 열한 군데에서 구조계산서와 설계 도면이 일치하지 않는 것으로 드러났다. 특히 A동 4, 5층 에스컬레이터 주변의 기둥 여덟 개는 지름과 철근 수가 구조계산서에는

80cm 열여섯 개로 되어 있었으나 설계도에는 60cm 여덟 개로 되어 있는 사실이 확인되었다.

옥상과 5층 바닥 등 거의 모든 슬래브의 상부 철근은 설계상 슬래브 겉부분에서 2~3cm 정도 안쪽에 배치되어야 하는데도 6~8cm 안쪽에 시공된 것으로 확인되었다. 이는 슬래브의 유효 두께가 얇아지는 결과를 낳았고 결국 하중을 받치는 데 취약한 상태를 낳았다. 한편 옥상 바닥에 당초 구조 계산에 반영되지 않은 냉각탑 네 개(최대하중 86톤)가 설치되고 롤러스케이트장 등 운동시설로 설계되었던 5층이 식당가로 바뀌면서 배수관, 식당 사이의 벽돌벽 등이 새로 설치되어 하중이 초과되었던 것으로 판명되었다.

구조 및 피해 상황

사고 직후부터 시작된 구조 및 발굴작업에는 사상 최대의 인력과 장비가 동원되었다. 사고가 발생한 6월 29일부터 7월 22일까지 24일 동안 인명구조에만 연인원 7만 3,000여 명이 동원되었으며 구급차·기중기·굴삭기 등 장비 동원도 9,000여 대에 달하였다.

그러나 지휘체계의 혼란으로 어느 기관에서도 신속하게 사고 현장을 장악하지 못했고, 인력 및 장비를 효율적으로 동원·배치하는 데에도 며칠이 걸렸다. 이 때문에 사고 초기에 신속한 구조체계를 갖췄더라면 소중한 생명을 더 많이 구조할 수 있었을 것이라는 지적도 나왔다. 특히 서울시 사고대책본부는 시체 훼손 등의 이유로 중장비 투입을 반대하는 실종자 가족들의 주장에 밀려 건설회사 관계자 등의 조속한 작업 개시 요구를 받아들이지 않다가 사고 발생 5일째를 맞아 중장비작업을 시작함으로써 때를 놓쳤다는 비난을 받기도 했다.

백화점 붕괴사고 후 1,500여 명의 실종자 가족이 모여 있던 서
울교대 체육관에는 갖가지 애절한 사연들이 담겨진 실종 가족 찾기
벽보가 나붙어 보는 사람들의 가슴을 아프게 했다. 실종자 가족들은
서울교대 체육관에서 피난민과 다름없는 생활을 하면서 실종자 소
식을 들으려 안간힘을 다했다.

이와 같은 슬픔 속에서도 사고 발생 28시간 만에 대원외국어고
등학교 교사 홍성태 씨가 구조되었고 지하 3층에 매몰되었던 서춘희
씨 등 환경미화원 24명이 52시간 만에 구조되어 온 국민을 놀라게
했다. 또한 7월 10일에는 지하 1층에서 아르바이트를 했던 최명석
씨(20세)가 매몰 11일 만에, 7월 12일에는 유지환 양(18세)이 매몰 13일
만에 구조되었고, 7월 16일에는 사고발생 377시간 만에 박승현 양(19
세)이 구조되어 젊은이의 강인함, 인간승리를 보여주었다.

삼풍백화점 붕괴 사고로 발생한 인명피해는 사망자 502명, 부상
자 937명, 총 1,439명에 달한다. 백화점 자체가 다중 이용시설이기
때문에 많은 사람의 출입이 가능했을 뿐만 아니라, 사고 발생 시간
이 오후 5시 55분으로 저녁식사 준비를 하려는 주부들이 많이 모여
드는 시간이었기 때문에 인명피해의 규모가 다른 재난사고보다 컸
던 것이다. 특히 삼풍백화점 붕괴 사고는 다른 사고와는 달리 사망
자들이 무너진 철근콘크리트 구조물 속에 묻혀 있었을 뿐 아니라 사
고 당시의 엄청난 충격으로 이미 시신이 많이 훼손되어 있는 상태였
고 게다가 시기적으로도 우기와 겹쳐 있었으므로, 시신이 발굴되지
않았던 시신 없는 실종자들이 다수 있었다. 시신 없는 실종자의 관
리 업무는 1995년 11월 29일을 기해 관리 대상자 가운데 30명에 대
해서 「호적법」 제 90조에 의한 호적 정리를 함으로써 실질적으로 마

무리되었으며, 그 결과 최종 사망자 수가 502명으로 확정되었다. 사망자를 성별로 보면 남자 106명(21%)에 여자가 396명(79%)으로, 여자가 단연코 많은 것은 백화점이 지닌 특성 때문이었다. 또 사망자를 연령별로 보면 21~30세가 258명(51.5%)으로 반수를 넘었으며, 다음이 31세부터 40세가 80명(약 16%), 11세부터 20세가 71명(약 14%)의 순이었고 10세 미만도 14명이나 되었다.

여하튼 멀쩡하게 영업 중이었던 백화점이 붕괴되어 1,439명의 사상자를 냈다는 것은 아마 세계의 백화점 역사상 처음 있는 일이고 국제적으로 엄청나게 큰 망신이었다. 이 사건이 있은 후 한동안은 국내에 거주하는 외국인 사회에는 물론이고 내국인들에게도 백화점 기피 현상이 있었다고 한다.

보상과 책임

사망자에 대해서는 1996년 3월 20일에 유가족 측과 삼풍건설 측 사이에 보상 문제가 합의됨으로써 사망자 일인당 특별위로금으로 1억 7,000만 원과 개별적 손해 사정에 따른 손해배상금을 지급하기로 하여 평균적으로 지급된 보상액은 일인당 3억 8,000만 원이었다. 부상자 937명에 대해서는 1996년 1월 30일 피해자 측과 이루어진 합의에 따라 장애나 상해 정도에 따라 최고 1억 7,000만 원부터 최저 170만 원까지 특별위로금을 지급하였으며, 손해 사정 결과에 따라 손해배상금을 지급하였다.

검찰과 경찰은 삼풍백화점 붕괴 사고가 발생하자마자 대형 참사임을 감안하여 서울지방검찰청에 합동수사본부를 설치하고 20여 명의 검사와 30여 명의 경찰관을 동원하여 설계 및 시공 과정에서의 부실 여부와 공무원의 인허가 비리에 대한 수사에 착수하였다. 검찰은 수사 착수 3일 만에 삼풍백화점 이준 회장과 이한상 사장 등 관련자 네 명이 백화점 붕괴 조짐을 사전에 알고도 안전조치를 취하지 않은 사실을 밝혀내고 업무상과실치사상 등의 혐의로 구속하였다.

서울지방법원 형사합의 22부(재판장 이광열 부장판사)는 1995년 12월 27일, 삼풍백화점 붕괴 사고와 관련하여 업무상과실치사상 등의 혐의로 이들에게 각각 징역 10년 6월과 징역 7년을 선고했다. 재판부는 또 삼풍백화점 설계 변경을 승인해 주고 이 회장으로부터 뇌물을 받은 전 서초구청장 이충우 씨(60)와 황철민 씨(54)에게는 「특정범죄가중처벌법」상 수뢰죄를 적용하여 각각 징역 3년 추징금 1,300만 원과 징역 2년 6월 추징금 1,200만 원을 선고하였다. 재판부는 판결문에서 "기업주의 무분별한 이윤 추구에 따른 부실공사와 이를 눈감아주는 부패한 공직사회에 경종을 울리기 위해 피고인들에게 중형을 선고한다"라고 밝혔다.

대구지하철 방화 사건

사건의 경위

대구지하철 1호선은 대구시내 안심에서 월배까지 동서간 길이 27.6km를 연결하는 지하철로서, 1991년 12월 7일에 착공하여 6년 반 만인 1998년 5월 2일에 전 구간이 개통되었다.

대구지하철 1호선은 공사 중이었던 1995년 4월 28일 아침(오전 7시 50분경)에 달서구 상인동 영남중·고등학교 앞 지하철 1-2공구에서 도시가스관이 폭발하여 등굣길 학생과 출근길 시민 등 101명이 숨지고 117명이 부상하는 대사고가 난 것으로도 유명하다. 가스관이 폭발하면서 공사장 1km 가량이 무너지고 차량 통행을 위해 설치된 복공판 2,000여 개가 찌그러지거나 날아가 건물 119동이 파손되고 차량 133대가 추락하거나 불에 탔다. 특히 인근 영남중학교는 등교 중이던 학생 42명과 교사 한 명이 숨지고 학생·교사 20여 명이 부상하는 등 큰 피해를 입었다. 지하철 공사 때문에 가스관이 폭발한 것이 아니라고 밝혀졌으나 여하간 우리나라 지하철 공사와 관련된 사건 중에서는 가장 큰 사건이었다.

지하철 1호선이 전장 개통된 지 5년 정도가 지난 2003년 2월 18일 오전에 또 한 사건이 발생하였다. 방화 사건이었다. 오전 9시 55분경 진천에서 안심 방향으로 운행하던 대구 지하철 1호선 1079호 열차 5호 객차에 타고 있던 심신 상태가 온전치 못한 김 모(57, 무직, 대구 서구)란 자가 객차 안에 불을 질렀다. 검은 가방에 기름이 든 페트병 두 개를 숨겼다가 전동차가 중앙로 역에 도착한 직후 페트병을 꺼내 라이터로 불을 붙였다. 주변에 있던 승객들이 위험을 직감하고 범인에게 달려들어 격투를 벌였으나 범인은 불이 붙은 페트병을 객실 안에 던지고 도주해 버렸다. 불은 순식간에 전동차의 여섯 개 객차로 번졌으나 이 전동차에 타고 있던 승객은 대부분 대피하여 크게 다치거나 사망한 사람은 없었다고 한다. 그러나 때마침 반대편에서 중앙로 역에 도착한 전동차(1080호) 여섯 량에 불이 옮겨 붙었다. 불이 옮겨 붙은 전동차의 기관사가 엉겁결에 차량 문을 닫은 채 본인만 대피해 버리는 바람에 객차 안에서 빠져나가지 못한 승객이 불에 타 죽어 버린 것이다. 결국 처음 불이 난 전동차보다 마주 오다 불이 옮겨 붙은 전동차에서 대부분의 인명피해가 난 것이었다. 불은

상·하행 전동차 12량을 모두 태우고 이날 오후 1시 30분경 진화되었으나 객실이 타면서 생긴 유독가스가 역내에서 빠지지 않아 인명피해가 극심했으며 상황 파악과 사고 수습도 지체되었다.

이날 화재는 심신이 온전치 못한 범인이 평소의 신병을 비관하여 자살을 기도했는데 혼자 죽기는 싫어 자신의 자살에 다수인을 동반코자 했기 때문에 일어난 사고였다고 한다.

이 사고로 192명이 사망하고 148명이 부상했다. 인명피해는 처음 화재가 난 1079호보다 맞은편에 도착한 1080호 전동차에서 훨씬 컸는데, 이는 불이 옮겨 붙었는데도 객실 문이 열리지 않아 많은 승객들이 질식하여 참변을 당했기 때문인 것으로 분석되었다.

불이 나자 지하철에 함께 탄 다른 승객들이 진화를 시도했으나 불은 순식간에 불량 내장재로 뒤덮인 전동차 내벽과 천정을 타고 번져 초기 진화에 실패했다. 이 내장재는 애초 불에 잘 타지 않는 난연성 제품으로 납품되었지만 참사 후 당국의 조사 결과 불량품인 것으로 밝혀져 납품업자 네 명도 사법처리되었다.

또 화재 이후 전동차 기관사와 역무원은 화재 사실을 종합사령실 운전사령에게 보고하지 않거나 부실하게 보고한 데다 운전사령들마저 폐쇄회로 TV 모니터 업무를 대충대충 하다가 현장 상황을 제대로 파악하지 못했다. 이 때문에 결국 역 구내로 들어오지 말았어야 할 반대편 전동차 1080호의 진입을 막지 못한 것이다. 특히 운전사령은 역 구내에 진입한 1080호 기관사에게 전원 차단과 출입문 개폐와 같은 주요 기능을 하는 마스콘 키(master controller key)를 뽑고 대피토록 지시하고 기관사는 그에 따라 했는데, 기관사가 승객들의 하차 여부 등 안전 확인을 소홀히 한 채 출입문을 닫고 대피하는 바람에 승객들은 전동차 안에 꼼짝없이 갇혀 1,300도의 화염 속에서

생을 마감해야 했다. 이렇게 기관사와 운전사령, 역무원 등 지하철공사 관련 직원들의 근무기강과 위기 대처능력은 그야말로 상식 이하였으며, 그들 중 한사람이라도 자기 역할을 제대로 했더라면 인명피해를 크게 줄일 수 있었을 것이다.

그리고 사고 수습에 나선 대구시 등 당국은 참사 현장 보존은커녕 물청소까지 하면서 유골과 유품을 쓰레기 더미에 섞어 내버리는 등 현장 보존을 소홀히 했다. 또한 지하철공사 직원들은 책임 회피를 위해 기관사와 운전사령 간의 교신 내용을 기록한 유·무선 테이프 녹취록을 조작하는 등 무능력과 부도덕성을 적나라하게 드러냈다. 이에 따라 유족들이 대구시·지하철공사의 사고 수습 태도와 그 능력에 거세게 반발하고 양자간에 대화마저 두절된 상태가 되자 2월 28일 국무총리 주재 아래 관계 장관회의가 긴급 개최되었고 그 결과 차관 급을 단장으로 하는 특별지원단을 급파함으로써 사태 수습에 중앙정부가 직접 개입하게 되었다. 또 법무부 장관의 지시로 대검찰청이 특별수사본부를 구성하여 사건 일체를 조사함으로써 사고 수습이 겨우 가닥을 잡게 되었다.

보상 및 사건 처리

사망자들은 우여곡절 끝에 사고 발생 4개월 만에 합동장례를 치를 수 있었으나 대구시 측과 희생자대책위원회 측이 합의한 추모공원 조성 안은 해당 지역 주민들의 강력한 반발에 부딪혀 추모사업은 별다른 진척을 보지 못했다.

사망 희생자들은 최저 1억 원에서 최고 6억 6,000여 만 원까지 모두 464억 4,000여 만 원을 지급받았고, 부상자는 일인당 최저 600

만 원에서 최고 3억 4,000여 만 원까지 총 130억 2,000여 만 원을 받았다. 또한 국민성금 668억 원으로 조성된 특별위로금 450여 억 원이 사망자 192명 가운데 신원이 확인된 186명에 대해서는 일인당 2억 2,100만 원씩, 부상자 148명 중 60명에 대해서는 일인당 5,860만 원씩 지급되었다. 그러나 나머지 부상자들은 특별위로금 지급 수준과 국민성금 잔금 130억 원의 용처에 대한 관련 기관과 유족회 등과의 이견으로 인해 위로금 수령을 미루고 있다.

지하철 사고 방화범 김 모 씨에 대해서는 항소심에서 무기징역형이 선고되었고 기관사 등 지하철공사 직원 여덟 명에 대해서는 금고 5년~1년 6월형이 각각 선고되었다. 또한 지하철공사 사장 등 간부 두 명에 대해서는 사고 현장 훼손 혐의(증거 인멸)로 기소되어 각각 유죄 판결을 받았다.

참사 이후 정부는 2005년까지 전국 도시철도 차량 4,208량의 내장재를 불연성 자재로 교체하고 2007년까지 전국 지하철과 철도 안전에 3조 1,000억 원을 투입하는 한편 소방방재청을 신설하는 등 사회안전망 구축에 열을 올리고 있다. 한편 종합사령실과 각 역사에 설치된 폐쇄회로 TV 녹화방식을 기존 아날로그(VCR)에서 디지털(DVR)로 바꿔 16채널을 동시에 녹화할 수 있도록 했으며, 화재 발생 시 대피 안내 방송이 자동으로 나오도록 했다.

사망자 유가족들의 근황이라든가 부상자 중 쉽게 치유되지 않는 중상자들의 근황 등 이 참사가 불러온 문제는 너무나도 많고 크다고 할 수밖에 없으며 아직도 해결되지 않은 측면이 적잖게 있다고 한다.

이 사고는 불량 내장재 납품, 지하철공사 직원들의 직무 태만과 교육·훈련 부족, 관련 법·제도 미비 등 과거 다른 대형 사고와 마찬

가지로 우리사회 곳곳에 도사린 안전의식 부재와 사회 구성원들의
책임의식 결여가 불러온 참사였다.

■■■ 참고문헌

권오정. 2003. 『아름다운 영혼 - 대구지하철 참사 진혼곡, 새로운 사람들』.
대구지하철 건설본부. 2000. 『대구지하철 1호선 건설지』(상·하).
서울지방검찰청. 1995. 『삼풍백화점 붕괴사건 수사 및 원인규명 감정단 활동백서』.
서울특별시 1996. 『삼풍백화점 붕괴사고 백서』.
_____. 1995. 『서울은 안전한가』.
각 연도별 연합 연감, 사건 당시의 신문들.

한국 아파트의 역사

마포아파트까지

일제시대의 아파트

여기서 다루려는 것은 아파트이지 단순한 집합주택이 아니다. 즉, 여기서 말하는 아파트는 다음과 같은 요건을 갖추어야 한다.

첫째, 집단성이다. 공동의 계단 또는 복도에 의해서 연결되고 공동의 현관에 의해서 외부와 연락되는 주거용 건물이어야 한다.

둘째, 계층성이다. 계층성이라는 것은 어느 정도의 높이를 의미한다. 물론 높이의 기준은 시대에 따라 다르지만 일제 강점기에는 4층 이상, 광복 후에는 5층 이상이었다. 그런 높이가 요구되는 이유는 일제시대에 아파트라는 이름으로 많이 지어졌던 2층짜리 독신자료(寮) 같은 것, 그리고 한국전력의 전신인 조선전력(주)과 경성전기(주)에서 역시 아파트라는 이름으로 많이 지었던 2층짜리 사원용 임대주택과 구별하기 위한 것이다. 또 광복 후에 기준을 높여 5층 이상으로 한 이유는 1960~1970년대에 많이 지어졌던 이른바 연립주택과 구별하기 위해서이다. 지금은 거의 지어지지 않고 있는 이른바 연립주택이라는 것은 3층이 주였고 예외적으로는 4층도 있었다.

셋째, 단지성이다. 이 조건은 가급적이면 갖추어지기를 바라지만 절대적인 조건은 아니고 또 절대적인 조건일 수도 없다. 그러나 광복 후 특히 1970년대 이후의 아파트는 거의가 단지를 형성하여 주택의 집단화뿐만 아니라 유치원·초등학교·금융기관 등 각종 생활 관련시설이 일괄적으로 계획되고 배치되었다.

공동주택은 이미 기원전 수 세기부터 생겼으며, 고대 로마에는 4~5층짜리 벽돌조 아파트가 있었고 중세에는 성벽에 주택을 배치한 이른바 성벽도시도 있었다. 그러나 근대적 집합주택의 발전은 18세기 후반기부터의 산업혁명과 그에 따른 노동자계급의 출현, 대량 인구의 도시 집중 등에서 그 근원을 찾아야 한다. 사실상 외국의 공동주택은 빈민 구제를 위한 주택정책의 일환으로 발달된 것이었다.

일본에서 아파트단지가 처음 나타난 때는 1923년이었다. 관동대지진 이후 진재대책의 일환으로 사단법인 동윤회(同潤會)가 설립되어, 이른바 동윤회 아파트단지라는 것이 도쿄·요코하마 내 몇 군데에 최초로 세워졌고 그 잔재는 극히 최근까지도 이어오고 있다.

앞서 설명한 바와 같이 일제시대 서울에는 아파트라는 이름의 건물이 꽤 여러 군데 지어졌지만 오늘날의 관점에서 아파트였다고 판단되는 것은 내자동 75번지에 지어진 미쿠니아파트 단 하나뿐인 것 같다. 미쿠니상회는 중국과 일본에 석탄을 수출하는 상사였다고 하나 다른 자료에서 찾을 수 없는 것을 보면 그렇게 규모가 큰 회사는 아니었던 것 같다. 이 회사는 1930년대 초에 중구 회현동에 사원들을 거주케 할 공동주택을 지어 아파트라는 이름을 붙였으나 그 것은 너무 규모가 작아서 문제가 되지 않았고, 1935년에 내자동에 조선 최초의 아파트인 동시에 유일한 아파트인 미쿠니아파트를 지었다.

내자동 75번지에 세워진 미쿠니아파트는 연건평 647.45평의 4층 짜리 본관 건물과 연건평 199.132평의 지하 1층 지상 3층의 별관 건물로 나누어져 있었으며, 본관에 독신자용 31호와 가족용 28호, 별관에 독신자용 2호와 가족용 8호가 있었다. 본관에는 별도로 사무실·사교실·오락실·식당·욕실 등이 갖추어졌고 별관에는 매점·창고·보일러실 등이 갖추어진 철근콘크리트 건물이었다.

시공은 시미즈구미에서 맡아 1934년 8월에 기공하여 1935년 5월에 준공하였으며, 일제강점기의 주거용 건물로는 최대 규모였다. 광복 후에는 내자아파트라는 이름으로 오랫동안 미군용 숙소로 사용되었고, 1960년대 말에 한국인이 인수하여 잠시 호텔로 사용하다가 도로 확장으로 인해 철거되었다.

지난날 이 건물을 다룬 글 중에는 간혹 미쿠니아파트 외에 내자아파트라는 것이 별도로 있었다. 즉, 미쿠니아파트, 내자아파트라는 두 개의 아파트가 있었다든가 혹은 미쿠니아파트의 별칭이 내자아파트였다든가 하는 기술이 발견되는데, 그것은 모두 잘못된 견해이고 일제시대의 미쿠니 아파트를 광복 후에는 내자아파트라는 이름으로 불렀을 뿐이다.

마포아파트로 막이 열리다

광복 후 1950년대 중반까지는 거의 아파트 건축이 없었고 1950

년대 후반에야 겨우 시작되었다. 그리고 광복 이후 최초의 아파트 건설은 1958년에 세워진 종암아파트였다. 중앙산업에서 성북구 종암동에 세운 이 아파트는 각 가구 17.3평(공용면적 포함)으로, 4층 4동에 총 152가구였다. 각 가구는 편 복도를 통해 현관으로 들어가게 되었고, 전면에는 발코니를 두고 거실과 온돌방을 배치하고, 후면에는 온돌방, 부엌, 화장실, 현관을 배치한 소규모 아파트였다.

종암아파트 외에도 1950년대 후반기에 몇 군데에 한두 동짜리 아파트가 지어지는데 그것들은 모두 단지성을 지니지 않아 독립된 아파트(단지)로 다루기는 어렵고 본격적인 아파트(단지) 건축은 5·16 쿠데타 후 대한주택공사에 의한 마포아파트 건설까지 기다려야 하는 것이다.

일제강점기 국영기업체로 설립된 조선주택영단은 대한민국 정부 수립 후에는 대한주택영단으로 이름만 바뀌어 그대로 존속되어 오다가 5·16 쿠데타가 일어난 뒤인 1962년 1월에 「대한주택공사법」이 제정·공포되어 1962년 7월 1일에 대한주택공사가 설립되고 새 얼굴로 발족하게 된다.

1961년 10월 16일에 착공하여 동절기 3개월을 쉬고 1962년 봄부터 본격적으로 진행된 마포아파트 공사는, 바로 주택공사 설립을 기념하는 공사인 동시에 제1차 경제개발 5개년계획 주택사업의 상징이기도 했다.

그동안 단독주택 위주였던 주택영단(공사)이 이 아파트를 짓게 된 목표는 "국민의 재건 의욕을 고취하고 대내외에 (한국의) 건설상을 과시하며, 토지이용률을 제고하는 견지에서 평면 확장을 지양하고 고층화를 기도했으며, 생활양식을 간소화하고 공동생활의 습성을 향상시키는 한편 수도 미화에 공헌하여 근대문명의 혜택을 국민에

게 제공함으로써 대북한 선전 효과를 도모하는 데 두었다"라고 하니
(『주택공사 20년사』, 236쪽), 주택공사의 입장에서 이 아파트의 건설은
하나의 혁명이었고 그것은 동시에 한국 주택 건설의 역사에서도 하
나의 전기가 되었다.

그때까지 서울시내에는 일제강점기 또는 광복 이후에 아파트라
는 이름으로 지어진 적잖은 주거용 건물들이 관리 소홀과 입주자의
낮은 소득으로 인해 노후화되어 거의 빈민굴이라는 이미지를 사람
들에게 심어주고 있었다. 그래서 초대 주택공사 총재였던 장동운(張
東雲)은 아파트에 대한 그와 같은 이미지를 불식하기 위해 넓은 단지
를 획득하여 10층짜리 고층아파트를 짓고, 중산층 이상이 들어와서
살 수 있도록 시설 면에서 엘리베이터, 중앙난방식(central heating), 수
세식 화장실을 설치하기로 구상했다.

그러나 당시 유엔 원조기관이었고 주택공사에도 건축 자재 등
을 원조하고 있었던 미국 대외원조기관(United States Operations Mission:
USOM) 측은 저층의 난민 구조 주택을 많이 짓기를 원했고 철근콘크
리트 아파트를 짓는 것을 원하지 않았다. 또 일부 언론기관에서도
전기 사정이 나쁜데 엘리베이터가 무어냐, 기름이 한 방울도 나지
않는 나라에서 중앙난방식이 무어냐 하는 반대 의사를 표명했다. 또
수세식 화장실에 대해서도 서울시 수도국에서 마실 물도 귀한 형편
에 무슨 수세식 화장실이냐고 반대했다. 또 대지로 사용하는 마포
현장은 원래 마포형무소에서 농장으로 사용하던 것을 싼값으로 매
입한 것이었는데, 한강의 둑이 없었던 시절, 홍수가 질 때는 그곳까
지 한강물이 범람하였으므로 지반이 튼튼하지 못했다. 그래서 건축
관계자들은 과연 그런 지반 위에 육중한 건물이 들어설 수 있을 것
인지 의문시했다.

하늘에서 본 마포아파트 전경

결국 당초에 계획했던 10층 높이를 6층으로 변경했다. 당시 유럽·미국의 아파트 가운데 엘리베이터 시설이 없는 것은 최고 높이가 6층이었기 때문에 그것을 채택한 것이다. 그리고 중앙난방식도 전력 부족에다가 입주자들의 부담이 커진다는 이유로 가구별 보일러 시설로 변경되었다. 그리하여 1차연도 사업인 6개 동(450호)의 건설 공사가 추진되었고 준공식은 1962년 12월 1일에 거행되었는데, 근대식 아파트가 들어섰기 때문에 마포아파트 주변은 주위가 한옥으로 둘러싸인 주택군과는 대조적인 환경이 조성되었다. 박정희 국가재건최고회의 의장이 참석하여 생활혁명을 강조하는 축사를 하였다.

그런데 이 마포아파트에는 의외로 입주 희망자가 적어서 입주자가 전 가구 수의 10분의 1에도 못 미쳤다. 그해에는 유달리 날씨가 추웠는데 아파트의 거의 대부분이 빈집이었기 때문에 빈집을 통과하는 파이프가 동파되기 시작했을 뿐 아니라 연탄가스 문제도 발생하였다. 모든 가구가 모두 입주했으면 배연이 잘 되었을 터인데 드문드문 입주를 했기 때문에 연탄가스 배출이 잘 안 되어 입주자들이 불안해했다. 공사에서는 몰모트 여섯 마리를 구하여 여러 방에 가둬놓고 실험을 했는데 가스중독은 없었다. 그러나 입주자들이 인간과 몰모트는 다르다고 주장해서 드디어는 인체실험을 하지 않을 수 없게 되었다. 정말 웃지 못할 실험이었다

당시 우리나라의 평균 거주수준은 매우 열악하여, 한 가구당 평균 거주 평수가 겨우 5~6평 정도밖에 되지 않을 시대였다. 그러므로 마포아파트도 12평이 72가구분, 15평이 31가구분이었고 9평짜리가 342가구나 되었다. 그러나 그 정도의 넓이였음에도 불구하고 입주자는 모두 중산층 이상이었고, 문학가·화가 등 저명 예술인도 다수 포함되어 있었다.

그리고 마포아파트는 비로소 아파트단지라는 개념을 사람들에게 심어주었다. 아름다운 아파트 건물은 외국의 그것을 방불케 해서 풍경은 명물이 되어 명동이 이사왔다는 말을 들을 정도로 빠르게 유행했고, 마포아파트를 소재와 배경으로 하는 영화가 적잖게 제작되었다.

이렇게 초기의 희비극을 거친 뒤에 마포아파트가 정당한 평가를 받게 되어 다음 해 여름철부터는 웃돈까지 붙기 시작했다. 일제 양변기(洋便器)를 설비한 신식 아파트를 짓는데 입주자들이 김칫독과 된장독을 어떻게 할 것인가를 걱정한 것으로부터 시작한 마포아파트는 사람들에게 아파트도 살 만하다는 것을 최초로 인식시켰고 여기서부터 한국의 아파트 시대가 막을 연 것이다.

주택공사는 마포아파트의 효과를, ① 단독주택을 건설하는 것

보다는 단지를 조성하여 고층화함으로써 토지이용도가 제고되었고, ②단지 사업을 실시함으로써 주택 건설의 고층화 가능성, 공동생활의 가능성, 국내 생산재만으로도 고층화가 가능하다는 확증을 얻었으며, ③도시의 미화와 발전에 기여했고, ④주택난의 부분적 해결로써 국가 시책에 이바지했다고 결론지었다(『주택공사 20년사』, 237~240쪽).

중산층에서 부유층까지

1960년대 후반기를 상징하는 동부이촌동 아파트단지

한국의 1960년대는 전반기와 후반기가 크게 다른 시기였다. 즉, 1962년부터 시작한 제1차 경제개발 5개년계획이 1966년에 마감되면서 우선 농업문제, 농촌의 기아문제를 해결한다. 단군 이래 5,000년간 계속된 보릿고개니 춘궁기니 하는 현상은 1966년을 고비로 한국 사회에서 사라진다.

1967년부터 제2차 5개년계획이 시작되었다. 1960년에서 1964년까지 매년 5.5퍼센트를 기록한 GNP 성장률은 1965년부터 1969년까지 5년 동안 연평균 11.7퍼센트를 기록하고 특히 제조업 분야에서의 성장률은 전반기의 연평균 9.4퍼센트에서 후반기에는 22.6퍼센트라는 놀라운 성장을 기록한다.

그와 같은 한국 경제의 성장은 한국의 아파트문화에 그대로 반영되어 있다. 마포아파트가 1960년대 전반기를 반영하는 한국 아파트의 대표였다면 용산구 동부이촌동에 형성된 아파트단지는 바로 고도 경제성장을 이룩한 1960년대 후반기의 한국 경제를 상징하는 아파트단지였다고 할 수 있을 것이다.

동부이촌동 아파트단지는 1968년의 공무원아파트단지, 1970년 의 한강맨션아파트단지 및 외국인아파트단지로 전개되어 간다.

1968년에 동부이촌동에 건립한 공무원아파트 34동 1,313가구분 은 주거 규모가 12평에서 25평까지로, 당시로 봐서는 비교적 대규모 의 것이었을 뿐 아니라 단지 내에 초등학교와 중학교, 중심 상가, 우 체국, 은행, 동사무소 등을 중심지구에 배치하는, 이른바 근린주구 (近隣住區) 방식을 최초로 도입했다는 데에 특색이 있었다. 그뿐 아니 라 불완전하기는 했지만 쿨데삭(cul-de-sac) 시스템과 같은 보차도 분 리(步車道分離) 등 새로운 기법까지 도입한 의욕적인 것이었다.

공무원아파트단지에 근린주구·쿨데삭 등 대담한 시도를 도입할 수 있었던 것은 서울시가 수해 상습지였던 이 지역에 산재한 무허가 불량건물을 이전시킨 후 강변도로를 조성하면서 매립한 모래땅을, 총무처(현 행정자치부) 공무원연금 관리기금이 서울시로부터 싼값에 매입하여 주택공사에 공무원아파트단지 건설을 위탁했기 때문이다. 즉, 건설을 맡은 주택공사의 입장에서는 일단 채산성을 도외시할 수 있었기 때문에 그런 대담한 시도가 가능했던 것이다(이 주택단지는 1970년 말에 총무처 연금국의 관리에서 벗어나서 입주자에게 관리가 넘어 간 후에 그 모습이 많이 바뀌었다. 간선가로변에 상가가 건설되고 빈 땅으 로 보존해야 할 곳에 새로운 아파트가 들어가는 등, 당초에 설계자가 시도 했던 것과는 매우 다른 모습으로 변했다가 1990년대 초에 개조되어 완전히 고층화되었다).

공무원아파트단지가 성공하자 주택공사는 1970년에 공무원아 파트단지 남쪽에 수자원공사가 매립해 두었던 대지를 매입하여 한강맨션아파트 23동 700가구분을 건립하고, 동시에 그 서쪽에는 외국인아파트 18동 500가구분을 건립한다. 한강맨션아파트는 가구별 주거 규모가 27평에서 55평까지로, 당시로는 지나치게 호화로운 것이어서 국영기업체에서 사치를 조장한다고 사회적 물의를 빚었으며, 1970년대 이후의 아파트 대형화 경향을 선도하였다.

1968년의 공무원아파트단지, 1970년의 한강맨션아파트단지, 외국인아파트단지로 이 지구가 근대적 아파트단지로 각광받기 시작하자 많은 민간업자들이 이 지구에 아파트를 세우기 시작했다. 1971년에 주택공사가 민영아파트라는 이름으로 22평형 748가구분을 세운 데 이어, 리바뷰맨션아파트(1동 55가구), 복지아파트(10동 290가구), 타워맨션(1동 60가구), 랙스맨션(10동 460가구), 점보맨션(1동 144가구), 장미맨션(1동 64가구), 코스모스맨션(1동 30가구), 미주맨션(2동 70가구), 왕궁맨션(5동 250가구), 청탑아파트(1동 40가구), 수정아파트(1동 83가구), 반도아파트(2동 192가구), 현대아파트(3동 775가구) 등이 차례로 건립되었고, 1983년부터는 이 아파트단지의 동편, 서빙고역 앞에 신동아건설(주)에서 신동아아파트 15개 동 1,326가구분을 건립하였다.

참고로 한강맨션아파트 이후 건립된 민영아파트들이 맨션아파트라는 이름을 남발하였을 뿐 아니라 '랙스', '리바뷰', '점보' 따위의 외래어를 경쟁적으로 사용한 탓에, 1974년 서울시는 앞으로 건립될 아파트에는 맨션이라는 용어와 외래어 명칭을 사용하지 못하도록 금지하는 조치를 취해 버린다.

여의도 시범 아파트단지와 여의도 아파트지구 형성

김현옥 시장에 의하여 1968~1971년에 걸쳐서 건립된 서울시 시

민아파트는 한국 아파트의 역사에서 매우 큰 비중을 차지하는 것이
고, 그것이 종말을 고하게 된 원인이 되었던 와우아파트 사건은 그
자체가 서울시정사상 최대 사건 가운데 하나였다. 그러나 시민아파
트 건립 및 와우아파트 사건은 이미 앞에서 상세히 소개한 바 있어
여기서는 되풀이하지 않겠다. 사실상 마포아파트에서 시작된 한국
아파트의 역사는 가구별 수세식 화장실과 거실, 온돌방의 좌식 생활
에서 침대·의자의 입식 생활로의 전환, 한강맨션 이후로 일반화된
중앙공급식 종합보일러 설치 등, 중산층 이상 국민 생활의 장이었던
데 비해, 유독 시민아파트는 '중산층에 달하지 못하는 하층민 생활의
장'이었고 따라서 아파트 발전의 역사라는 측면에서 보면 마이너스
또는 후퇴의 역사였다. 그러므로 한국 아파트 70년의 역사에서는 생
략·할애해 버리는 것도 하나의 방법일 수 있을 것으로 생각한다.

　　1971년에 서울시가 여의도에 시범 아파트단지 24동 1,584가구
분을 건립한 데는 절박한 두 가지 이유가 있었다. 첫째는 문자 그대
로 시범적인 아파트단지를 건립함으로써 와우아파트로 실추된 서울
시 건설 수준의 신용을 회복할 필요가 있었다는 점이고, 둘째는 허
허벌판인 여의도에 교두보적인 시설을 만들어서 60만 평에 달하는
여의도의 택지를 매각하는 데에 전기를 마련할 필요가 있었기 때문
이다. 당시 서울시는 여의도 윤중제 공사 등으로 거액의 부채를 져
서 직원들의 봉급을 제때에 줄 수 없을 정도로 악화된 재정 상태에
있었다.

　　와우 사건으로 인책 사임한 김현옥 시장의 뒤를 이은 양택식
시장은, 여의도 시범 아파트 사업 추진을 위해 다년간 주택공사 건
설이사로 있다가 퇴임한 홍사천(洪思天)을 계획·설계·시공 일체에 관
한 책임 고문으로 위촉하였고, 그 아래에 박병주(朴炳柱) 홍익대 교수

여의도에 지어진 시범 아파트단지

(단지 설계), 김효경(金孝經) 서울대 교수(기계설비), 지철근(池鐵根) 서울
대 교수(전기설비) 등이 자문위원으로 위촉되었다. 이촌동 공무원아
파트, 한강맨션아파트 등이 5·6층인 것에 비해 시범 아파트단지는
12층 고층 아파트여서 이 땅에 고층아파트시대의 문을 열었을 뿐
아니라, 쿨데삭·주구 공원·초등학교·중고등학교·유치원·동사무소·
경찰서·파출소·쇼핑센터의 배치를 통한 단지 계획상의 기법에 있어
서, 중앙난방식 등 공급 시설 면에 있어서, 15평형·20평형·30평형·
40평형을 적절히 배합하여 계층간의 위화감을 해소한 점에서, 주민
조직에 의한 합리적 관리를 최초로 도입했다는 점에서 이 나라 주
택단지 조성에 신기원을 이룩하였으며, 문자 그대로 그 후에 세워진
많은 주택단지들의 시범이 되었다.

　　1970년 9월 25일에 기공하여 1971년 10월 15일부터 입주가 시작
된 시범 아파트는, 입주 직후에는 엘리베이터 운행, 연료·가스 공급

등에 약간의 말썽이 있었으나 약 20일이 경과하자 모두 순조롭게 가동되어 가구당 40~50만 원 이상씩 웃돈이 붙기 시작하였다. 와우 사건으로 실추된 시공기술상의 신용을 회복해야 한다는 서울시의 기도가 성공한 것이었다.

이렇게 시범 아파트가 성공하자 1974년부터 삼익·한양·삼부·라이프주택 등 민간 건설업자들이 앞을 다투어 여의도에 아파트단지를 지었고, 대교·한양·서울·수정·공작·미주·백조·미성·진주·목화 등의 단지가 줄을 이었다. 1971년에 시범 아파트가 준공될 당시 주민 수가 전무하였던 이 허허벌판의 모래섬에 1982년 말에는 8,790가구 3만 8,264명의 주민이 살게 되었으니, 시범 아파트가 여의도라는 공간을 형성시킨 씨알이었음을 알 수 있다.

반포 아파트단지와 신반포·방배지구 형성 과정

소양강 다목적댐 등 한강 상류에 여러 개의 댐이 건설되면서 홍수 위험이 사라지자, 한강 하류의 유수지(遊水池)나 둔치를 공유수면 매립(公有水面埋立)이라는 이름으로 개발하기 시작한다.

지금의 동작대교 남단에 있던 광활한 한강 유수지를 현대건설·대림건설·삼부토건 등 3개 회사가 경인개발이라는 창구회사를 설립하여 공사구역을 3등분해서 공유수면 매립공사를 실시한 것은 1970년 7월부터 1972년 7월까지 2년간이었다. 총 매립면적 18만 9,356평 가운데 16만 241평이 매립자에게 귀속되었고, 제방 및 도로용지 2만 9,000여 평이 국유화되었다. 그리고 16만 평이 넘는 이 광할한 택지는 1973년 초에 주택공사에 일괄 매각되었다. 주택공사가 이렇게 취득한 택지 위에 총 242억 원의 공사비를 투입하여 22평에서 42평 규모의 중산층용 아파트 3,786호를 건설한 것은 1973년에서 1974년에 걸쳐서였다. 사실상 1972년도부터 기초공사가 시작되고 있었다.

주택공사에 의한 반포 아파트단지 건설은 한강맨션·한강 외국인·한강 민영아파트단지를 건설할 때 얻은 기술과 경험이 강을 건너 넘어와 집대성된 것이었다. 따라서 반포아파트단지는 엘리베이터가 없는 5, 6층 단지이기는 하나, 규모의 광활함과 뛰어난 시공기술로 유명해졌다[기초공사 때부터 항타기(抗打機)를 비롯한 모든 기계들이 총동원되어 모든 동의 파일 항타가 단계적으로 진행되었으며, 단지 내에 거미줄같이 어지럽게 깔릴 뻔했던 모든 종류의 파이프들이 지하에 매설된 공동구 속에 일괄 수용되었다]. 지하철 4호선이 건설되자 광활한 단지 전체가 4호선 동작역의 동편 일대에 전개되었을 뿐 아니라 강남에서 영등포 방면으로 가는 자동차교통의 주된 흐름이 이 단지를 통과하기 때문에 이 지역은 준공된 지 30년이 지난 지금에도 반포 아파트단지 또는 구반포라는 이름으로 그 존재를 자랑하고 있다.

그리고 반포 아파트의 동편에 1976년 10월부터 (주)한신공영이 24차로 나누어 모두 126개 동 1만 1,429가구분의 고층아파트를 건립했으며, 그 사이사이에 대림(7동 632가구), 한양(4동 367가구), 경남(10동 1,056가구), 우성(4동 408가구), 롯데 설악(5동 63한 가구)과 같은 아파트가 들어가 강남 고속버스 터미널 북편 일대에 신반포라는 이름의 매머드 단지를 이룩해 놓았다. 한편 반포 아파트 남쪽 이수 구획정리지구에는 1977년에 삼호아파트 17개 동 1,264가구분이 들어선데 이어 방배동 방면에 걸쳐 궁전·경남·삼익아파트 등이 차례로 들어서서 역시 대규모 아파트단지를 형성하게 되었다.

아파트 시대의 견인차 역할을 한 압구정 아파트단지

　한명회(韓明澮)는 조선왕조 전기에 세조·예종·성종의 3대에 걸친 제일의 권신이었다. 그가 한강변 두모포 대안의 작은 구릉 위에 정자를 세운 때는 세조 2년(1456년)이었다. 그는 다음 해에 사신으로 명나라에 가서 당시 명나라 제일의 문인이었던 한림학사 예겸(倪謙)에게 한강 남안에 지은 정자에 이름을 붙여달라고 부탁했다. 그렇게 지어진 이름이 '압구정'이었다. 그때부터 한명회의 시호도 구정(鷗亭)으로 바뀌었다. 이 정자는 그 후 서울 근교에서 가장 이름난 명소가 되었다. 역대로 권세 있는 재상들의 소유가 되었으며 이름난 문인들이 다투어 시를 지어 나무 액자를 만들어 정자 벽에 걸었다.

　고종 때는 금릉위 박영효(朴泳孝)의 소유였는데, 갑신정변 후에 박영효의 재산을 몰수하면서 이 정자도 철거해 버렸다고 한다. 1970년대 초만 하더라도 이 정자터가 잡목 우거진 작은 언덕 위에 남아 있었다. 이 정자로 해서 이 일대가 압구정리로 불려진 것은 조선시대 중기부터였고 오늘날에 이르기까지 이어지고 있다.

　압구정동과 성동구 옥수동 사이에 저자도(楮子島)라는 이름의 작은 섬이 있었다. 한강과 중랑천이 합류하는 곳에 생긴 삼각주였다. 정확한 위치는 지금의 성수대교와 동호대교 사이였다. 원래는 산자수려하여 권신들의 별장이 지어졌던 저자도의 윗부분 등성이가 유실된 것은 1925년 을축년 대홍수 때였고, 그 후 이 섬은 일년에 한두 번은 반드시 잠겨버리는 명목상의 섬이 되었다고 한다. 현대건설이 저자도의 모래를 실어다가 압구정 지역의 공유수면을 매립하겠다는 면허를 신청한 때가 1968년 하반기였고, 면허가 난 때는 1969년 2월 17일이었다. 그리고 우여곡절 끝에 이 공사가 준공된 때는 1972년

12월 말이었다.

현대건설이 이 지구에 현대아파트 23동 1,562가구를 건설한 것은 1975년에서 1977년에 걸쳐서였다. 이 아파트는 가장 작은 것이 35평, 큰 것은 60평에 달하여 이미 중산층 아파트의 테두리를 넘고 있었다. 넓은 면적과 호화로움으로 사람들을 놀라게 한 이 아파트단지는 그 후 동서로 더 확장되어 모두 76개 동 5,909가구의 현대아파트단지가 되었다. 1978년부터는 현대단지 동편에 한양아파트 33개동 2,735가구분이 들어섰고, 1982년부터는 현대단지 서편에 미성아파트단지 12동 1,233가구가 들어서게 된다. 이 거대한 아파트단지는 현대백화점, 현대고등학교와 더불어 '압구정동'이라는 이름을 부력·권력자의 집합지 및 사치와 유행의 발상지를 상징하는 대명사가 되게 한다. 그것은 실로 엄청난 힘이었고 한국인의 주생활에 아파트 시대를 불러일으키는 견인차 역할을 하게 되었다.

잠실 아파트단지

잠실 공유수면 매립공사와 집단 체비지

잠실섬은 수십, 수백만 년에 걸친 모래의 퇴적으로 한강 하류에 생긴 하중도(河中島)였다. 원래는 광진구 자양동 남쪽에 붙은 반도였는데 어느 해인가의 홍수 때 반도의 허리가 잘려서 섬이 되었다고 한다. 반도의 허리를 잘라 새로 흐르게 된 내를 신내(新川)라고 불렀고 그것이 잠실섬의 북쪽 흐름이 되었다.

조선왕조 전기, 정확히는 세종 때부터 임진왜란 전까지, 잠실섬에는 무성한 뽕나무밭이 있었고 누에치기가 성행했으니, 이른바 동(東)잠실이었다. 그러나 왕조 후기로 오면서 이 섬에서의 양잠 기록은 자취를 감추어 버린다. 거듭된 홍수 때문에 누에를 칠 방법이 없어진 것이다.

1960년대 말까지만 해도 대다수의 서울 시민은 잠실이라는 지역이 존재한다는 사실조차 모르고 있었다. 그렇게 평소에는 잘 알지도 못했던 잠실을 문득문득 떠오르게 한 사건은 해마다 되풀이되는 여름철의 홍수였다. 한강 상류에 다목적댐이 건설되기 전만 해도 여름철의 홍수는 매년 두 번 정도씩 빠짐없이 찾아오는 연례행사였고, 그때마다 잠실섬은 섬 전체가 범람하여 몇 안 되는 섬 주민을 미군 헬리콥터에 의해 구조하는 등 법석을 떨어야 했다.

그런 잠실섬도 홍수 걱정에서 해방될 날이 찾아오게 되었다. 한강 상류에 홍수조절용 다목적댐이 건설되기 시작했기 때문이었다. 소양강 댐 축조공사가 완료된 때는 1972년 11월이었고, 박대통령 참석하에 담수식이 거행된 때는 1972년 11월 25일이었다. 아마도 소양강 댐 축조가 시작되기 전부터 홍수조절 효과는 여러 가지로 조사되었고, 그 결과 "잠실섬의 경우도 남쪽 흐름을 막아 육지와 연결시키고 북쪽에 제방을 쌓으면 섬은 없어지는 대신 엄청난 양의 택지가 조성될 수 있다"는 결과도 당연히 예측되었을 것이다.

김학렬 부총리 겸 경제기획원 장관이 현대·대림·극동·삼부·동아 등 당시 한국 굴지의 5대 건설회사 사장들을 장관실로 초청하여 잠실 공유수면 매립공사를 제안한 때는 1969년 하반기의 어느 날이었다. 공유수면 매립을 허가해 주는 대가로 거액의 정치자금을 요구한 것이었다. 잠실 공유수면 매립 면허가 앞서 열거한 5개 회사에 통보된 시기는 1971년 2월 초순이었고, 가장 난공사였던 남쪽 흐름

물막이공사는 그해 4월 16일 동아건설에 의해 이루어졌다.

5개 건설회사가 잠실개발(주)이라는 창구회사를 설립해서 추진한 이 매립공사의 준공까지는 많은 시간이 걸렸다. 한강의 토사가 부족했기 때문이었다. 약 2년 정도 시내 각처에서 배출되는 연탄 쓰레기를 갖다 버렸고 그 위에 각처 공사장에서 배출되는 흙을 가져다 버려서야 가까스로 준공될 수 있었다. 잠실지구 매립공사의 최종 준공일은 1978년 6월 29일이었고 매립된 총 면적은 75만 3,398평이었다. 그렇게 조성된 택지 가운데 10만 8,000여 평은 제방 및 도로용지로 국유화되었고 나머지 64만 4,716평은 매립자인 잠실개발(주)에 귀속되었다.

공유수면 매립으로 얻어진 75만 평 토지 이외에 이 지구에는 국유지·공유지를 합해 약 48만 평의 땅이 하천부지로 있었다. 이들 공유수면 매립지 및 국·공유 하천부지를 주축으로 약 340만 평에 달하는 넓은 땅에 구획정리사업이 실시되었다. 그런데 잠실 구획정리지구에는 처음으로 평가식 환지계산법이 적용되어서 상식의 범위를 벗어난 높은 감보율(減步率)이 적용될 수 있었고, 이에 더해 과거의 평면적 수법이 아닌 입체적·종합적인 계획을 수립하여 국무총리실의 승인을 받으라는 대통령의 지시가 있어 그 결과 대담한 비환지(飛換地)와 집단 체비지(替費地)를 확보할 수 있었다. 즉, 구획정리사업의 결과로 집행부서인 서울시는 모두 62만 2,526평의 체비지를 집단 또는 개별로 확보했는데, 그중 집단 체비지는 서쪽이 35만 407평, 동쪽이 10만 3,000평이었다. 서울시는 서쪽에 위치한 35만여 평의 체비지를 주택공사에 일괄 양도했다. 양도가격은 분할납부를 조건으로 평당 2만 원이었다.

잠실 1~4단지 건설

서울시로부터 35만 평의 집단 체비지를 이양받은 주택공사는 우선 그중 25만 평을 네 개의 단지로 나누어 아파트 건설 계획을 수립한다.

계획 수립에는 선행되는 두 가지 전제가 있었다. 첫째는 아파트의 높이였다. 고층으로 하느냐 5, 6층으로 하느냐였다. 고민을 거듭한 끝에 5층 높이로 통일한다. 당시 한국인의 주된 연료가 아직도 연탄이었으니, 잠실아파트도 연탄을 연료로 사용하기로 하고 5층 높이로 통일한 것이다.

다음은 각 가구별 평형이었다. 처음에는 반포 1단지와 같이 32~42평형으로 할 계획이었으나 박 대통령의 지시가 떨어졌다. "주택공사가 잠실에 짓는 아파트는 서울시민의 각 소득계층에 맞추어 저소득·중소득층이 골고루 입주할 수 있도록 하라. 국민의 주생활을 호화롭게 하는 데에 주택공사가 앞장서지 말라"는 지시였다. 부랴부랴 서울시민의 소득을 조사했고 그 결과 결국 잠실 1~4단지에는 7.5평형이 500개, 10평형이 600개, 13평형이 7,610개, 15평형이 3,400개, 17평형이 2,410개, 19평형이 730개, 합계 334개 동 1만 5,250가구가 들어가도록 설계되었다. 13평형이 전체의 49.9퍼센트로서 정확히 반수를 점하게 되었다. 그중에서 우선 1만 1,660가구분을 1975년 내에 건설하도록 계획했다.

잠실 1~4단지 건립 기공식은 1975년 2월 6일에 거행되었다. 4월 25일에 주택공사 사장이 경질되어 양택식 전 서울시장이 새 사장으로 부임하였다. 주택공사는 이미 동부이촌동이나 반포단지 등을 통하여 대량 주택 건설 능력이 입증되어 있었지만, 잠실 1~4단지의 건설 물량은 파격적인 것이었다.

당시 계획인구 10만 명인 아파트단지는 세계적으로도 드물었다. 그때까지 주택공사가 건설한 규모는 반포 1단지 99동 3,650가구분이 가장 큰 것이었는데, 잠실 1~4단지는 반포 1단지의 네 배 규모였다. 양택식 시장은 취임하고 나서 한 달 뒤인 5월 29일에 잠실단지건설본부를 건설 현장에 설치하고, 이른바 180일 작전이라는 것을 전개했다. 서울시장으로 재직했을 때 흔히 썼던 100일 작전, 150일 작전 등의 전례를 따른 이른바 서울시 행정방식 그대로였다.

생각해 보면 실로 우직한 공사였다. 1975년 잠실에는 주택공사의 1~4단지만 건설된 것이 아니었다. 주공 잠실단지에서 두 구역 떨어진 동편에서는 서울시 시영아파트 13평형 80개 동 3,000가구분이 동시에 건설되고 있었던 것이다. 공사장의 인부가 잠실 1~4단지에 연인원 280만 명, 시영아파트에 54만 6,000명이 동원되었다. 이 두 개의 대규모 공사판에 주공과 서울시 기술진의 지휘 아래 한국 건설업계가 모두 참여했다. 사람만이 아니었다. 그동안 축적된 토목·건축기술 수준은 말할 것도 없고 자재와 기구까지 남김 없이 동원되었다.

1973년에 일어난 제1차 에너지 파동으로 1974년만 하더라도 거리에 실업자가 넘치고 있었고 한국 전체가 불경기의 늪에 깊이 빠져 있었다. 어두운 1974년이었고 불경기는 1975년 전반기까지 이어지고 있었다. 그런 어두웠던 분위기를 하루아침에 바꾸어 버린 것이 잠실단지 건설 공사장이었다. 그로 인해 서울시의 실업률이 크게 낮아졌고 당연히 노임도 올랐다. 노임 파동도 일어났고 자재 파동도 일어났다. 1975년에 시작하여 잠실 5단지가 건설된 1977년까지 각 건설업계는 물론이고 자재를 공급한 연관 산업체들은 대부분

끝없이 전개된 잠실 아파트단지

이 철야작업을 계속해야 했다고 한다.

마치 전쟁을 치르는 듯 소란한 나날이었지만 예정된 180일은 지나가고 있었다. 남은 것은 입주자들의 이삿짐 운반이었다. 1~4단지 1만 1,660가구만이 아니었다. 시영아파트 3,000가구분도 거의 같은 시기에 준공되었으니 일시에 1만 5,000가구가 이사해 오는 것이었다. 잠실로 떠난 뒷자리로 들어가는 사람도 있었고 또 그 뒤를 메우는 사람들도 있었다. 과연 얼마나 많은 사람이 움직여야 했던가.

이 이삿짐 운반 때문에 일어나는 혼란으로 인명사고라도 나면 큰 사회문제가 될 수도 있었다. 주택공사는 입주 단계를 2차 6단계로 구분하여 1차로 1단지와 4단지 조기 준공분 92개 동 3,670가구를 11월 15~30일, 5일 간격으로 입주시켰다. 나머지 166개 동 7,990가구는 한 달 뒤인 12월 15~31일 동안 역시 5일 간격으로 3단계로 나누어 입주시켰다. 이삿짐 운반은 당연히 토·일요일에 집중되게 마련이었다. 11월 16, 23, 30일, 그리고 12월 21, 28일이 일요일이었다. 이 날 서울의 거리거리는 이삿짐 운반차로 술렁거렸으며, 이들 차가 모여든 잠실단지의 각 아파트들은 북새통이 되어 버렸다.

반면 아직 각 단지별 슈퍼와 종합상가는 건설 중이었다. 마침 입주 시기가 김장철과 겹쳐서 주공은 서울시와 협의하여 임시 상가 및 김장시장을 단지 내 여러 곳에 개설토록 했다.

5단지 건설

잠실 1~4단지가 건설되어 가는 과정에서 한국인 전체의 주생활 기호의 경향이 크게 바뀌고 있었다. 즉, 넓이 25평, 건물 높이 12층 이상의 고층아파트, 지역난방과 도시가스였다. 결국 주택공사도 잠실 1~4단지를 끝으로 주생활에 대한 인식의 전환이 필요했던 것이다.

잠실 5단지는 1~4단지보다 규모가 훨씬 큰 단지였다. 3단지가 5만 3,828평이고 4단지가 4만 2,249평이었는데, 5단지는 10만 평 가까운 대규모 단지였다(실평수 9만 8,815평). 거기에다 1~4단지보다 훨씬 좋은 위치에 있었다. 즉, 대교를 건너서 잠실에 들어서면 바로 오른쪽 대지가 5단지였다. 주택공사는 이곳에 높이 15층짜리 대형 아파트 30동을 건립하기로 결정했다. 그동안 민간업체들이 지어 온 고층아파트가 모두 12층이었는데 그보다 3층을 더 높인 것이다. 당연히 각 가구별 평형도 커져야 했다. 34, 36평(실평수 23, 25평)의 두 개 평형으로 통일했다.

한국의 도시주택 공급에서 양적 측면만이 아니라 질적·기술적 측면에서도 항상 선도적 위치를 지켜 온 국영기업체의 명예를 건 역사(役事)를 전개해야 한다는 것이 그들의 포부였다. 그들은 5단지 건설에서 완전주의를 표방한다. 그때까지 한국 주택 건축이 도달한 질적·기술적 측면의 정수를 아낌없이 발휘하겠다는 결의의 표현이었다.

5단지 설계에서 주공 기술진이 심혈을 쏟은 것은 난방이었다. 최소의 연료로 최대의 난방 효율을 올리기 위해 고온수 지역난방을 채택하기로 하고, 그것을 전제로 설계가 이루어졌다. 우선 외벽을 블록으로 이중으로 쌓고 그 사이에 스티로폼을 넣었다. 이 공법은 주공이 처음으로 시도하는 것이었다. 창문도 모두 이중으로 했다. 이중벽과 이중창은 보온·방음·방습에 뛰어난 효과를 나타낸다. 동간 거리도 70m로 넓혔는데, 당시 같은 규모의 민간 아파트 동간 거리가 40m 정도인 것에 비하면 실로 획기적인 시도였다. 충분한 일조권을 확보하기 위해서였다. 한국 최초의 15층 아파트라서 발코니에 대해서도 세심하게 신경을 썼다. 고층에서 오는 불안감을 줄이기 위해 전체 가구의 발코니를 남쪽 전면에 냈으며, 위험 방지와 미관을 위해 화분대도 설치했다.

5단지 30개 동 3,930가구분의 기공식이 거행된 때는 1976년 8월 19일이었다. 잠실벌에 전개될 대규모 고층 건축의 막이 열린 것이다. 그런데 이 건축공사 또한 심각한 자재난을 겪어야 했다. 공사 진도에 레미콘 공급이 따라가지 못했고, 마침내 공사가 중단되는 사태가 벌어졌다. 15층 건물의 8층까지 올라간 상태에서 레미콘 공급이 중단된 것이었다. 1977년 여름이었다. 부득이 층을 올리는 공정을 멈추고 하층부 공사만 진행하는 날이 꽤 여러 날 계속되어야 했다. 자재난만이 아니었다. 숙련공 노임이 뛰고 또 뛰었다. 잠실단지가 시작된 1975년 당시 4,000원이었던 미장공의 노임이 1977년 추석을 지나고부터는 1만 원 선을 돌파하고 있었다.

1~5단지 준공

잠실 1~5단지 건설에는 자재 파동, 노임 파동을 비롯하여 실로 적잖은 난관이 있었고 허다한 우여곡절도 있었다. 7.5평짜리와 10평 짜리 아파트에는 저리·장기의 국제개발처(Agency International Development: AID) 자금을 빌려와 건설비용 자체를 싸게 하는 한편으로 중온 수(中溫水) 지역난방을 채택하였다. 13~19평은 연탄 부엌, 7.5~10평 은 지역난방이라는 방법으로 저소득층 아파트의 슬럼화를 방지하고 자 한 것이었다.

주택공사는 잠실 1~5단지를 건설하면서 지난날의 아파트단지 에서는 생각하지도 못했던 여러 가지 새로운 시설들을 만들었다. 대 표적인 것이 1단지에 건설한 새마을회관, 5단지에 건설한 새마을체 육관이었다.

1단지에 건평 284평의 새마을회관이 준공된 때는 1976년 5월 28일이었다. 이 회관에 넓이 159평의 새마을 작업장이 마련되었다. 전업주부 약 200명을 모아 봉제작업 등으로 월 60만 원 정도의 소 득을 올릴 수 있도록 하자는, 실로 기발한 착상이었다. 7.5평, 10평 등 이른바 미니아파트에 거주하는 저소득층 주부들에게 일감을 주 선해줌으로써 소득을 올리도록 하자는 시도였던 것이다. 가정주부 가 일을 해서 수입을 올릴 수 있었으니 너나할 것 없이 다투어 참여 했다.

새마을 작업장에 붙어 어머니회관이 들어서 있었다. 부인들의 여가 선용을 위한 모임터였다. 꽃꽂이 교실·붓글씨 교실·합창 모임 등이 번갈아 열렸다. 어머니회관은 각 단지마다 마련되었다. 각 단지 마다 골고루 배치된 관리사무소·동사무소 등의 2층이 어머니회관으로 이용된 것이다. 바로 주부들 친목의 장이었다. 새마을 어머니회라는 것이 각 단지마다 조직되었다. 단지별 부인회의 탄생이었다. 그것은 이 나라 아파트단지 사회에서 처음으로 생긴 조직이었다. 잠실단지보다 앞서서 형성된 동부이촌동 단지에도 없었고 여의도단지에도 없었던 것이다.

주택공사의 입장에서는 잠실 1~5단지가 명실 공히 이 나라 주택단지의 선구자이자 모범이어야 했다. 건물의 높이와 개개 주거의 질에 있어서만이 아니라 모든 면에서 타의 추종을 불허하는 것이어야 했다. 이를 위해 숙의를 거듭한 끝에 생각해 낸 것이 새마을체육관이었다. 민간업자들은 상상도 할 수 없는 시설이었다. 연건평 785평에 지하 2층, 지상 2층으로, 지상에는 실내체육관·이용실·미용실이 갖추어졌고 지하 1층에는 수영장·샤워실·헬스클럽·식당이 배치되었으며, 지하 2층은 기계실이었다. 아파트단지 안에 실내체육관이 들어선 것도 처음이었고 실내수영장 또한 처음이었다.

새마을체육관 준공식이 거행된 그날, 1978년 11월 28일에는 잠실 1~5단지 종합 준공식도 아울러 거행되었다. 잠실벌에 처음 삽질을 한 것이 1975년 2월 6일이었다. 모두 35만 평의 대지에 국민주택자금 150억 원, 정부출자금 39억 원, AID 차관 96억 원, 공사 자체자금 93억 원, 입주자 부담금 587억 원 등, 총 사업비 965억 원을 들여, 7.5평~36평 아파트 364개 동 1만 9,180가구분을 3년 9개월 만에 건설하여 10만 명이 주거하는 단지를 완성시킨 것이었다. 한국 주택건설사에 우뚝 솟은 금자탑이었다.

영동 아파트지구

아파트지구라는 제도의 유래

영동 제1·2 구획정리지구를 형성하는 반포동·잠원동·압구정동·역삼동·청담동과 같은 마을은 원래 모래벌판의 연속이었다. 그래서 반포동·잠원동 등은 한때 사평리(沙坪里)라고 불리기도 했다. 그런 모래벌판을 따라 높은 제방을 쌓고 자동차 전용의 강변도로를 조성했으니 대부분의 대지는 도로보다 낮은 저지대일 수밖에 없었다. 홍수기에 비가 많이 와서 한강 수위가 높아지면 강변도로를 사이에 두고 이들 저지대도 침수되었다. 몇 군데에 유수지를 만들고 배수펌프장을 설치하기는 했지만 저지대에 주택이 쉽게 들어설 리가 없었다.

900만 평이나 되는 영동 구획정리지구가 허허벌판 그대로 계속 방치되는 것은 결코 바람직한 상태가 아니었다. 1975년 3월 5일에 있었던 박 대통령 서울시 연두순시 때 대통령의 첫 번째 지시사항인 "강북 인구의 강남 이전 정책을 수립하여 시행에 옮기라"는 것은, 바로 영동지구 900만 평을 허허벌판인 채로 방치하지 말라는 내용이었다. 구자춘 서울시장은 박 대통령의 지시가 있은 지 한 달쯤 뒤에 고속버스 터미널을 현 서초구 반포동 19번지에 설치할 것을 결심하고 도시계획과장 김병린을 불러 구체적인 방안을 지시하면서, 그 주변 일대에 대규모 아파트단지를 조성할 것도 지시한다. 참고로 강남 고속터미널이 건설된 때는 1976년이었고, 9월 1일에 1차 준공을 보았다.

영동 구획정리지구는 원래 농지였지만, 구획정리 환지처분이 되고 많은 토지 투기꾼들이 들락날락하면서 100평, 200평 정도로 분할되어 군소지주들의 소유가 되어 있었다. 이들 군소지주들에게 아파트를 지으라는 것은 처음부터 불가능한 것이었다. 설령 500평 내외의 큰 땅을 가진 사람들이 있다 한들 그들이 아파트업자가 아니었으니 개별적으로 아파트를 지을 수는 없었다.

「도시계획법」에 '아파트지구'라는 것을 설정하여 그 지구 내에는 아파트밖에 못 짓도록 해 버리면 결국 군소지주들은 토지를 아파트 업자에게 팔아넘길 수밖에 없다. 1975년에는 아주 소수이기는 하나 단층 또는 2층 건물이 드문드문 들어서고 있었고 경기도 시대부터 거주해 온 농가들도 여기저기 산재해 있었다.

서울시가 건설부 도시계획과에 아파트지구 제도를 신설해 줄 것을 요청한 때가 1975년 8월이었다. 그리고 「도시계획법」 시행령을 개정하여 제16조에 아파트지구를 신설한 것은 1976년 1월 28일자 대통령령 제7963호에서였다. 그리고 서울시는 영동 구획정리지구 내의 4개 지구, 그 밖의 시내에 이미 아파트가 들어서고 있던 7개 지구를 선정하여 아파트지구로 지정해 줄 것을 건설부에 품신하였다. 구획정리사업을 처음 시작할 때 그곳은 아파트지구가 아니었고 그런 토지를 사고팔았다. 그런데 구획정리사업이 한창 진행되고 있는 과정에 "이곳은 아파트지구가 되었으니 아파트와 그에 딸린 시설 이외의 건물은 짓지 못한다"라고 결정된 것이다. 냉정하게 생각해 보면 실로 어이없는 재산권 침해였다. 그런 일이 자행될 수 있는 시대였고 그런 일을 자행할 수 있는 정부였다.

여하튼 1976년 8월 21일 반포·압구정·청담·도곡 등 영동 제1·2 구획정리지구 779만 4,000m²(약 236만 1,820평)의 광역이 아파트지구로 지정되어 버렸다. 영동 구획정리 937만 평의 25퍼센트에 달하는 엄청난 넓이였다(이 넓이는 개발계획 수립 단계에서 크게 축소되었다).

업자들의 경쟁적인 아파트 건설

아파트지구 제도를 신설할 때 건설부는 개발에 앞서 개별 지구마다 기본계획을 세워 건설부 장관의 승인을 받도록 지시했다.

서울시는 11개 지구 지정을 건설부에 상신한 직후부터 영동지구 네 개 지구의 기본계획 수립에 착수했다. 김병린 과장은 연구용역회사 천일기술단의 김익진을 불러 '영동 아파트지구 개발계획(안)' 수립을 의뢰했다. 김익진의 천일기술단은 영동 구획정리지구가 지닌 지형지세 등을 고려하여 강남구 관내에서 7개 지구, 서초구 관내에서 9개 지구, 합계 16개의 아파트지구 계획을 성안한다. 계획의 기조가 된 것은 이미 용산구 동부이촌동 공무원아파트단지와 여의도 시범 아파트단지에서 채택한 근린주구 이론이었다.

예컨대 500m 사방을 간선도로로 두른 한 개 구역 내부에 몇 개의 어린이 놀이터, 초등학교, 중학교, 노인정, 우체국, 쇼핑센터 같은 것이 들어가면 단지 내부에서 가정주부와 노인·어린이들의 생활은 거의 해결되어 버린다. 용무가 없는 단지 내 통과교통량은 없으므로 교통사고도 일어나지 않는다. 가로세로가 500m이니 단지의 넓이는 25ha가 되고 ha당 인구밀도를 500명으로 보면 주민은 1만 2,500명으로서 초등학교 한 개를 배치할 수 있다. 천일기술단이 영동 아파트지구에서 채택한 원리가 바로 위와 같은 것이었다.

천일기술단의 영동 아파트지구 종합개발계획(안) 보고서가 서울시에 접수된 때는 1976년 11월이었다. 서울시가 영동 아파트지구 개발 기본계획을 건설부에 신청한 때는 그해 12월 7일이었고, 그것이 승인된 때는 다음 해 3월 29일이었다. 영동 아파트지구 개발계획을 모델로 한 '서울특별시 아파트지구 건축조례'가 발포된 것은

1977년 7월 1일자 조례 제1174호에서였다. 아파트지구의 최소면적을 3,000m²(약 909평), 건폐율 25퍼센트 이하, 용적률 200퍼센트 이하로 규정했다. 이 조례는 1980년 7월에 폐지되어 그 내용이 건축조례에 포함되었다.

천일기술단의 아파트지구 계획 작업이 진행되고 있을 때 최승진이라는 이름의 젊은이가 찾아왔다. 태릉 근처, 중랑구 중화동에서 5층짜리 아파트를 지어 분양한 경험이 있는 청년이었다. 최승진은 김익진의 권유에 따라 고속버스 터미널 맞은편, 잠원동 74-1번지의 땅을 사서 모았다. 순순히 매각하겠다는 지주도 있었으나 매각을 거부하는 지주도 있었다. 끝내 매각을 거부하는 지주에게는 비환지 수법을 써서 지구 밖의 토지와 바꾸어주었다. 최승진이 고속버스 터미널 맞은편, 잠원동 74-1번지에 확보한 토지는 2만 6,561m²(약 8,035평)였다. 그는 이 대지에 12층 4개 동 408호분의 아파트 건설 허가를 받고 입주 희망자를 모집하는 분양 공고를 냈다. 1977년 초의 일이었고 아파트 이름은 우성이었으니, 우성건설의 시작이었다. 이 분양 공고에 응하여 입주를 희망한 사람들이 4,000명이 넘었다. 10대 1의 성황을 이루었던 것이다. 최승진에게도 뜻밖이었고 다른 건설업자들도 모두 놀란 대성황이었다.

당시 우성건설(주)의 경제력이 그렇게 대단하지는 않았을 것이다. 그런데 아파트를 건설하면서 묘안이 생겼다. 당초의 분양계약금으로 기초공사에 착수했고 나머지 건축 자금은 한국주택은행에서 융자를 받았다. 은행에서 융자를 받는 데는 담보가 필요했다. 바로 입주자와의 분양계약서가 둘도 없는 담보가 되었던 것이다.

한국주택은행의 전신인 한국주택금고가 설립된 때는 1967년 7월 10일이었고 1969년 1월 4일에 주택은행이 되었다. 1977년은 제4

차 경제개발 5개년계획이 시작되던 해였다. 국민의 심각한 주택문제를 해결하는 방안으로 정부는 제4차 계획기간 중인 1977~1981년의 5년간 총 2조 6,400억 원을 투자하여 113만 호 주택 건설을 계획하고 있었다. 주택은행은 중앙정부 주택건설 촉진계획의 금융 부분 담당자였다.

영동 아파트지구 내에서의 아파트 건설을 적극 지원한 것은 서울시, 건설부, 주택은행이었다. 주택은행 반포 예금취급소가 개설된 때는 1974년 4월 24일이었고, 1976년 8월에 출장소, 1978년 6월 5일에 지점으로 승격했다. 아파트 업자들은 분양계약서만 지참하면 바로 그에 상응하는 거액의 융자를 받을 수 있었다.

우성아파트 분양이 10대 1의 성황을 이룬 것은 당연히 다른 아파트 업자들을 고무했다. 우성아파트에 바로 이웃한 일대의 토지는 한신공영(주)에 의해 대량으로 매점되었다. 한신공영은 원래 보일러 제조를 주업무로 하던 기업이었는데 1976년 10월부터 신반포지구 아파트 건설업에 뛰어들었던 것이다. 지구 내의 토지를 어느 정도만 확보하면 비환지 수법에 의하여 아파트를 지을 수 있는 아파트지구 제도는 건설업자에게는 매우 귀중하고 편리한 것이었다. 한신공영만이 아니었다. 현대건설·삼익주택·삼호·삼부토건·한양주택·라이프주택·대림건설·진흥기업·경남기업·롯데건설·대한주택공사 등이 다투어 영동 아파트지구에서 토지 매입경쟁을 벌였다. 자연히 교통정리를 해야 할 필요가 생겼다. 아파트업자끼리의 경쟁을 방치하다가는 중복투자·경합투자가 될 수도 있었고, 공연히 땅값 상승을 부채질하는 결과가 되기 때문이었다. 서울시 주택과·도시계획과·구획정리 2과·건축지도과 등이 교통정리를 담당하기는 했지만 아파트지구 환지계획을 독점 작업했던 천일기술단이 주된 역할을 담당한 것은 당연한 일이었다.

반포 우성아파트 4개 동 408가구분이 착공된 때는 1976년이었다. 그로부터 12~13년간에 걸쳐 영동 아파트지구로 지정된 강남·서초구 관내에는 모두 687동 4만 9,280가구분의 아파트가 들어섰으니 실로 공간혁명이 일어난 것이라 해도 크게 틀리지 않은 현상이었다 (손정목, 『서울 도시계획이야기』 제3권, 321~323쪽에 게시한 두 개의 표 참조).

아파트 가수요와 국민 주생활의 전환

『주택은행 20년사』에 의하면, "1977년 하반기부터 아파트를 중심으로 한 주택 건설과 농촌 주택 개량사업이 활발히 이루어졌으며 때를 같이하여 …… 투기성 유휴자금까지 부동산시장으로 유입되어 1978년 초에는 주택 경기가 최고조에 이르게 되었다"라고 기술되어 있다(30쪽). 우리나라 주택 건설사상 1978년이 주택 경기 최고조였던 원인은 바로 강남 고속버스 터미널 주변 아파트단지 조성에 있었다. 그리고 1978년에 잠원동·반포동 일대, 이른바 신반포지구 아파트 건설 붐은 우리나라 주택 건설사상 두 가지 측면에서 큰 비중을 차지하게 되었다.

첫째는 아파트 가격의 웃돈, 가수요, 1가구 2주택 이상이라는 현상이었다. "아파트만 사두면 떼돈을 번다"는 것이 이른바 복부인들에게 널리 퍼져 막대한 유휴자금이 아파트시장과 강남의 토지 투기에 동원되었다. 그에 대한 대책으로 정부는 1978년 8월 8일을 기하여 '부동산 투기 억제 및 지가 안정을 위한 종합대책'을 발표했다. 이른바 8·8 조치라는 것이었다.

둘째는 국민 주생활의 전환, 즉 단독주택에서 아파트로의 전환이었다. 그때까지 주연료였던 연탄 대신에 중앙난방식 보일러와 도시가스가 일반화되었다. 강남구 대치동에 도시가스 공장이 기공된 때가 1978년 10월 6일이었고, 1979년 12월에 우선 1단계로 10만 호에 도시가스가 공급되었다.

연료혁명과 세탁기 보급, 아파트 열쇠 하나로 바깥출입이 가능해진 것은 주부생활·가정생활에 큰 전환을 가져왔다. 입주가정부라는 것이 없어진 대신 시간제 파출부가 일반화되었고, 유휴시간 활용을 위해 에어로빅이니 서예교실이니 하는 것이 유행하고 자동차교습소에 주부들이 떼를 지어 다니기 시작했다. 실로 엄청난 변화였다. 1978년이라는 해는 이 나라의 주부생활, 국민 주생활의 전환점이 되는 해였다.

제5공화국 500만 호 건설

국보위와 500만 호 구상

박정희 대통령이 발표했던 많은 비상조치들 중에서 1978년 8월 8일에 발표된 부동산 투기 억제 정책, 속칭 8·8 조치라는 것은 비교적 큰 비중을 지니는 것이었다. 부동산 양도소득세와 공한지세의 중과, 토지거래 허가제·신고제 채택, 인감증명 유효기간 단축, 기준시가 고시제 채택 등 매우 획기적인 내용들이었고 급상승하던 부동산 가격을 잠재우는 데에 큰 효과를 발휘했다. 그때까지 존재했던 토지금고 대신 토지개발공사가 설립된 것도 8·8 조치의 일환이었다.

「한국토지개발공사법」이 제정되고 그에 따라 토지개발공사, 약칭 토개공이 설립되어 출범한 때는 1979년 3월 27일이었다. 초대 사장으로 예비역 육군 중장으로 예편하여 국방부 차관, 원호처장을 지낸 유근창이 취임했고, 부사장은 국방부 시설국장을 지낸 예비역 육군 소장 이종열이었다. 이렇게 발족한 토개공이 처음으로 한 일은 40개 시 주변에 당장에 개발할 수 있는 택지 예정지가 얼마나 있는지 조사하는 일이었다. 1979년 6월 20일부터 11월 15일까지 5개월간 연인원 1,752명을 동원하여 전국 40개 시 도시계획구역 내 3,000평 이상의 개발 가능지를 항공사진 촬영과 현지답사 등으로 정밀 조사한 것이었다. 그 결과 모두 1,797개 지구 3억 3,092만 7,000㎡(약 1억 평)의 개발 가능한 땅을 찾을 수 있었다. 즉, 약 1억 평에 달하는 택지 전환이 가능한 토지가 도시계획상 자연녹지 또는 생산녹지(절대농지) 등의 이름으로 매우 값싼 상태로 남아 있다는 것을 알게 된 것이다.

전국의 택지 현황을 항공사진 촬영으로 조사한 최초의 시도이기도 했으며 분석 결과는 『40개 도시지역 택지현황조사보고서』라는 책자로 정리되었다. 유근창 사장이 급히 서둘러 조사를 실시한 것은 그가 박 대통령과 육사 2기 동기로서 대통령의 성품을 너무나 잘 알기 때문이었다. 즉, 언제 어느 지역을 얼마나 개발하라는 호령이 떨어질지 모르고, 또 토개공 설립 취지가 단시일 내에 대량으로 택지를 공급한다는 대통령 의지가 표현된 것으로 보고 그에 대한 대비가 필요하다고 판단했기 때문이었다. 그러나 10·26 사건은 택지 현황 조사가 미처 끝나기도 전에 일어났으니, 토개공으로서는 앞날이 전혀 전망되지 않는 실망의 나날이 계속되었다.

그런데 1980년 5월 31일, 계엄하의 대통령 직무 수행을 자문·보좌하는 기관인 국가보위비상대책위원회(약칭 국보위) 설치가 발표되었다. "의장에는 최규하 대통령이 취임하고, 국무총리·부총리를 포함한 각료 8명, 청와대 2명, 군장성 14명 등 24명으로 구성한다. 산하에 30명으로 구성된 상임위원회(군장성 18명, 공무원 12명)를 설치하며, 상임위원회 의장에는 전두환 중앙정보부장 서리가 취임한다"는 것이었다. 국보위 상임위원 30명이 임명·발표된 때는 6월 5일이었다. 처음 제시된 명분은 '계엄하의 대통령 자문·보좌기관'이었지만 실질적으로는 "실권이 없는 대통령을 모셔놓고 전권은 국보위 상임위원회가 장악한다"는 것이었다. 바로 국보위 상임위원회 통치였던 것이다.

공무원 6,000여 명, 국영기업체 임직원 등 3,000여 명을 비롯하여 170여 개 정기간행물 폐간 등 언론기관 통폐합, 폭력·사기·밀수·마약 등 사회악 일소를 위한 특별조치, 폭력배 등 6만여 명 검거와 삼청교육대 입소 등 하루가 멀다 하고 연이어 발표·실시된 국보위 통치를 돌이켜 한마디로 요약하면 그것은 '공포정치'였다.

국보위는 모두 13개의 분과로 구성되어 있었고 각 분과마다 5·6명의 전문위원이 있었다. 즉, 30명의 상임위원 외에 약 70명 정도의 전문위원이 별도로 임명되어 있었다. 그들은 각 부처의 국장 급 공무원과 40대의 대학교수들, 대령·중령급 현역 군인들 중에서 선발·위촉되어 있었다.

오관치(吳寬治)는 경제과학 분과위원회 전문위원이었다. 1965년에 육군사관학교를 졸업한 후 미국으로 건너가 밴더빌트대학에서 경제학 석·박사를 받고 귀국하여 1979년까지 육사 교수로 재직하였고, 국보위 전문위원이었던 1980년 당시에는 육군 중령으로서 국방관리연구소 연구단장 자리에 있었다.

그의 경제학 지식에 의하면 지난날 대다수 국가에서 일어난 소요와 폭동은 의식주를 해결하지 못한 국민들의 축적된 불만이 그 원인이었다. 그리고 대다수 한국 국민의 축적된 불만은 주택 부족 때문이었고, 땅값이 차지하는 비중이 너무 높은 데에 그 원인이 있었다. 그는 "대량 택지의 개발·공급만이 주택문제 해결의 길"이라는 신념에 따라 대량 택지를 공급할 수 있는 특별조치 또는 특별법 제정의 필요성과 방법을 연구했고, 그 결과를 경제과학위원회 위원장 김재익(金在益)에게 보고하여 협력을 얻었다. 김재익의 도움으로 경제기획원 실무자도 만났고 토지개발공사 간부들도 만났다. 다행이 군인 출신 대선배였던 토개공 유근창 사장과도 의견의 일치를 보았을 뿐 아니라 이미 토개공에 의한 조사 결과 서울·부산 등 대도시 지역에도 자연농지나 절대농지 같은 규제로 인해 값싼 토지가 많이 남아 있다는 것을 알 수 있었다.

싼값으로 대량 택지를 확보하고 그 위에 집을 지어 10년 내에 주택 500만 호를 건설함으로써 유사 이래 계속된 고질적인 주택 부족 문제를 해결하겠다는 행정연구서가 작성되어 국보위 상임위원회에 보고되어 전두환 위원장의 결재를 받은 때는 1980년 8월 3일이었다. 연구서 그대로 시행하라는 지시가 건설부에 시달되었다.

택지개발촉진법

전두환이 이른바 장충체육관 선거에서 당선되어 제11대 대통령에 취임한 때는 1980년 9월 1일이었고, 신임 건설부 장관의 업무보고는 9월 22일에 있었다. 건설부 장관 업무보고 중에서 가장 비중이 큰 것이 주택 500만 호 건설계획이었다. 그러나 500만 호 계획이 추진되기 위한 선행조건은 대량의 택지확보책이며 그를 위해서는 특별조치 또는 특별법 제정이 선행되어야 했다.

　제5공화국 헌법이 제정·공포된 때는 1980년 10월 27일이었다. 이 헌법의 시행으로 종전까지의 국회(제10대)와 정당은 자동적으로 해산되었다. 새 헌법의 규정에 따라 다음 해(1981년) 2월이 되어서야 대통령 선거가 실시되고 대통령 선거가 끝난 후 한 달여가 지나서야 새 국회의원이 선출 되도록 되어 있었다. 국회가 없는 상태가 6개월 이상 계속될 예정이었다.

　그런데 일반적인 입법 기능이 반년 이상이나 정지되는 상태가 계속되면 행정부 기능의 수행에도 큰 지장을 초래하게 된다. 당장에 예산안을 심의·통과시킬 기관마저도 없어지는 것이다. 그와 같은 장기간의 입법 기능 공백기를 메우기 위한 비상조치가 새 헌법 부칙 6조에 규정되었다. 국가보위입법회의라는 것이었다. 새 헌법에 의한 새 국회가 구성될 때까지 대통령이 임명하는 '50명 이상 100명 이하의 의원'으로 구성되는 '국회에 준하는 기관'을 둔다는 것이었다. 정치인·학계·국보위원 등 81명의 의원이 임명된 때는 새 헌법이 공포된 다음날인 10월 28일이었다. 국가보위입법회의는 10월 29일부터 시작하여 다음 해 4월 10일까지 정확히 150일간 입법 기능을 행사했다.

　「택지개발촉진법」이라는 획기적인 내용의 법률이 임시 입법기관인 국가보위입법회의를 통과한 때는 1980년 12월 16일이었고, 12월 31일자 법률 제3315호로 공포되고 있다. 이 법률의 획기적인 점은, 이미 시행 중에 있는 다른 법률의 효력을 정지시켜 버린다는 점이었다. 즉, 어떤 위치에 소재하는 일정 규모 이상의 토지를 건설부 장관이 택지개발 예정지구로 지정만 하면 그 토지 위에 시행되고 있던 「도시계획법」을 비롯한 19개 법률(「하천법」, 「산림법」, 「광업법」 등)

의 효력이 사실상 정지되며, 효력이 정지된 상태에서 그 토지는 일
괄 매수되어 택지로 개발된다는 점이었다.

그리고 택지개발 예정지구 지정은 사업 시행자의 신청이 있어
야 하는데 그 시행자는 국가, 지방자치단체, 토지개발공사, 대한주택
공사로 한정되었다. 토지개발공사 또는 주택공사가 사업시행지구의
토지를 매수하는 행위는 「상법」상의 일반 매수가 아니라 「토지수용
법」상의 수용이 되었고, 개인의 재산권을 철저히 제한하는 규정이었
다. 이런 규정으로 사업 시행자의 토지 취득은 대단히 쉬워진 반면
개인의 토지소유권은 그만큼 약화되었다.

「도시계획법」에 따라 도시계획을 수립할 때는 반드시 일정 비
율의 면적을 녹지지역으로 지정하는 것이 관례가 되어 있었다. 절대
농지로 지정되어 있거나 절대농지가 아니더라도 전통적인 경작지역
은 생산녹지로 지정되었다. 그리고 지목이 임야이거나 임야는 아닐
지라도 수목의 식생 상태가 양호하여 보존해야 할 가치가 있는 지역
은 자연녹지로 지정되기 마련이었다.

어떤 지역이 기존 시가지에 매우 가깝게 위치하고 있더라도 그
곳이 생산녹지 또는 자연녹지로 지정되어 있으면 그곳의 땅값은 형
편없이 싼 것이 원칙이었다. 그리고 땅값이 쌀 뿐 아니라 매매 행위
자체가 사실상 성립되지 않았다. 이런 땅을 싼값 그대로 매수하여
택지로 개발함으로써 주택을 직접 짓거나 주택업자에게 매각한다는
것이 「택지개발촉진법」의 입법 취지이고 주내용이었다. 「택지개발
촉진법」에 의한 택지 조성사업은 이렇게 사업용지의 전면 매수를 전
제로 하며 그와 같은 수법을 공영(公營) 개발 방식이라고 한다. 1980
년대의 초에 국토개발연구원 토지연구실에서 개발이익의 사회 환수
문제를 토론하다가 「택지개발촉진법」에 의한 개발 방법을 가리켜

500만 호 건설과 목동 아파트단지

누군가가 토지 개발의 공영화 방식이라고 했고 그것을 줄여서 이 사람 저 사람이 공영개발 운운한 것이 공영개발이라는 말의 유래라고 한다. 여하튼 공영개발이란 용어는 1980~1990년대의 도시개발에서 불티나게 사용되었다. 주택공사·토지개발공사 등의 지나친 사세 확장을 합리화하는 데 안성맞춤인 용어였던 것이다.

1970년대 말까지는 구획정리사업으로 택지를 조성해 온 서울 시내에서도 1980년대 이후는 공영개발이 주축을 이루었다. 강남구 개포지구 242만m²(73만 2,000평)는 주택공사·토지개발공사가 개발했

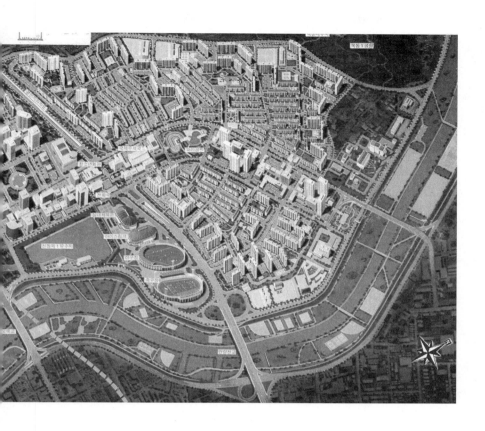

으며, 강동구 고덕지구 314만 8,000m²(95만 2,000평)는 토지개발공사가, 노원구 상계지구 371만 5,000m²(112만 4,000평)는 주택공사가, 중계지구 160만 1,000m²(48만 4,000평)와 양천구 목동 430만m²(130만 1,000평)는 서울시가 개발했다. 여기서 개발했다는 것은 토지를 조성하여 직접 아파트를 짓거나 아파트업자를 시켜 아파트를 짓게 했다는 것이다.

서울시내만이 아니었다. 수원의 권선지구, 안양의 포일지구, 부산의 다대·안락·만덕지구, 대구의 달서·월배·안심지구, 인천의 계산·가좌·계양지구를 토지개발공사가 개발했고, 수원의 매탄지구, 광명의 철산지구, 부산의 망미·개금지구, 인천의 만수지구 등은 주택공사가 개발했다.

1981년부터 시작하여 1986~1987년까지 주택 500만 호 건설이란 미명 아래 얼마나 많은 아파트가 지어졌는지 그 정확한 숫자는 알 수가 없다. 그러나 서울시내 및 수도권 일원, 부산·대구·인천 등 대도시 주변에 애써 보호해 온 자연녹지·생산녹지가 거의 남김 없이 훼손되어 아파트의 숲으로 변해 버린 결정적인 요인이 주택 500만 호 건설이란 명분이었고, 그것을 가능하게 한 제도가 「택지개발촉진법」이었던 것이다.

제6공화국과 200만 호 건설

대통령 선거공약

1987년 12월 16일에 대통령 선거가 실시되었다. 우리나라 역사에서 이때의 선거만큼 소란스러웠던 선거는 없다고 생각한다. 정말 여러 가지 특징을 지닌 선거였다.

첫째, 극심한 지역감정 노출이었다. 민정당 노태우, 민주당 김영삼, 평민당 김대중, 공화당 김종필 등 4인의 입후보자가 지역감정에 최대한 의존하고 편승한 선거였다. 특정 후보는 특정 지역에서 유세를 벌일 수 없을 정도였다.

둘째, 사회불안이 최고조에 달한 상태에서 치러진 선거였다. 이른바 6·29 선언(1987년 6월 29일에 직선제 개헌안 발표) 이후 각 기업체에서의 파업과 대학생들의 시위가 되풀이되고 있었다. 이라크의 수도 바그다드를 출발하여 서울을 향하고 있던 KAL 항공기가 태국 영토 상공에서 폭파되어 승객과 승무원 115명이 사망한 사건은 투표일 17일 전인 11월 29일에 일어났다.

셋째, 엄청나게 많은 선거공약이 남발되었다. 각 후보자는 그 많은 선거공약을 두꺼운 책자로 엮어 배포했다. 주택 200만 호 건설은 민정당 입후보자 노태우의 선거공약이었다. 임기(1988~1992년) 중에 주택 200만 호를 건설하여 서민의 주택난 해결에 기여하겠다"는 것이었다. 말이 쉽지 주택 200만 호는 당시 서울시내 전체 주택의 수와 맞먹는 숫자였다. 이 공약이 발표되었을 당시 대통령 임기중에 그것이 실현되리라고 믿었던 사람은 아무도 없었다. 노태우 후보 자신이 "선거공약은 그렇게 되도록 노력하겠다는 것이지 반드시 그렇게 하겠다는 약속이 아니지 않느냐"라고 해서 그대로 발표되었다는 것이다.

노태우 대통령의 제6공화국이 발족한 때는 1988년 2월 25일이었고, 그로부터 정확히 3개월이 지난 5월 25일에 정부는 주택 200만호 건설을 발표했다. 그런데 당시 매스컴에서는 정부의 발표를 거의 묵살했다. 몇몇 라디오, TV에서는 그것을 보도했지만 신문은 기사화하지 않았다. 1988~1992년의 5년간 주택 200만 호를 건설한다는 것은 엄청난 비용과 자재와 노동력이 수반되는 일이었다. 그런데 새로생긴 정부가 그런 내용을 발표했는데도 매스컴이 거의 묵살해 버린데는 여러 가지 이유가 있다.

첫째, 전두환 정권이 발표하여 결국은 용두사미가 되어 버린 500만 호 건설의 재판이 될 것이라고 판단했을 것이다. 둘째, '88 하계올림픽' 개막을 겨우 4개월 앞둔 시점에서 다른 일에는 별로 관심을 가지지 않게 된 국민감정 때문에 이 발표의 비중이 작아졌을 것이다. 셋째, 다른 사건들, 예컨대 박종철 고문치사 사건, 김만철 일가 북한 탈출·귀순 같은 사건이 연이어 일어나서 시민들이 어지간한 일에는 흥미를 느끼지 않게 되었다는 것이다. 넷째, 제6공화국 노태우 정권이 국민의 지지를 크게 받지 못하고 있었다는 점이다. 노태우 정권의 지지도는 바로 한 달 전인 4월 26일에 치러진 국회의원 선거 결과에 잘 나타나 있었다. 지역구 국회의원 224명 중 여당인 민정당이 얻은 의석은 겨우 87석(38.8퍼센트)뿐인 데 비해 야 3당인 평민당·민주당·공화당은 127석이었고 기타가 10석이었다. 이른바 여소야대 정국이었던 것이다.

서울시민들이 200만 호 건설을 실감하기 시작한 것은 분당·일산 등 신도시계획이 발표되고 난 다음부터였다. 분당·일산 신도시계획은 1989년 4월 27일에 발표되었다. 200만 호 계획을 발표했을 때 대다수 매스컴이 냉담했던 전철을 밟지 않기 위해 미리 충분한 사전 공작이 되어 있었고, 따라서 분당·일산 신도시 발표는 모든 매스컴에 크게 보도되었다. 200만 호 건설을 계획하고 추진한 경위에 관해서는 『제6공화국 실록』(공보처, 1992) 3권과 『국토 50년』(국토개발연구원, 1996) 제6장에 상세히 소개되어 있다.

200만 호 건설의 숨은 이유

1981년부터 한국 경제는 때 아닌 호황을 맞이하여 거의 해마다 평균 10퍼센트 정도씩 성장하게 된다. 저환율, 저국제금리, 저유가 등 이른바 3저 현상 때문이었다. 1980년에 1,592달러였던 일인당 국민소득이 1987년에는 3,098달러, 1988년에는 4,040달러에 달했다.

이와 같은 경제성장은 시중 자금의 유동성을 크게 증가시켰고 당연한 결과로 주가와 부동산 가격이 급등했다. 그중에서도 두드러진 것이 수도권 아파트 가격 상승이었는데, 일례로 서울 강남지역 아파트의 경우 1989년 1~4월에 23퍼센트나 상승했다. 주택 가격 상승은 당연히 도시근로자들의 주거비 부담을 가중시켰다. "그러나 무엇보다도 우려할 만한 현상은 부동산 가격의 급등으로 야기된 국민들간의 갈등구조였다. 집이 있는 계층과 없는 계층 간에 심각한 갈등이 야기되었을 뿐 아니라, 부동산 가격이 일부 지역의 중대형 아파트를 중심으로 폭등함에 따라, 심지어 자기 집을 소유한 사람들간에도 주택 가격 급등에 따른 이해득실에 따라 여러 갈래로 갈등이 증폭되었다. 즉, 주택 가격의 폭등으로 사회 전반적인 분위기가 크게 악화됨에 따라 주택문제가 초미의 국가 현안과제로 대두했다"(『실록』 3권, 237~238쪽 참조). 이것이 제6공화국 정부가 200만 호 건설을 결정하고 집행한 표면상의 이유였다.

그런데 200만 호 건설에는 이러한 표면상의 이유 이외에 또 한 가지 중요한 이유가 있었다. 1988년 9월 17일부터 10월 2일까지 계속된 제24회 서울올림픽은 참가국 수에 있어서나 대회 운영의 질적 측면에서 올림픽 역사상 최대·최고 규모의 것이었으나, 이 올림픽은 다른 뜻에서도 기념비적인 국제 행사였다. 즉, 서울올림픽 개최를 전후하여 소련 공산주의 정권과 동유럽 공산주의 체제가 붕괴하기 시작했다는 점이다.

고르바초프가 개혁과 개방을 표방하고 소련공산당 서기장에 취임한 때는 1985년 3월 11일이었다. 당 서기장 고르바초프가 내걸었던 페레스트로이카(perestroika)는 바로 소련 공산주의 및 동유럽 공산체제의 몰락을 예고한 것이었고, 그로부터 3~4년 사이에 동유럽 공산체제는 차례로 무너졌다. 1989년 8월 17일 폴란드에서 비공산당 정부가 수립된 것을 시작으로 헝가리·동독·체코·불가리아·유고슬라비아·루마니아 등으로 확산되었다. 1989년 3월 모스크바에서 실시된 인민대표회의 대의원선거는 공산당의 패배로 끝났고, 그해 11월 9일에는 베를린장벽이 무너졌다. 동독이 무너지고 독일 통일이 이루어진 때는 1990년 10월 3일이었다. 1987~1990년에 걸쳐 공산 정권 몰락의 도미노 현상이 일어난 것이었다.

이 시기에 한국에서는 제5공화국이 끝나고 제6공화국이 시작되고 있었다. 제6공화국이 수립될 1988년 당시, 정부 고위층은 물론이었지만 대다수 식자들 사이에서도 장차 북한이 어떻게 될 것인가에 관심이 집중되었다. 성급한 일부 식자들은 당장 북한 정권이 무너지고 흡수통일의 날이 멀지 않다고 전망했다. 그런데 공통된 의견은, 통일은 쉽게 되지 않더라도 적어도 정보 자유화만은 가까운 앞날에 이루어질 것이라는 전망이었다. 남쪽의 신문, TV가 자유롭게 북으로 들어가고 북측 신문, TV도 남쪽으로 들어온다는 것이었다. 그런 정보 자유화의 바탕 위에서 동·서독이 합쳐진 것을 염두에 둔 전망이었다.

만약에 사오 년 내에 북쪽 정보가 자유롭게 들어온다면 어떤 현상이 일어날 것인가? 2004년 북한은 식량 사정·에너지 사정 등으로 대다수 인민이 기아선상을 헤매고 있고, 따라서 남북한의 경제 상태는 비교를 할 수 없는 상태에 있는 것으로 알려져 있다. 아마 1995년에 일어난 대수해 이후에 나타난 현상일 것이다. 그러나 1988~1993년 당시의 북한은 결코 기아선상을 헤매는 정도는 아니었다고 알고 있다.

1988년 당시 남북의 경제력은 대체로 5대 1정도로 알려지고 있었다. 국민 생활 전반을 통해서 남쪽이 압도적으로 앞서고 있었지만 그것은 어디까지나 전체의 비교에서였다. 만약에 남쪽 저소득층과 북쪽 저소득층을 단순 비교한다면 이야기가 달라진다.

첫째, 주택문제이다. 북한의 주택 수준은 형편없이 떨어지지만 그래도 '무주택자'라는 말은 없다. 결혼을 해서 가정을 이루면 방 한 개에 부엌과 화장실이 딸린 집이 공급되고 있었다.

둘째, 의료비문제이다. 1987년 당시 남한에는 직장의료보험만 있었고 지역의료보험은 없었다. 따라서 직장의료보험증이 없고 돈이 없는 사람은 아무리 중병에 걸려도 병원 문을 두드릴 수가 없었다. 그런데 북한은 의료시설이 형편없고 약이 부족하여 침으로 대신하는 실정이었지만, 돈이 없다는 이유로 진료를 거부당하는 일은 없었다.

셋째, 교육문제이다. 남쪽에서는 중학교 졸업자의 3분의 1이 고등학교에 진학하지 못했고, 고등학교 졸업자의 3분의 1은 대학에 진학할 수 없었다. 학교의 문(정원)이 그만큼 좁았고 고액의 학비가 들기 때문이었다. 그런데 북한은 비록 직업 선택의 자유, 학교 선택의 자유가 없기는 하지만 적어도 전문대학 수준까지는 거의 의무교육이 되어 있는 것으로 알려져 있었다.

이러한 실정 아래에서 만약에 남북간에 정보자유화가 이루어진다면 남한의 저소득층 국민(약 30퍼센트)은 북한이 오히려 살기가 좋은 곳으로 생각하지 않을까라는 고민이 있었다. 대한민국 정부 고위층이 저소득층의 주택·의료·교육문제 해결을 신중히 검토하게 된 것은 당연한 일이었다.

정부는 우선 공무원과 공·사립학교 교직원 및 100인 이상 사업장에게만 적용되어 오던 의료보험을 전 국민에게 확대 실시키로 결정했다. 1988년 1월 1일부터 농어촌지역에, 그리고 그해 7월 1일부터 5인 이상 사업장 종업원에게, 다음 해 7월 1일부터는 전체 도시 주민에게 지역의료보험을 실시했다. 전 국민 의료보장의 제도화를 실시한 것이다.

전문대학 신설과 정원 확대, 4년제 대학의 정원 확대, 개방대학과 방송통신대학의 확충도 제6공화국의 업적이었다. 전문대학을 예로 들면, 1988~1991년의 4년간 40개 대학이 신설·인가되었고, 1987년의 졸업 정원 9만 7,000명이 1991년에는 14만 1,000명으로 늘어났다(『실록』 3·4권 참조).

물론 국민경제 규모가 그만큼 커졌고 국민의 욕구 수준도 그만큼 높아졌다는 이유도 있었다. 그러나 한편으로는 북한에 대한 고려, 정보자유화가 이루어졌을 때 북한과의 대비에서 저소득층 생활에 있어서도 결코 뒤지지 않게 하기 위한 고려가 있었던 것이다.

200만 호 건설의 실제

일반적인 경제개발계획이 모두 그러했듯이, 주택 200만 호 건설계획도 청와대 경제수석비서관 문희갑(文熹甲)의 주관 아래 이루어졌다. 문희갑은 경북 달성군 출신으로 노태우 대통령과 동향이었을 뿐 아니라 경북고등학교의 선후배 사이이기도 했다. 국민대학과 서울대학 행정대학원에서 수학한 후 제5회 행정고시에 합격하여 경제기획원에 들어가서 주로 예산 편성 업무에 종사했다. 1979년 10·26 사건이 일어나고 12·12 쿠데타로 전두환·노태우 등 이른바 신군부가 국가권력을 잡게 되자 문희갑은 국보위 운영분과 위원, 입법회의 전문위원, 경제기획원 예산실장, 전국구 국회의원 등을 차례로 역임하면서 신군부 정권의 중추에 있다가, 노태우가 대통령이 되자 경제기획원 차관이 되었다가 얼마 안 가서 청와대 경제수석비서관이 되어 경제정책을 수립·집행하는 위치에 있게 되었다.

그가 주관하여 건설부 주택국 실무자에 의해 계획된 주택 200만 호 건설은 면밀한 사전 검토가 거듭되었다. 충분한 사전 검토 없이 즉흥적으로 발표했다가 용두사미가 된 500만 호의 전철을 밟지 않기 위해서도 그럴 필요가 있었던 것이다.

200만 호 건설계획의 특징은 세 가지 점에서 찾을 수 있다. 첫째, 지역별 배분이었다. 200만 호 건설 목표 중 약 반수 가까운 90만 호는 수도권에서 건설하고, 나머지는 수도권이 아닌 부산·대구·대전·광주 등지와 그 밖의 중소도시에 건설한다는 목표를 세웠다.

둘째, 도시영세민·근로자를 위한 주택 건설이었다. 그리하여 25만 호의 영구임대주택을 짓기로 했다. 25만 호 가운데 주택공사가 18만 호, 지방자치단체가 7만 호씩 분담하고, 영구임대주택에는 생활보호대상자 등 영세민 계층이 입주하도록 했다. 영구임대주택과는 별도로 근로복지주택 15만 호, 사원임대주택 10만 호, 합계 25만 호 건설도 계획했다. 이것은 삼성·현대·선경(현 SK) 등 대기업 사원아파트 건설을 유도하는 계기가 되었다.

셋째, 민간 주택건설업자 지원 정책이었다. 「주택건설촉진법」에 규정된 주택 건설 지정업자, 주택 건설 등록업자는 물론이고 그 밖의 영세업자들까지 저리 융자·자재 공급 등에서 두터운 지원책이 강구되었다.

수도권 90만 호 건설의 주축은 새로 건설되는 다섯 개 신도시였다. 당시의 상황을 보면 소득 증가와 수도권 인구의 증가로 수도권 주택 수요가 크게 늘어났고, 주택에 대한 선호도가 단독주택에서 아파트로, 소형 아파트에서 대형 아파트로, 강북지역 아파트에서 강남지역 아파트로 옮겨 가고 있었다. 이에 따라 서울 강남지역의 중대

제6공화국 200만 호 건설의 현장

형 아파트를 중심으로 주택 가격 상승이 초래되었고, 정부는 이를
해결하기 위해 당시 이미 계획 중이었던 안양시의 평촌, 부천시의
중동, 군포시의 산본 외에 성남시의 분당과 고양군의 일산을 주택
수요를 충족시킬 수 있는 적지로 보고 이곳에 신주택도시를 건설하
게 되었다.

　　분당과 일산이 선정된 이유는 신도시 건설을 추진할 때 해결해
야 할 가장 큰 어려움이 택지 확보 문제였기 때문이다. 특히 서울의
개발 가능한 토지의 고갈은 주택 공급을 크게 위축시켜 왔고, 따라

서 서울로부터 상당한 거리에 있는 그린벨트 외곽의 비교적 저렴하
고 개발 가능한 토지가 풍부한 지역을 대상으로 신도시 개발을 추진
하게 되었다.

분당 등 수도권 5개 신도시의 총면적은 1,800여 만 평으로, 계획
이 완료되는 1995년에는 분당 9만 7,500호, 일산 6만 9,000호, 중동·
평촌·산본에 각각 4만 2,500호씩 총 29만 4,000호의 신규 주택이 들
어서게 되어 100만이 넘는 서울시의 인구가 유입되어 살게 된 것이
다. 이렇게 다섯 개의 신도시를 조성해도 29만 4,000호밖에 되지 않

았다. 20만 6,000호를 인천시·경기도의 민간업자들이 건설하도록 유도했다.

서울시 행정구역 내에서도 40만 호를 건설하도록 계획되었다. 서울시가 8만 호, 주택공사가 7만 호, 민간이 25만 호를 짓는다는 것이었다. 서울시는 1960년대 후반부터 시영주택이라는 것을 건설해 오기는 했지만 겨우 1년에 2,000~3,000가구 정도가 고작이었다. 5년 동안 8만 가구의 주택을 서울특별시장 책임 아래 건설하는 것은 결코 쉬운 일이 아니었다.

8만 호, 즉 8만 가구가 입주할 수 있는 아파트라면 어느 정도의 물량인지 생각해 보자. 여의도 윤중제 안의 넓이는 80만 평이다. 이 80만 평의 약 3분의 1은 광장(공원)과 도로이며 3분의 1이 국회의사당을 비롯한 각종 업무시설, 나머지 3분의 1이 아파트로 구성되어 있다. 여의도에는 단 한 채의 단독주택도 없는 것이 특징이다. 여의도 광장의 동쪽 일대는 시범·삼익·은하·한양·광장·삼부·대교·장미·미성·한성 등으로 이루어진 아파트 숲이다. 이 글을 쓰면서 여의도의 아파트가 몇 개 동이며 몇 가구가 거주하고 있는지 조사해 보았더니, 10층 이상 15층까지의 아파트가 모두 97개 동 8,594가구였다. 아파트 8만 호(가구)라는 것은 여의도 전체 아파트의 9.3배에 해당하는 물량이니 실로 엄청난 것이었다.

'서울특별시 도시개발사업 특별회계 설치조례'가 제정·공포된 것은 1988년 12월 20일자 조례 제2385호였다. 그리고 약 1개월이 지난 1989년 1월 17일자 조례 제2389호로 '서울특별시 도시개발공사 설치조례'가 제정·공포되었다. 서울특별시 도시개발공사라는 기구가 발족한 때는 1989년 2월 1일이었다. 주택 8만 호 건설을 전담하는 기구였다.

주택 건설 전담기구의 설치와 병행하여 택지를 어떻게 마련할 것인지가 검토되었다. 개포·고덕·목동·상계·중계동 등지에 대규모 주택단지가 조성된 직후였으니, 새로운 주택단지 후보지를 찾는 작업은 결코 쉬운 일이 아니었다. 서울시 행정구역 내에서 거의 마지막으로 남다시피 한 자연녹지·생산녹지들이 검토 대상이 되었다. 겨우 찾아낸 것이 강남구 대모산 기슭의 수서지구·대치지구, 서초구 우면산 밑의 우면지구, 양천구 김포가도 북측의 가양지구 등이었다. 개포·목동·고덕지구 등에 비하면 그 규모가 훨씬 작아서 자투리 땅이나 마찬가지였다. 그중 수서지구가 가장 규모가 커서 133만 5,000m^2(약 40만 3,800평)였다.

수서지구가 대치지구·우면지구 등과 더불어 택지개발 예정지구로 지정된 때는 1989년 3월 21일이었다. 그로부터 한 달 반이 지난 5월 4일에는 김포가도 북측의 가양지구 97만 7,000m^{2}도 택지개발 예정지구로 지정되었다.

200만 호 달성과 부작용

1989~1991년으로 이어지면서 주택 200만 호 건설의 현장은 단 한 곳의 예외도 없이 모두가 전쟁터 그 자체였다. 심각한 자재 파동·노임 파동에 시달려야 했던 것이다. 그러나 여하튼 신이 들린 듯 현장에서의 일손은 바빠졌고 하루가 다르게 물량은 쌓여가고 있었다.

노태우 정권이 공약으로 제시한 주택 200만 호 건설은 성공리에 끝을 맺었다. 목표 연도인 1992년보다 1년 앞선 1991년 말까지 214만 호가 건설되어 주택문제 해결에 일대 전기를 마련한 것이다. 이 계획의 전략사업이었던 수도권 5개 신도시는 총면적 1,800여 만 평으로, 계획이 완료된 1995년에는 분당 9만 7,500호, 일산 6만 9,000호, 중동·평촌·산본에 각각 4만 2,500호씩 총 29만 4,000호의 신규 주택이 들어서서 일대 장관을 이루었다. 아마 주택 200만 호 건설은 노태우 정권이 이룩한 업적 중 첫 번째일 것이다. 그런데 이 200만 호 건설에는 엄청난 부작용도 뒤따랐다.

첫째, 부실공사였다. 한국의 건설업계는 원래 만성적인 부실공사의 토양 위에서 성장해 왔으나 그것이 극에 달한 것이 수도권 신도시 아파트 건설이었다. 대표적인 예가 바닷물이 섞인 골재 사용이었다. 일시에 과다한 골재 수요를 감당할 방법이 없어진 건설업자 가운데 일부가 염분을 완전히 제거하지 않은 모래를 운반해 와서 아파트 건설용 골재로 사용했던 것이다. 그리하여 신도시 아파트 중 일부는 다시 개축해야 했고, 적잖은 수량의 아파트는 건축 수명이 단축되지 않을까 의심되었다.

둘째, 일인당 노동력비용, 즉 일당 수준을 크게 올려놓은 점이다. 주택 200만 호 건설이 단기간에 대량의 노동력을 흡수했기 때문에 노동력 부족, 임금수준의 과다 인상을 초래했다. 200만 호 건설로 임금의 최저수준이 일당 5만 원 선으로 인상되었으며, 아파트 건설 현장이 아닌 다른 작업장에도 파급되어 마침내는 한국 제조업 전반의 국제경쟁력 저하를 초래했다. 사람들이 이른바 3D 업종(difficult, dirty, danger)을 혐오하게 된 것도 200만 호 건설의 파급 효과였다.

저밀도 아파트 재건축

1970년대에서 1980년대에 걸쳐 아파트를 처음 지을 때, 그 수명을 언제로 보고 언제쯤에 재건축을 해야 하며 어떻게 해야 한다는 생각을 한 사람은 거의 아무도 없었다.

잠실 1~4단지가 건설된 것은 1975년에서 1976년에 걸쳐서였다. 그런데 잠실 1~4단지 중 잠실운동장에 바로 이웃한 제1단지는 지은 지 겨우 10년 정도밖에 안된 1985~1986년경에 이미 재건축이 논의된 바 있었다. '88 하계올림픽'에 참가 또는 참관하기 위해 수십만 명의 외국인이 올 것이고 또 운동장 바깥 모양은 수억 명의 외국인이 TV로 볼 것인데, 외국인의 눈에 5층짜리 아파트의 모습이 초라하게 비칠 것이 분명하니 차제에 헐고 고층으로 다시 지어 늠름하게 보일 수 있게끔 재건축하자는 의견이었다. 그런 의견이 대두되었음에도 불구하고 1980년대 말까지는 재건축 논의기 그렇게 강하게 일어나지는 않았다. 그것이 저층(5층) 아파트라서 비록 초라하게 보이기는 하나 애초에 빈약하게 지은 건물이 아니기 때문에 건축한 지 20년도 안 되었는데 재건축을 논의할 이유가 없었던 것이다.

잠실 1~4단지를 비롯한 이른바 저밀도 아파트의 재건축이 본격적으로 검토되기 시작한 때는 1993년 5월 24일이었고, 그 계기는 한 잠실 주민이 서울시의회에 제출한 한 통의 청원서였다. 청원서의 내용은 "아파트의 노후로 재건축이 시급한 상태에 있는데 재건축을 촉진시키려면, ① 저밀도지구로 되어 있는 것을 고밀도지구로 바꾸어야 하고, ② 주민 동의 요건을 현재의 100퍼센트에서 67퍼센트 정도로 낮추어야 한다는 것이었다(『제3대 서울시의회 의정백서』, 1995, 132쪽).

이 청원서가 의회에서 심의된 것을 계기로 서울시가 비슷한 시기에 건축된 그 밖의 지역의 저밀도 아파트를 조사한 결과 모두 43개 단지, 1,180동, 5만 152호가 집계되었으며, 용적률 평균은 93.1퍼센트로 조사되었다(하단의 표 참고).

이렇게 집계되었음에도 불구하고 재건축은 쉽게 이루어지지 않았다. 우선 재건축을 할 경우 건축밀도(용적률)를 어느 정도로 하느냐가 문제였고, 각 단지별로 재건축 시기를 언제로 하느냐도 문제가 되었다. 43개 단지에 5만 가구가 넘는 엄청난 규모이므로 전셋집을 얻는 일도 작은 문제가 아니었을 뿐 아니라, 세입자 문제, 교통문제, 환경문제 등 서울시의 입장에서는 결코 가볍게 처리할 문제가 아니었다. 만약에 재건축이 일시에 추진된다면 전셋집 대란이 일어날 것이고 아파트 철거로 생기는 폐기물의 물량도 작은 문제가 아니었으며, 자재문제 같은 것도 심각해질 우려가 있었다.

건축심의위원회, 도시계획위원회, 교통영향평가위원회, 환경영향평가위원회, 각 단지별 공청회 등을 거치는 동안 10년의 세월이 흘렀다. 그동안 건물 노후도 진행되었고 유지·관리도 소홀하여, 옥상 누수, 벽체 균열, 동절기 수도 동파, 건물 안전도 저해 등으로 주민들의 불만이 들끓은 것은 당연한 일이었다. 다른 한편으로 재건축 건물들은 부동산 투기의 대상이 되어 거래 가격이 오르고 또 올라서 국세청을 비롯한 정부 당국의 중과세 대상으로 매번 거론되기도 했다.

저밀도 아파트지구 현황

구분	면적 (천m²)	단지 수	동 수	가구 수	가구밀도 (가구/ha)	용적률 (퍼센트)	건축 연도
잠실	1,379	5	497	21,250	154.0	84.6	1975~1976
반포	1,123	8	243	9,020	80.3	85.5	1973~1984
청담·도곡	619	13	200	9,342	150.9	117.0	1974~1978
화곡	368	13	144	5,620	152.7	104.2	1978~1981
암사·명일	304	4	96	4,920	162.4	97.2	1979~1982
계	3,793	43	1,180	50,152	132.2	93.1	1973~1984

자료: 서울시 주택기획과.

그러나 되풀이된 논의도 마침내는 끝이 나서 그동안에 재건축 고시
도 거의 끝났고, 2003～2004년부터는 건물 철거, 굴토공사 등이 진행
되고 있다. 빨리 진행된 곳은 2004년 4월 현재 골조공사가 진행 중인
곳도 있다.

재건축될 건물의 용적률은 거의 일률적으로 270퍼센트 이내로
통일되고 있고, 예외적으로 공공용지(도로·공원 등) 일부를 부담한 경
우에는 15퍼센트 정도의 인센티브가 붙는 것으로 알려지고 있다.

건물 노후로 인한 재건축은 앞으로도 끊임없이 이어질 것이다.
저층·저밀도지구는 위에서 소개한 선례를 그대로 답습해 갈 것이니
큰 문제가 없을 것이다.

문제는 재건축되기 이전부터 용적률이 200퍼센트에 근접하거나
200퍼센트를 초과하는 고층(12층 이상) 아파트의 재건축일 것이다. 특
히 전국의 아파트 건축 연도가 1980년대에 집중되고 있어 이때에 건
축된 아파트들이 건축 후 30년～50년이 되어 재건축이 불가피해졌
을 때에 당면할 문제들을 어떻게 극복할 것인가? 특히 새 건축물의
용적률을 얼마로 해야 적정한 이윤을 얻으면서도 환경문제를 해결
할 수 있는지 그 해법을 찾는 것이 2010년대 이후 도시문제의 가장
큰 이슈가 될 것으로 전망된다.

■ ■ ■ 참고문헌

공보처. 1992. 『제6공화국실록 3(경제)』.
대한주택공사. 1979. 『대한주택공사 20년사』.
_____ . 1992. 『대한주택공사 30년사』.

도시개발공사. 1999. 『서울특별시 도시개발공사 10년사』.

서울시정개발연구원. 1995. 「주택시가지 주거밀도에 관한 연구」.

손정목. 2003. 『서울 도시계획이야기』(4·5권). 한울.

장성수. 1994. 「1960~70년대 한국 Apt의 변천에 관한 연구」. 서울대학교 박사학
　　　위논문.

한국토지개발공사. 1989. 『한국토지개발공사 10년사』.

한국토지공사. 1995. 『한국토지공사 20년사』.

저밀도주택 재건축에 관한 서울시 자료들.

≪朝鮮と建築≫, 1935년 6월호.

노무현 정권의 천도계획 전말

선거공약이 천도계획으로 굳어지기까지

제16대 대통령 선거는 2002년 12월 19일에 있었다. 선거일에 약 3개월 앞선 9월 30일, 당시 민주당의 노무현 대통령 후보는 중앙선거대책위원회 출범식에서 행정수도 이전을 대선공약으로 내걸었다. "수도권 집중 억제와 낙후된 지역 경제를 근본적으로 해결하기 위해 내가 대통령이 되면 청와대와 정부 부처를 충청권으로 옮기겠다"라고 선언한 것이다.

노무현 후보가 청와대와 중앙 부처를 충청권으로 옮기겠다는 것을 처음 발표했을 때만 해도 그것은 크게 관심의 대상이 되지 못했다. 무엇보다도 먼저 당시 노무현 후보의 지지율이 10퍼센트대를 약간 상회할 정도로, 한나라당 이회창 후보 지지율의 절반 정도인 극히 낮은 상태에 있었기 때문이었다. 그러나 이 선거공약은 선거일이 가까워지면서 그 비중이 높아진다. 우선 노무현 후보의 지지율이 점점 높아졌기 때문이다. 10퍼센트대에 지나지 않았던 지지율이 어느덧 20퍼센트대를 넘어섰고, 또 다른 강력한 후보였던 정몽준과의 제휴설이 굳어져 가면서 그 무게가 점점 더 커지고 있었다.

다음은 이전 대상이 처음에는 청와대와 중앙 부처였는데 그해 11월 19일에 발표된 민주당의 '20대 정책목표 150대 핵심과제'에서는 입법부인 국회도 옮겨 갈 것임을 분명히 밝히고 있다. 행정부만 옮긴다는 것과 입법부까지 옮긴다는 것은 공약의 무게가 한결 달라지는 것이다. 이쯤 되었을 때부터 충청권의 분위기가 사뭇 달라지기 시작한다. 대전광역시·충청남북도의 호응이 눈에 띄게 달라지게 된 것이다. 원래 전라남북도는 민주당의 표밭, 경상남북도는 한나라당의 표밭으로 뚜렷이 나누어져 있었는데 비해 충청권의 민심은 오히려 어정쩡한 것이었는데, 행정수도 충청권 이전론으로 충청권 민심이 크게 기울게 된 것이다.

판세가 심상치 않게 돌아가고 있음을 느낀 한나라당이 "수도를 옮기게 되면 수도권의 집값·땅값이 크게 떨어져 대혼란이 온다"는 반론을 펴기 시작한다. 그런 반론이 일어나자 노무현 후보는 바로 국민투표 카드로 대항한다. 즉, 노 후보는 2002년 12월 9일 부산 서면 유세에서 "이 문제는 신중한 국민적 합의를 요구하는 문제이므로 국민투표에 부쳐서 결정하겠다"라고 공약했고, 이어 12월 14일 TV 후보 연설에서도 "행정수도 건설은 국민의 참여와 합의가 선결조건으로서 당선 후 1년 이내에 국민적 합의를 도출하여 국민투표로 최종 결정하겠다"고 천명한 것이다.

이 연설 5일 뒤인 12월 19일에 실시된 선거에서 노무현 후보는 1,201만 표(48.9퍼센트) 대 1,144만 표(46.6퍼센트), 즉 57만 표 차이로 대통령에 당선되었다. 그가 훗날 어떤 자리에서 밝혔다고 하듯이 충청도 표로 톡톡히 재미를 보았다. 원래 그 향배가 어정쩡했을 뿐 아니라 오히려 이회창 후보 쪽에 더 쏠려 있던 대전 및 충청남북도에서 노 후보가 골고루 승리함으로써 약 30만 표 정도 더 득표하여 승부를 결정짓는 결과가 된 것이었다.

노무현 대통령은 집권을 하자 본격적으로 수도 이전을 추진하기 시작한다. 2003년 4월 14일 청와대에는 신행정수도건설 추진기획단이 발족되었다. 건설교통부에는 청와대의 기획단을 실무적으로 뒷받침하는 추진지원단이 생겼다. 「신행정수도 건설특별조치법」 초안은 2003년 6월에 추진지원단에 의해 작성되었다. 입법·사법부의 동반 이전 문제는 2003년 8월 12일 "신행정수도 이전 대상기관 선정"을 주제로 한 공청회에서 구체적으로 제기되었다. 공청회 발표를 위해 연구 용역을 맡았던 한국행정연구원은 국회와 법원이 스스로 결정할 사안이라는 것을 전제로 "행정의 완결성을 고려해 함께 옮기는 것이 좋겠다"는 의견을 냈다. 그 의견은 같은 해 10월 15일에 확정된 정부의 특별법안에 그대로 반영되었다.

중앙정부의 그와 같은 움직임과 더불어 충청권에서의 열기도 점점 그 정도를 더해 갔다. 대전·충북·충남이 각각 보유하고 있는 개발연구원이 주최 또는 후원하는 세미나·공청회마다 대성황을 이루었고 수도 이전의 필요성·당위성을 주장하는 발표자·토론자에게 박수갈채가 쏟아졌다. 토론장마다 그 열기가 대단했다고 하며 만약에 신중론을 펴는 자가 있다면 그 사람에게는 야유·폭언에다가 퇴장 권고까지 내려질 정도였다고 전해지고 있다. 한편 충청권의 땅값·집값도 오르기 시작한다. 대전·공주·천안·오송을 중심으로 그 일대의 땅값·집값이 눈에 띄게 오르게 된다. 가히 열광적인 환영 상태라 할 것이었다.

행정수도 건설에 대한 충청권의 그와 같은 태도는 그동안 서울 및 수도권에서 누려온 줄서기에 대한 반발이었다. 돈 많은 사람, 머리 좋은 사람은 죄다 서울로만 모여드는 데 대한 반발, 서울 사람이 아니면 사람이 아니라는 현상에 대한 반발, 충청도민이라고 하기보다는 멍청도민이라는 식의 자학을 계속해 온 데 대한 반발이었다. 우리도 대를 이어 온 지방민의 신세에서 벗어나 한 번쯤은 서울 사람으로 행세해 보자는 갈망이었다. 가히 열광적인 환영이었으며 그 열기 앞에는 그 누구도 대항할 수 없었다고 알려지고 있다.

특별법 통과와 그 후의 움직임

「신행정수도 건설을 위한 특별조치법」은 모두 8장 61개 조문으로 구성되어 있다. 제1조의 법 제정 목적은 "국가 중추 기능의 수도권 집중에 따른 부작용을 시정하고 세계화와 지방화가 동시에 진행되는 시대적 조류에 부응하기 위하여 신행정수도를 건설하는 방법 및 절차를 규정"하는 것이라고 되어 있다.

법의 골자는,

- 국무총리와 민간인을 공동위원장으로 하는 신행정수도건설 추진위원회를 대통령 직속으로 설치하여 건설 기본계획을 수립케 하고(제7·27·29조),
- 수도 건설 예정지역은 충청권에서 지정하여(제8조),
- 위원회는 무질서한 개발과 부동산 투기를 막기 위하여 규제 권한을 행사할 수 있다(제10·11조) 등이다. 신행정수도 특별회계를 설치하여 세입·세출을 유연하게 운용할 것도 규정하고

있다(제39~45조).

「특별조치법」안은 2003년 10월 21일에 국회에 제출되었다. 처음에는 그것을 다룰 위원회가 마땅치 않았다. 건설교통위원회에서 심의하기를 거부한 것이다. 골치 아픈 내용이니 처음부터 다루지 않겠다는 태도였던 것이다. 그래서 신행정수도건설 특별위원회를 구성하기로 했다. 11월 21일 국회본회의에서 특별위원회 구성결의안이 표결되었다. 표결에 참석한 국회의원은 여야를 합해 179명이었다. 표결 결과 찬성 84, 반대 70, 기권 25로 부결되었다. 반대의원 70의 내역은 한나라당 53명, 민주당 15명, 무소속 2명이었다. 이 표결이 있은 후 충청권 출신 한나라당 국회의원 13명은 전원 당무를 거부한다. 한나라당 당무회의에 출석하지 않았을 뿐 아니라 숫제 국회 등원도 거부해 버린 것이다. 당시 여당인 열린우리당 소속 국회의원의 수는 겨우 48명에 불과하였고 절대 다수당은 야당인 한나라당이었다. 한나라당은 당시 국회의원 143명을 거느린 원내 제1당이었던 것이다.

「신행정수도건설 특별법」안에 대해 여당인 열린우리당이 당론으로 통과를 결정한 것은 당연한 일이었다. 그러나 원내 다수당인 한나라당은 처음에는 당론이 정해져 있지 않았고 당내에 다수 인원을 차지하고 있던 수도권과 영남권 출신 의원들은 강하게 반대하고 있었다. 즉, 당내 분위기는 반대쪽으로 크게 기울고 있었다. 당내 분위기가 그렇게 반대쪽으로 기울고 있었지만 반대를 당론으로 정하여 밀고 갈 수 없었던 데는 두 가지 이유가 있었다.

첫째, 충청권 민심에 대한 배려였다. 2004년 4월에 치러질 국회의원 총선거를 앞두고 충청권 민심을 깊이 고려하지 않을 수 없었던 것이다. 만약에 「신행정수도 특별법」안이 국회에서 부결되어 버리면 그 책임은 모두 한나라당에 돌아가 충청도 민심이 등을 돌릴 것임은 충분히 예상되는 일이었으니 반대를 당론으로 정할 수는 없는 일이었다.

둘째, 당시 한나라당에 소속되어 있던 충청권 출신 국회의원들의 향배였다. 당시 한나라당 소속 충청권 출신 국회의원 수는 13명이었다. 그들은 당 대표에게 "만약에 특별법안이 국회에서 통과되지 않으면 집단 탈당하겠다"는 뜻을 밝히고 실제로 13명 연명으로 된 집단탈당계를 내보이기도 했다는 것이다.

당시의 한나라당 대표는 최병렬이었다. 서울특별시장을 지낸 적이 있는 최 대표도 내심으로는 반대하는 입장이었다. 그러나 만약에 충청권 13명이 집단 탈당하게 되면 원내 과반수가 무너져 대여투쟁에 지장을 초래할까봐 염려도 했고 충청권 민심을 자극할 필요도 없다고 판단하였다. 최 대표는 "특별법이 국회를 통과한다 할지라도 수도 위치의 선정을 저지한다든지 예산안 통과를 저지한다든지 하는 방법으로 신행정수도 조성 작업은 얼마든지 저지시킬 수 있다"는 생각으로 일단 법안을 통과시켜줄 것을 결심한다. 최 대표를 비롯한 당 지도부는 "대선에 이어 총선에서도 충청표를 노리는 노대통령의 술책에 또 당해서는 안 된다. 법이 통과되더라도 다음 총선에서도 우리가 다수당이 될 것은 틀림없으니 신행정수도 조성은 얼마든지 제동을 걸 수가 있다. 그러니 법안만은 통과시켜주기로 하자"라는 논리로 소속 의원들을 설득했다고 한다. 최 대표는 "정 반대하는 사람은 표결 때 아예 본회의장에 들어오지 말라"고까지 했다고 한다.

당시 국회에는 열린우리당·한나라당 이외에도 두 개의 정당이 더 있었다. 열린우리당의 모당이었던 민주당은 자유투표를 당론으로 정한다. 투표자의 소신에 따르라는 것이었다. 그러나 민주당 의원들은 전라남북도 출신이 많아 수도가 서울에 있기보다는 대전쯤에 내려와 있는 것이 유리하다고 판단한 의원이 많았다고 한다. 자유민주연합(자민련)은 그 지역적 근거가 충청권이었으니 수도의 충청권 이전은 무조건 찬성하는 입장이었다. 당론으로 전원 찬성이 결정되었다.

그리하여 너도나도 찬성표를 던졌다. 건설교통위원회에서 의결된 때가 12월 17일이었고 12월 29일에는 본회의에서 가결되었으니 가히 일사천리로 통과된 것이었다. 2003년 12월 29일 오후 5시 13분, 박관용 국회의장은 "재석 194인 중 찬성 167인, 반대 13인, 기권 14인으로「신행정수도건설 특별조치법」안이 가결되었음을 선포합니다"라고 의사봉을 힘차게 두드렸다. 소수 여당 대통령의 대선공약 중하나에 머물던 행정수도 이전안이 법적 추진력을 확보하는 순간이었다. 한 나라의 수도, 그것도 600여 년이나 계속되어 온 수도가 옮겨 가는 법적 근거가 국회를 통과하는 데 걸린 시간은 겨우 35분밖에 되지 않았다.

참고로 2004년 4월 15일에 실시된 국회의원 총선거 결과 한나라당은 정원 299명 중 121명 당선으로 원내 과반수를 차지하지 못하게된다. 최 대표의 설득 논리와는 달리 "국회가 언제든지 제동을 걸수 있는 의석"을 얻는 데 실패한 것이다. 공교롭게도 탈당 카드까지내보이며 당론 변경을 이끌어낸 당시 한나라당 내 충청권 의원들 13명은 전원이 낙선해 버렸다. 충청권 24개 의석 중 여당인 열린우리당이 19석을 얻은 데 비해 한나라당은 겨우 1석을 얻은 데 불과하였다. 결국 한나라당은 충청권 표심을 얻는 데는 실패해 버렸고「신행정수도특별법」안만 통과시켜 준 결과가 된 것이었다. 훗날 한나라당은 특별법안을 그렇게 쉽게 통과시켜 준 것을 두고두고 후회하게 된다.

법 통과 후의 동향

법이 통과되자 수도 이전 작업은 일사천리로 진행된다. 법이 통과되기를 기다렸다는 듯이 신행정수도건설 추진위원회가 발족되었고 국무총리가 당연직 위원장을 맡고 국무총리가 아닌 민간인 위원장에 서울대학교 환경대학원 원장을 지낸 김안제(金安濟)가 임명되었다. 수도가 될 신도시의 도시 기본계획도 발표되었고 2004년 6월 8일에는 서울을 떠나 신도시로 옮겨 갈 이전 대상 기관의 윤곽도 발표되었다. 아마 이 6월 8일의 이전 대상 기관 윤곽 발표는 노무현 정권의 수도 이전 구상에서 하나의 맥 또는 분수령이 된다고 필자는 판단하고 있다.

노무현 후보가 충청권에 행정수도를 건설하겠다고 처음 발표했을 때 그 실현성, 정말로 서울을 충청도로 옮겨 갈 것을 믿는 국민은 거의 없었다. 있다고 한들 그 숫자는 극히 소수에 불과했을 것이다. 특히 서울·수도권 주민에게 있어 그것은 어디까지나 대안의 화재였을 뿐 그 이상도 이하도 아니었다.

노무현 정권 초기, 2003년 6월 20일에 한국의 대표적인 전문경영인 모임인 한국 CEO 포럼의 170명이 한국 경제를 살리는 길에 관한 시국성명을 발표했다. 그들은 성명서에서 노무현 대통령과 정부에 대해 "국민에게 잘못 제시된 청사진이 있었거나 달성 불가능한 기대를 심어줬다면 지금이라도 이를 바꿔야 한다"는 것을 결론으로 제시하였다. 여기서 그들 170명 CEO들이 "국민에게 잘못 제시된 청사진", "달성 불가능한 기대"라고 한 것 가운데 대표적인 것에 수도의 충청권 이전이 포함되어 있었음은 당연한 일이었다. 이렇게 처음에는 잘못 제시된 청사진의 수준에 머물러 있던 수도 이전 문제가 점점 그 윤곽을 드러내고 있었다.

우선 2003년 말에 특별법이 국회를 통과하였다. 압도적 다수 의원에 의해서였다. 그것은 전혀 예측도 하지 못했던 일이었다. 그리고 어영부영 하던 중에 수도 이전 절차는 하나씩 둘씩 추진되고 있었고 마침내 2004년 6월 8일에는 청와대·국회·사법부·중앙행정부처 등 모두 85개 국가기관의 이전 계획이 발표된 것이다. 그것은 단순한 행정수도 이전의 차원이 아닌 분명한 천도계획이었다. 서울이 더 이상 서울이 아니게 된다는 발표였던 것이다. 이 6월 8일의 발표 이후 서울·수도권의 민심은 아연 긴장하게 된다. 즉, 그때까지의 방관 태도에서 분명한 수도 이전 반대로 태도가 달라지게 된 것이다. 각 여론기관에서 실시한 여론조사에서 전 국민의 50퍼센트 이상이 반대 의사 또는 적어도 "국민투표에 붙여서 가부간 의견을 들어라"는 식으로 나타나고 있었다. 그와 같은 서울·수도권 심적 동향의 변동은 6월 8일 이후 그달 말까지 나타난 각 신문사 사설에서 충분히 읽을 수 있다.

참고로 6월 8일 이후 그달 말일까지 각 중앙지 일간신문에 발표된 수도 이전 반대, 신중론 또는 국민투표 회부 등에 관한 사설의 발표 일자와 제목을 정리하면 다음과 같다.

≪경향신문≫
수도 이전 국민투표에 붙여라(6월 10일).
수도 이전 이대로는 안 된다(6월 16일).

국민투표 공약도 지켜야 한다(6월 18일).
수도 이전 국회서 진지한 논의를(6월 19일).

≪동아일보≫

'행정수도'에서 천도로 바뀌었다면(6월 10일).
천도, 밀어붙이기식은 곤란하다(6월 12일).
천도, 이렇게 강행해도 되나(6월 16일).
수도 이전, 국민투표 필요하다(6월 18일).
수도 이전, 국회가 전면 재검토하라(6월 19일).
수도 이전, 국회 열고 재론하라(6월 22일).
수도 이전, 검증까지 막아서야(6월 25일).

≪문화일보≫

수도 이전에 반대한다(6월 9일).
수도권 빠진 채 밀어붙이는 천도(6월 16일).
수도 이전 국민투표가 정도다(6월 16일).
'국민투표 공약' 어떻게 된 건가(6월 17일).
노 대통령 견해에 대한 반론(6월 19일).
수도 이전 공청회 이런 식이라면(6월 22일).

≪조선일보≫

이건 행정수도 이전이 아니라 천도다(6월 10일).
왜 국회와 사법부는 천도에 말이 없나(6월 11일).
청와대·국회·대법원은 어떻게 판다는 건가(6월 14일).
더 늦기 전에 수도 이전 다시 생각하라(6월 15일).
천도, 흥분하지 말고 냉정하게 논의하자(6월 16일).
수도 이전, 국민투표 앞서 철저한 검증을(6월 18일).
대통령은 두말 말고 한나라는 사과하라(6월 19일).
대통령이 천도 논의 물꼬를 터주라(6월 21일).

수도 이전 문제에 우물쭈물하는 한나라당(6월 22일).
수도 이전 논의 정상화해야(6월 23일).

≪중앙일보≫
천도가 국토 균형 발전인가(6월 9일).
국방비에 수도 이전까지 …… 돈 어디서 나나(6월 15일).
국토 균형 발전 큰 틀부터 짜라(6월 16일).
이번엔 수도 이전에 '올인'하나(6월 17일).
노 대통령의 국민투표 약속(6월 18일).
천도 비판이 대통령 흔들기인가(6월 19일).

≪한겨레≫
행정수도 이전, 우선 국회에서 논의하라(6월 15일).
수도 이전 부작용 최소화해야(6월 16일).
본질 벗어난 국민투표 논란(6월 18일).

≪한국일보≫
천도라면 국민 여론 더 들어야(6월 10일).
행정수도 이전 국민 합의부터(6월 16일).
국회, 행정수도 원점서 논의하라(6월 19일).

위에서 소개한 각 신문의 사설은 그것을 게재한 신문사마다의
입장에 따라 강약의 차이가 있기는 하나 대체적인 논조는, 첫째, 단
순한 행정수도 이전의 차원을 넘어 천도의 성격이 분명하니 국민투
표에 부쳐 널리 국민의 의견을 들어야 한다는 것이 압도적 다수의견
이었고, 둘째, 지금 이 시점에 무엇이 급하다고 그렇게 막대한 비용
이 드는 사업을 밀어붙일 필요가 있느냐 하는 것이었으며, 셋째, 야
당인 한나라당은 국민에게 사과하고 그 태도를 분명히 하라는 것이

었다.

수도 이전에 반대하는 입장 또는 적어도 국민투표 같은 절차는 필요하다는 의견이 압도적인 곳은 서울과 수도권만이 아니었고 강원권과 영남권도 그런 입장이었다. 국회 다수 의원의 찬성으로 특별법이 성립되었으니 국민투표 같은 절차는 더 이상 필요 없다는 의견은 겨우 충청권과 친여 성향이 강한 호남권뿐이라는 것이었다.

국민여론의 향배가 이에 이르자 6월 21일 드디어 한나라당 박근혜 대표가 공식 사과한다. 즉, 이날 국회에서 열린 의원총회의 인사말을 통해 박근혜 대표는 "국가 중대사를 놓고 충분한 공감대 형성이나 의견 수렴, 타당성 검토를 하지 않고 졸속으로 처리한 것은 우리의 실책이 컸다"고 하여 「신행정수도특별법」 처리를 졸속하게 했음을 당의 이름으로 반성한다는 말로 국민에게 사과의 뜻을 밝혔다.

야당인 한나라당이 이렇게 태도를 바꾼 데 대해 노무현 대통령의 입장은 한없이 강경했다. 우선 박근혜 대표의 사과 발언이 있기 3일 전인 2004년 6월 18일, 노 대통령은 신행정수도 건설의 타당성을 묻는 국민투표를 거부한다는 뜻을 분명히 한다. 즉, "국회에서 여야 4당의 합의로 통과시킨 법률에 대해 대통령이 국민투표를 하자고 하면 그것은 국회의 의사를 거역하거나 반복하자는 것이기 때문에 삼권분립의 원칙에 맞지 않는다"고 하여 국민투표에 회부하라는 국민적 여론을 강하게 거부한다. 그리고 7월 8일 인천에서 열린 인천지역혁신발전 5개년계획 토론회에서의 인사말을 통해 "수도 이전 반대는 대통령에 대한 불신임운동 내지 퇴진운동으로 느끼고 있다. 나는 그와 같은 움직임에 절대로 굴복하지 않을 것이다"라고 밝혔다. 이어 7월 9일 청와대는 이날자 청와대 브리핑에 양정철 대통령 국내언론비서관 명의로 게재한 "조선·동아는 저주의 굿판을 당장 집어치워라"라는 제목의 글을 통해, "최근 신행정수도와 관련한 ≪동아일보≫, ≪조선일보≫의 보도 내용은 비판 일변도로만 흐르고 있고 가치중립성을 완전히 상실하고 있다. …… 이 저주의 굿판을 당장 걷어치워야 한다"라고 원색적인 비난을 퍼부었다.

무엇이 문제였던가

2004년 7월 8일 조계종의 송월주 스님 등 각계를 대표하는 원로들 133명이 수도 이전의 졸속 추진을 중단하고 국민투표를 거쳐야 한다는 성명서를 발표하고 있다. 이날 오전 서울시내 중구 태평로에 있는 뉴국제호텔에서는 성명서에 서명한 133명을 대표하여 송월주(宋月珠) 스님을 비롯하여 서경석(徐京錫) 목사, 정광모(鄭光模) 한국소비자연맹 회장, 이석연(李石淵) 변호사 등 아홉 명이 기자회견을 열어 국민투표를 거쳐야 한다는 성명서를 발표했다. 이어 이튿날인 7월 9일에는 수도이전반대시민연합, 국민행동친북좌익척결본부 등의 보수 단체 연합으로 '수도이전반대 2000만 서명운동' 전개를 시작했다.

노무현 대통령이 제창한 수도 충청권 이전론에 어떤 문제점이 있었기에 반대 운동이 이렇게 노골적으로 전개되었고, 여론조사를 해 보면 전 국민의 50퍼센트 이상, 60퍼센트 가까이가 반대 의사를 표하고 있었던가?

가장 큰 문제는 수도 이전의 명분이 약하다는 점에 있었다. 노무현 정권은 수도 이전의 명분으로 국토의 균형 발전을 들고 있다. 수도를 충청권으로 이전함으로써 고질적인 서울 및 수도권 집중구조, 서울을 정점으로 한 서열주의를 해체할 수 있다고 한 것이었다.

얼핏 생각하면 일리가 있는 것 같지만 그것이 수도 이전의 유일한 명분이라고 한다면 대단히 미약하다고 하지 않을 수 없다. 제퍼슨 (Mark Jefferson)의 '최대도시의 법칙(the law of the primate city)'이라는 것이 있다. 일찍이 1939년에 45개 국가에 관하여 고찰한 결과 "한 나라 최대의 도시는 항상 불균형하게 거대하며, 특히 그 나라 국민의 능력이나 감정을 보다 잘 나타내고 있다"고 설명한 바 있다. 즉, 그 나라의 수도 또는 수위도시를 정점으로 하여 집중구조가 형성되는 것은 전 세계 공통적인 현상이며 어느 나라에도 예외는 없다는 것이다.

그런데 한국 사회에서는 이미 수도 집중구조는 그 극점을 지났다고 봐야 할 것이니, 서울은 지난 10여 년간 매년 인구의 절대 수 감소 현상을 나타내고 있고 수도권 집중도 크게 그 세가 둔화되고 있을 뿐 아니라 전국적인 인구 감소 현상까지 급속히 다가오고 있다. 그래도 1970년대 후반 박 대통령 당시의 수도 이전 구상에는 공산화의 도미노 현상이니 장거리포의 사정거리이니 하는 절박한 명분이 있었다. 그럼에도 당시의 수도 이전 구상은 서울은 서울대로 그대로 두고 통일이 될 때까지 행정부만 임시로 옮기겠다는 것이었다.

수도란 그렇게 쉽게 옮기는 것도, 옮겨지는 것도 아니다. 런던·워싱턴·파리·로마·도쿄·베이징 등 적어도 선진국 치고 현실적으로 수도를 옮기겠다는 나라는 없다. '88 하계올림픽', '2002 월드컵' 개최 등으로 이제 겨우 국제사회에서도 인정을 받게 된 수도 서울을 겨우 국토의 균형 발전이라는 명분 하나만으로 충청권으로 옮겨간다는 것은 그 타당성이 극히 희박한 것이었다.

특히 서울을 남쪽으로 옮긴다는 데는 또 한 가지 저항이 있었으니, 충청권에 조성될 수도가 통일 조국의 수도가 될 수 있느냐라는 강한 비판이다. 이 점에 관하여 노 대통령은 "판문점·개성 부근에 서울이나 평양보다 규모가 작은 통일수도가 만들어질 것"이라고 발언하여(2004년 2월 24일 발언) 무슨 수도를 또 만드느냐, 나라 안에 몇 개의 수도를 두게 되느냐는 등의 물의를 빚기도 했다.

또 다른 문제는 그것이 국민적 합의에 도달하지 못한 대규모 국책사업이라는 점이었다. 여론조사기관이 조사한 바에 의하면 국민의 50퍼센트 이상이 수도 이전에 반대 의견을 보인다고 했다. 국민의 절대 다수가 지지하는 국책사업이 아니라면 정권이 바뀌거나 야당이 국회 내에 다수를 점하거나 하는 경우 건설계획 자체가 바뀔 수도 있고 예산이 삭감되어 사업 추진에 차질을 빚을 수도 있다. 특히 우리나라에는 전임자 불계승의 원칙이라는 것이 있어 전임자의 시책을 후임자가 그대로 이어받지 않는다는 강한 전통이 이어지고 있다. 그러므로 국민적 합의에 도달하지 못한 대규모 국책사업에는 그 추진에 적잖은 장애가 얼마든지 일어날 우려가 있다. 국민적 합의에 도달하기 위해서는 늦었더라도 국민투표 등의 절차를 밟아두는 것이 후환이 없었을 것이다.

원래 노무현 후보의 선거공약은 "당선 후 1년 이내에 행정수도 이전에 대한 국민투표를 실시하겠다"라는 것이었다. 2002년 12월 19일에 선거가 실시되었으니 공약대로라면 2003년 12월 19일 이전에 국민투표가 실시되어야 했다. 그런데 공약한 1년은 부질없이 지나갔고 공약 마지막 날인 2003년 12월 19일보다 10일이 늦은 2003년 12월 29일에 특별법이 국회를 통과해 버린다. 그렇게 특별법이 통과된 지 2개월이 지난 2004년 2월 24일에 있었던 방송기자 클럽과의 회견에서 노 대통령은 또 한 번 "(국회에서 특별법이 통과되었으나) 큰 찬반의 논란이 있고 싸움이 있으면 이후라도 국민투표 같은 것으로 확정할 수 있다"라고 언급한다. 이 시점까지는 아직도 국민투표를 의식하고 있었던 것이다. 그러나 그로부터 4개월이 지난 2004년 6월 18일에 "국민투표 논의는 특별법의 국회 통과로 종결이 되었다"라고 하여 국민투표에 회부할 의사가 전혀 없음을 명백히 한다. 특별법이 워낙 쉽게 통과된 데서 생겨난 오만이었다고 봐야 할 것 같다.

세 번째 문제는 건설비용이었다. 대통령 선거 당시 노 후보가 주장했던 건설비 추정액은 4조 원에서 6조 원 규모였다. 그러나 2003년 11월에 건설추진지원단(정부)이 발표한 건설비용은 45조 원이었고 그중 11조 원은 정부 자체 부담, 34조 원은 민간 부담이라는 것이었다. 그러나 국회 예산처에서는 67조 원이 든다고 했고 야당인 한나라당은 73조 원이 든다고 했다. 한편 한양대학교 이태식 교수는 향후 공사비·인건비 상승 등을 감안하면 건설비용이 95조 원 내지 120조원에 이를 것으로 추산한 바 있다. 이전비용을 45조 원으로 잡을 경우 어린아이를 포함하여 전 국민이 일인당 93만 7,500원씩 부담해야한다. 또 우리나라 국내총생산(GDP)이 721조 원인 것을 고려하면 수도 이전비용은 한해 GDP의 13.9퍼센트에 이르는 규모이다(≪조선일보≫, 2004.6.17. A4).

문제는 이런 거액을 들여서까지 반드시 이전해야 할 정도로 절실한 필요성이 있느냐 하는 점이다. ≪조선일보≫ 2004년 6월 16일자 사설 "천도, 흥분하지 말고 냉철하게 논의하자"에서는 "1986년에 설립한 포항공대는 지금 서울대학교 공과대학을 제치고 한국 제1의 이공계대학으로" 성장했다고 하고, "포항공대를 18년 만에 세계 수준으로 발전시키는 데 투입된 돈은 모두 1조 1,748억 원이었다. 수도이전에 투입할 120조 원의 돈이면 이런 세계의 대학을 전국 방방곡곡에 100여 개를 육성할 수 있을 것이다"라고 하여 수도 이전론의 재고를 촉구하고 있다. 바로 이 점에 국민의 과반수가 수도 이전 효과에 회의를 느끼고 있는 것이었다.

참고로 브라질은 신수도 브라질리아 건설(1955~1960)에 소요된 막대한 건설비 때문에 대단한 재정난에 시달려야 했으며, 드디어 1964년에 군사 쿠데타로 군사 정권이 들어서는 계기가 되기도 했다.

헌법소원과 위헌 결정

「신행정수도건설특별법」의 위헌 여부를 가려달라는 헌법소원이 제출된 때는 2004년 7월 12일이었다. "그것이 가려질 때까지 신행정수도건설 추진위원회의 활동을 정지시켜 달라"는 가처분 신청도 동시에 제출되었다. 서울특별시의회 의원 50명, 대학 교수와 기업인, 상공업자, 대학원생, 주부 등 169명으로 청구인단이 구성되어 있었다.

그런 헌법소원이 제출되었고 그것이 헌법재판소에서 각하되지 않고 접수되었다는 것은 분명히 큰 사건의 하나였지만 그것이 제기되고 접수될 당시만 하더라도 크게 관심거리가 되지는 않았다. 헌법소원이 접수된 후에도 신행정수도건설 추진위원회의 업무는 계속 추진되고 있었다. 수도 예정지로 충남의 연기·공주 지역이 선정되는 등의 일이 그것이었다.

헌법재판소의 위헌 결정이 내려진 것은 헌법소원이 제기된 지 3개월 남짓이 지난 10월 21일이었다. 재판관 아홉 명 가운데 여덟 명이 위헌 의견을 냈다. 헌법재판소의 위헌 결정에는 재판관 아홉 명 가운데 여섯 명 이상의 찬성이 있어야 했다(「헌법」 제113조 1항).

재판부가 결정문에서 밝힌 것은,

우리나라의 수도가 서울이라는 것은 『경국대전』 이후로 600여 년 간 내려온 불문의 관습헌법 사항이다. 그러므로 그것을 개정하려 면 헌법 제130조가 규정한 국회 재적의원 3분의 2 이상의 찬성을 거친 다음 30일 이내에 국민투표에 부쳐 국회의원 선거권자 과반 수 이상의 투표와 투표자 과반수의 찬성을 얻어야 한다. 그런데 이 사건 법률은 그와 같은 헌법 개정 절차를 밟지 아니하고 단순 법률의 형태로 실현시킨 것으로서 결국 국민의 참정권적 기본권 인 국민투표권의 행사를 배제한 것이므로 위헌이라는 것이었다 (재판관 아홉 명 가운데 일곱 명의 의견).

실로 엄청난 결정이었다. 노무현 후보가 공약으로 발표한 2002 년 9월 30일 이후 751일간이나 계속되어 온 소모적인 논란, 서울·인 천·경기·강원·영남권은 반대하고 충청·호남권은 찬성한 국론 분열 에 종지부를 찍는 결정이었다. 그것이 국민 전체, 그리고 여야 정치 권에 미친 영향은 실로 막대한 것이었다. 야당인 한나라당이 안도의 한숨을 쉬었고, 여당인 열린우리당은 끓어오르는 분노를 참지 못해 "분수를 망각한 오만불손한 결정"이라느니 "군사 정권에 빌붙었던 기득권의 핵심 본산"이라느니 하는 막말을 쏟아냈다고 보도되었다 (≪조선일보≫, 2004.11.12. 사설. "하필 지금 헌재 재판관 청문회를 들고 나 오나").

그러나 아무리 분통을 터뜨린다 한들 아무런 소용이 없는 일이 었다. 헌법재판소의 위헌 결정이 한번 내려진 이상 행정수도 논의는 다시는 재연될 수 없는 일이었다. 서울을 옮긴다는 것은 실로 어려 운 일이라는 것을 실감케 하는 사건이었다.

■■■ 참고문헌

서울대학교 환경계획연구소 편. 2003.『신행정수도 건설이 서울 및 국가 발전에
    미치는 영향에 관한 연구』.
신행정수도건설 추진기획단 편. 2003.『신행정수도 건설의 주요 정책과 과제』.
신행정수도 연구단. 2003.『신행정수도건설 추진을 위한 기본구상 연구』.
최상철 편. 2004.『지금 왜 수도 이전인가』.
당시의 신문 사설 및 기사들.

■ 지은이
손정목

1928년 경북 경주에서 태어나 경주중학(구제), 대구대학(현 영남대학교) 법과 전문부(구제)를 졸업하였다. 고려대학교 법정대학 법학과에 편입하자마자 6·25 전쟁이 발발하여 학업을 포기하고 서울을 탈출, 49일 만에 경주에 도착하였다. 1951년 제2회 고등고시 행정과에 합격하여 공직 생활을 시작하고 1957년 예천군에 최연소 군수로 취임하였다. 1966년 잡지 ≪도시문제≫ 창간에 관여, 1988년까지 23년간 편집위원을 맡았다. 1970년부터 1977년까지 서울특별시 기획관리관, 도시계획국장, 내무국장 등을 역임하였다. 1977년 서울시립대학(당시 서울산업대학) 부교수로 와서 교수·학부장·대학원장 등을 거쳐 1994년 정년퇴임하였다. 중앙도시계획위원회 위원, 서울시 시사편찬위원회위원장 등을 역임하였다. 한국의 도시계획 분야에 큰 발자취를 남기고 2016년 5월 9일 향년 87세를 일기로 타계하였다.

저서
『조선시대 도시사회연구』(1977),
『한국개항기 도시변화과정연구』(1982),
『한국개항기 도시사회경제사연구』(1982),
『한국 현대도시의 발자취』(1988),
『일제강점기 도시계획연구』(1990),
『한국지방제도·자치사연구(상·하)』(1992),
『일제강점기 도시화과정연구』(1996),
『일제강점기 도시사회상연구』(1996),
『서울 도시계획이야기 1~5』(2003),
『손정목이 쓴 한국 근대화 100년』(2015)

1982년 한국 출판문화상 저작상,
1983년 서울시문화상 인문과학부문 등 수상

한국 도시 60년의 이야기 2

© 손정목, 2005

지은이 | 손정목
펴낸이 | 김종수
펴낸곳 | 한울엠플러스(주)

초판 1쇄 발행 | 2005년 8월 10일
초판 6쇄 발행 | 2022년 10월 5일

주소 | 10881 경기도 파주시 광인사길 153 한울시소빌딩 3층
전화 | 031-955-0655
팩스 | 031-955-0656
홈페이지 | www.hanulmplus.kr
등록번호 | 제406-2015-000143호

Printed in Korea.
ISBN 978-89-460-3411-2 04910

* 가격은 겉표지에 있습니다.